W0301279

HILFLOS

Marianne Marsh
Toni Maguire

HILFLOS

Von den Eltern vernachlässigt –
vom Nachbarn missbraucht

Aus dem Englischen von Usch Pilz

Weltbild

Die englische Originalausgabe erschien 2009 unter dem Titel
Helpless bei HarperCollins Publishers, London.

Besuchen Sie uns im Internet:
www.weltbild.de

Copyright der Originalausgabe © 2009 by Marianne Marsh
und Toni Maguire
Copyright der deutschsprachigen Ausgabe © 2011 by
Verlagsgruppe Weltbild GmbH, Steinerne Furt, 86167 Augsburg
Übersetzung: Usch Pilz
Redaktion: lüra – Klemt & Mues GbR, Wuppertal
Umschlaggestaltung: Atelier Seidel – Verlagsgrafik, Teising
Umschlagmotiv: mauritius images, Mittenwald (© alamy)
Hinweis: Die abgebildete Person zeigt nicht die Autorin dieses Werkes.
Satz: Anna-Maria Klages, Wuppertal
Druck und Bindung: GGP Media GmbH, Pößneck
Printed in the EU
ISBN 978-3-86800-941-5

2014 2013 2012 2011
Die letzte Jahreszahl gibt die aktuelle Ausgabe an.

Danke

Ich danke meinem Mann für die Ermutigung und Unterstützung bei der Entstehung dieses Buches, aber noch viel mehr dafür, dass er mir Geborgenheit, Sicherheit, Glück und Liebe schenkt.

Ein herzlicher Dank geht auch an meine Söhne für ihre Unterstützung und ihr Verständnis und dafür, dass sie mein Leben mit Glück erfüllen. Ich bin sehr stolz darauf, was für Männer sie geworden sind.

Auch meiner Schwester und ihrer Familie möchte ich danken, der alten und der neuen, hier und im Ausland – sie wissen, wer gemeint ist. Ich danke jedem Einzelnen von euch dafür, dass ihr immer da seid.

Ich danke meinen Töchtern für das Geschenk, dass ich sie kennenlernen und wieder in den Armen halten durfte.

Ein Dank geht auch an Toni, ohne die ich meine Geschichte nie hätte aufschreiben können.

Und an Barbara und Harper Collins, die mir dieses Buch ermöglicht haben.

Prolog

Der Mann hatte schon vor meiner Geburt nach einem kleinen Mädchen wie mir gesucht.

Nach einem ganz besonderen kleinen Mädchen, sagte er, nach einem, das Liebe brauchte.

Er suchte die Bekanntschaft junger Ehepaare, beobachtete, wie sie Eltern wurden, und lächelte mit heimlicher Freude, wenn er gebeten wurde, Taufpate zu sein.

»Er kann sehr gut mit Kindern umgehen«, sagten seine ahnungslosen Freunde.

Er heiratete, als ich noch ein Baby war, von dem er nichts wusste, und zog auch in Erwägung, seine Neigung an seiner eigenen kleinen Tochter auszuleben. Doch seine Frau hatte gelernt, in seine Seele zu sehen, und sie schützte ihre Kinder vor ihm.

Heimlich verfolgten mich seine Blicke, wenn ich auf dem Weg zur Schule und wieder nach Hause die schmale Landstraße entlangging. Er sah die Anzeichen der Verwahrlosung und wusste, dass ich diejenige war – diejenige, auf die er gewartet hatte.

Fortan trank er sein Bier in dem Pub, in dem mein Vater Stammgast war, und freundete sich mit ihm an.

Der Mann hörte sich das Gejammer an – schlechte Bezahlung, kleine hungrige Mäuler zu stopfen – und empfahl meinem Vater eine freie Stelle, von der er erfahren hatte. Auch ein halbwegs geräumiges Haus gehörte mit dazu.

Nicht der Rede wert, sagte er zu meinem Vater. Es sei ihm ein Vergnügen, helfen zu können.

»Was für ein feiner Mann«, sagten die Leute; seine Frau könne sich glücklich schätzen. Und welch ein Segen für meine Eltern, ihn kennengelernt zu haben.

Er war jedermanns Freund, vergaß nie die Geburtstage der Ehefrauen und brachte kleine Geschenke für die Kinder mit.

Ein gern gesehener Besucher war er, der Lieblingsonkel, dem man vertraute.

Und immer hatte er Süßigkeiten im Handschuhfach seines Wagens.

Ich war sieben, als ich ihn zum ersten Mal sah. Diesen Mann, der mich seine kleine Dame nannte.

Seit er und ich das letzte Mal miteinander gesprochen haben, sind viele Jahre vergangen. Aber noch immer sind die Erinnerungen so tief in meinem Gedächtnis verwurzelt und so klar, als wäre alles, was geschah, erst gestern passiert.

Kapitel 1

»Erzähl uns eine Geschichte«, baten meine Kinder mich oft.

»Womit soll ich beginnen?«, fragte ich, wenn ich das zerlesene Lieblingsbuch zur Hand nahm.

»Mit dem Anfang natürlich, Mum.« Und ich schlug pflichtschuldig die erste Seite auf.

»Es war einmal …«, fing ich an.

Aber da es sich nun um meine eigene Geschichte handelt und weil mehr Jahre hinter mir als vor mir liegen, stellt sich erst recht die Frage: Womit fange ich an?

Die Geschichte, die ich am liebsten in den hintersten Winkel meines Gedächtnisses verbannen möchte, die mich in meinen Träumen verfolgt – sie begann, als ich sieben Jahre alt war.

Dabei fing im Grunde alles bereits mit meiner Zeugung an. Vielleicht sogar schon früher. Aber erst als ich mit einem beidseitig mit kleiner, ordentlicher Schrift beschriebenen Blatt Kanzleipapier in der Küche saß, konnte ich akzeptieren, dass die Zeit, mich meiner Vergangenheit zu stellen, gekommen war.

Aber wo beginnen?

Ganz am Anfang, Marianne, antwortete meine innere Stimme. An deinem Anfang. Denn du musst dich an die Jahre davor erinnern, um verstehen zu können, was passiert ist. Und so habe ich es gemacht.

In der Zeit, in der ich noch zu Hause wohnte, erzählte mir meine Mutter an jedem einzelnen meiner Geburtstage – noch bevor ich eine Karte gelesen oder ein Geschenk bekommen hatte, – dass der Tag, an dem ich geboren wurde, ein Regentag gewesen sei.

Das waren keine gewöhnlichen Schauer, sagte sie immer, sondern wahre Fluten, die gegen die Fassade prasselten und die Feldwege in Schlammwüsten verwandelten.

Die Dachrinnen, aus denen mein Vater nie die welken Blätter entfernte, liefen über. Regenwasser floss an der Hauswand hinab und strömte gurgelnd zu den Kanalisationsschächten, die das viele Wasser längst nicht mehr aufnehmen konnten. Im Laufe der Jahre hatten sich an der Fassade moosgrüne Flecken gebildet und innen an den Zimmerwänden große Schimmelflächen. Auch das lag an den verstopften Dachrinnen.

In den frühen Morgenstunden, noch bevor die Hähne des Farmers lautstark den Tag begrüßt hatten, beschloss ich wohl, das Licht der Welt zu erblicken. Stechende Schmerzen rissen meine Mutter aus dem Schlaf. Ihr Nachthemd war feucht, und sie wusste, dass ich nun bald kommen würde. Plötzlich hatte sie schreckliche Angst.

Sie rüttelte meinen Vater wach. Erbost über meine Rücksichtslosigkeit zog er sich hastig an, stopfte die Hosenbeine in die klobigen Arbeitsstiefel, befestigte die Fahrradklammern und verließ eilig das Haus, um die Hebamme zu holen.

Meine Mutter hörte noch die Worte »Weiberzeug« und »nichts für einen Mann«. Dann schlug die Haustür zu, und sie war mit ihren Schmerzen und ihrer Angst allein.

Ihr schien es, als dauerte es Stunden, doch nach kaum zwanzig Minuten, wie sie letztendlich immer zugeben musste, stand die Hebamme an ihrem Bett.

Die kleine gedrungene Frau übernahm umgehend das Kommando und versuchte, meine Mutter zu beruhigen, indem sie ihr sagte, sie habe bereits Hunderten von Kindern auf die Welt geholfen. Nach einer flüchtigen Untersuchung bestätigte sie meine bevorstehende Ankunft.

»Und weißt du, was sie dann sagte?«, fragte meine Mutter jedes Mal an dieser Stelle ihrer Erzählung. Pflichtschuldig schüttelte ich dann den Kopf und spielte das Spiel mit.

»Sie sagte, sie könne erst etwas tun, wenn die Wehen in kürzeren Abständen kämen, und dass«, hier holte meine Mutter immer tief Luft, um den folgenden Worten mehr Bedeutung zu verleihen, »ich dann einfach nur pressen müsse! Anschließend fragte sie, wo die sauberen Handtücher seien, um die sie gebeten hätte.«

Immer folgte dann die Schilderung des langen, schmerzerfüllten Tages.

Mit missbilligenden »Ts-Ts«-Lauten quittierte die Hebamme die Tatsache, dass mein verkaterter Vater vergessen hatte, ihr all die Dinge herauszulegen, die sie ihm aufgezählt hatte. Doch mit der Hilfe meiner Mutter fand sie schließlich, was sie brauchte.

Als Nächstes nötigte sie eine Nachbarin dazu, herüberzukommen. Sie sollte helfen, wenn es schließlich so weit war. Doch bis dahin gab es wenig zu tun. Meine Mutter hörte, wie die beiden unten redeten, wie zahllose Tassen Tee gekocht und Tratschgeschichten ausgetauscht wurden. Im Laufe des Tages brachte man ihr gelegentlich etwas zu trinken und wischte ihr mit einem kalten Lappen übers Gesicht. Doch die meiste Zeit blieb sie sich selbst überlassen.

»Rufen Sie mich, wenn Sie mich brauchen«, waren die Worte der Hebamme, die meine Mutter natürlich nicht beruhigten, geschweige denn trösteten. Dann ging die Frau wieder hinunter und setzte sich an das gerade entfachte Feuer.

Manchmal fragte ich mich, ob es tatsächlich sein konnte, dass sich meine Mutter so genau an alle Einzelheiten erinnerte. Aber sie versicherte mir stets, dass alles wirklich so gewesen sei.

Den ganzen Tag über lag sie mit hochgelegten Beinen und gespreizten Knien auf dem Rücken. Mit vor Angst und Schmerz feuchten Händen krallte sie sich in das zerwühlte Bettlaken. Und während sie vom Bett aus zusah, wie das Wasser über die Fensterscheiben strömte, wurde ihr Körper von unvorstellbar schlimmeren Schmerzen gemartert.

Ihre Kehle brannte von den Schreien, die sie nicht zurückhalten konnte. Sie war triefnass. Das Haar klebte ihr an der Kopfhaut, der Schweiß lief ihr übers Gesicht, tropfte ihr vom Kinn.

Mehr als alles andere wollte sie jemanden bei sich haben, der sie liebte; jemanden, der ihre Hand hielt, ihr den Schweiß von der Stirn wischte und ihr sagte, alles werde gut. Aber nur die Hebamme schaute hin und wieder herein.

Es wurde Abend, und es regnete immer noch. Mutter sah ihr Spiegelbild im Fenster. Es war von Regentropfen überströmt, so als würden tausend Tränen über ihr Gesicht rinnen.

Achtzehn Stunden, nachdem ich die Fruchtblase meiner Mutter durchstoßen hatte, kamen die letzten Presswehen – meine Mutter war sicher, dass sie nicht eine einzige weitere überlebt hätte –, und endlich erblickte ich das Licht der Welt.

Als ich aus der Wärme des mütterlichen Schoßes glitt, wusste ich zum Glück nicht, wie wenig willkommen ich war. Bis ich das herausfand, vergingen einige Jahre.

Mein Vater kam erst nach der Sperrstunde nach Hause und hörte, dass sein erstes Kind ein Mädchen war.

Ich kann mir nicht vorstellen, dass es ihn sehr freute.

Kapitel 2

Meine früheste Erinnerung stammt aus einer Zeit, in der ich noch zu klein war, um längere Strecken laufen zu können. Ich saß in einem Kinderwagen. Wieder einmal spürte ich das Gerüttel und dann die plötzliche Last der Einkaufstaschen, die achtlos auf mich geworfen wurden. Ich sehnte mich danach, dass meine Mutter sich zu mir herunterbeugte, mich hochhob und in ihre warmen Arme nahm. Ich hörte die Stimmen aus den verwischten Gesichtern über mir, sah, wie sie auf mich herunterblickten, doch mich selbst konnte ich noch nicht sehen.

Mich selbst als Dreijährige, klein für mein Alter, mit strähnigem hellbraunen Haar, einem blassen Gesicht, das oft alles andere als sauber war, und runden blauen Augen, die schon jetzt die Welt mit einem zaghaften und etwas misstrauischen Blick betrachteten.

Noch wusste ich nicht, dass ich ein ungeliebtes Kind war. Zwar herzte mich niemand, niemand deckte mich fürsorglich zu und las mir eine Geschichte vor, und keiner gab mir das wunderbare Gefühl, etwas Besonderes zu sein. Aber ich kannte es ja nicht anders.

Auch meine Angst konnte ich nicht in Worte fassen. Ich hätte nicht erklären können, was ich empfand, wenn mir eine Gänsehaut über die Arme kroch, wenn mein Nacken prickelte und mein Magen sich anfühlte, als flatterte ein Schwarm Motten darin umher. Aber als ich meine ersten unsicheren Schritte machte und meine ersten Worte stammelte, wusste ich, dass es der Klang der erhobenen Stimme meines Vaters war, der diese Gefühle in mir auslöste.

Kaum hatte er die Haustür geöffnet und war ins Zimmer gewankt, schrie er schon: »Warum starrst du mich so an?«

Anfangs verstand ich die Worte noch nicht, spürte aber den Zorn. Ich machte den Mund auf und stieß ein lautes Geheul aus, was dazu führte, dass er mich so lange weiter anschrie, bis meine Mutter mich genervt aus seinem Blickfeld entfernte. Später lernte ich, mich von dem Augenblick an, in dem er mit seiner Präsenz den Raum erfüllte, klein zu machen und still zu sein – oder besser noch unsichtbar.

Das Zuhause, in dem ich meine ersten sieben Lebensjahre verbrachte, war eines von sechs kleinen Häuschen, die in einer Reihe standen. Durch die Eingangstür trat man direkt ins Wohnzimmer, von wo aus eine schmale Treppe zu den Schlafzimmern hinaufführte. Im Elternschlafzimmer war gerade genügend Platz für ein Doppelbett und eine Kommode. Mein Zimmer mit dem kahlen Verputz und dem rissigen braunen Linoleumboden war kaum größer als ein Schrank. Als einziges Möbelstück stand darin ein kleines Bett, an der Wand gegenüber dem Fenster ohne Gardinen. Auf dem zerschlissenen Bettzeug lag anstelle einer Decke ein Stapel alter Mäntel und Jacken.

Das Häuschen gehörte zu der Farm, auf der mein Vater arbeitete, und wie bei vielen Landarbeitern war die freie Unterkunft ein Teil der Entlohnung.

Der Farmer, ein altmodischer und streitlustiger Mann, wollte von steigenden Lebenshaltungskosten nichts hören und speiste seine unzufriedenen Arbeiter mit einem Hungerlohn ab. »Schließlich wohnen sie hier doch umsonst«, verteidigte er sich. Leider war er auch der Ansicht, dass eine mietfreie Bleibe ihm als Hausbesitzer keinerlei Instandhaltungskosten verursachen dürfe. So war das Häuschen während der Wintermonate kalt und feucht. Weder die zusammengerollten Zeitungen unten an den Türen noch die an den verrotteten Fensterrahmen befestigten Plastikfolien hielten die eisige Zugluft ab, die in die Ohren und Nasen biss und ihre kalten Finger um bloße Beinchen krallte. Zitternd drängten wir uns am Feuer zusammen. Vorn leidlich warm, aber mit eiskaltem Rücken, kauerten wir an dem armseligen rußgeschwärzten Rost, auf dem feuchte Scheite qualmten.

Wenn sich der Himmel verdunkelte und der Eisregen dafür sorgte, dass ich nicht draußen spielen konnte, verbrachte ich die Tage in dem winzigen Wohnzimmer, das auch als Küche, Esszimmer und zu den seltenen Gelegenheiten, an denen eine Zinkwanne darin auftauchte, als Badezimmer diente. Möbliert war es mit altem Plunder, den die Großeltern beider Seiten aussortiert hatten. Ich erinnere mich an ein hässliches, kastanienbraunes Sofa mit durchgesessenen Federn, die sich schon beinahe durch den abgeschabten und verschossenen Bezugsstoff bohrten, an einen hölzernen Esstisch mit vier zusammengewürfelten, wackeligen unbequemen Stühlen und an eine zerkratzte Kommode, auf der sich Töpfe und andere Küchenutensilien stapelten. Im Wohnzimmer gab es kein einziges Stück, das für Gemütlichkeit oder Wohnlichkeit gesorgt hätte – es war ein trostloser dunkler Raum in einem trostlosen kleinen Haus.

Drei Türen hatte es insgesamt: Eine befand sich an der Treppe, die zu den Schlafzimmern führte. Durch die zweite gelangte man zum Garten hinter dem Haus, wo die Wäsche und die schmutzigen Töpfe gewaschen wurden. Die dritte, die Haustür, führte für meine Mutter anscheinend nirgendwo hin. Denn abgesehen von gelegentlichen Gängen zu den Geschäften, wo sie Lebensmittel und ein paar andere Dinge des täglichen Bedarfs kaufte, gab es für sie offenbar kaum ein Leben außerhalb dieser vier Wände.

Uns satt zu bekommen, was niemals leicht war, schien fast die gesamte Zeit meiner Mutter zu beanspruchen. Mein Vater, der zur Haushaltskasse nur beisteuerte, was er nicht im Pub vertrank, erwartete jeden Abend eine warme Mahlzeit. Ganz gleich, wann er nach Hause kam – wenn das Essen nicht binnen Minuten vor ihm auf dem Tisch stand, erfüllte sein wütendes Gebrüll den Raum, und seine Fäuste ballten sich vor Zorn.

Er war ein chronischer Trinker, ein Alkoholiker, wie es heute heißt. Meine Mutter wusste nie, ob er nach der Arbeit direkt in den Pub gehen oder erst zum Essen nach Hause kommen und danach im Pub trinken würde, bis seine Taschen leer waren.

Weil er kurz vor dem Zahltag stets nach dem restlichen Haushaltsgeld suchte, bemühte sich meine Mutter, kleine Beträge zu verstecken, sodass sie immer wenigstens Brot und Milch kaufen konnte. Doch das übermächtige Verlangen nach einem Drink schien meinem Vater zu einem geradezu unheimlichen Scharfsinn zu verhelfen. Und so fand er das neue Versteck, in dem meine Mutter die wenigen Münzen verborgen hatte, meist schon nach wenigen Stunden.

An solchen Tagen war die Anspannung im Raum oft mit Händen greifbar. Er schlürfte seinen Tee und schaufelte das Essen in sich hinein, während seine Blicke umherschossen und meine Mutter ihn nervös aus der Ferne beobachtete. Vielleicht betete sie, dass seine Laune sich bessern und er dieses eine Mal zu Hause bleiben würde.

Aber das passierte nur selten.

Manchmal fragte er mit einem Lächeln nach dem Geld, manchmal mit einer Grimasse, und hin und wieder drohte er. Aber gleichgültig, wie er die Frage stellte – meine Mutter wusste, dass sie es mit einer Forderung zu tun hatte und nicht mit einer Bitte.

Ihre Erklärung, es sei kein Geld mehr da, wurde stets nur mit einem düsteren Blick quittiert.

»Du bist eine verdammte Lügnerin«, war seine übliche Antwort. »Und jetzt gib mir das Geld, wenn du weißt, was gut für dich ist.«

Mein kleiner Körper bebte vor Angst. Ich rutschte lautlos vom Stuhl und versteckte mich hinter dem Sofa. Die Hände auf die

Ohren gedrückt, die Augen fest geschlossen, versuchte ich, nicht zu sehen und zu hören, was geschah. Trotzdem drangen die Geräusche zu mir durch: wie sein Stuhl unwirsch zurückgeschoben wurde, wie seine Füße in den schweren Arbeitsstiefeln durch den Raum stapften. Das Getöse, mit dem die Töpfe zu Boden krachten, und das Geklapper, mit dem der Inhalt der Kommodenschubladen ausgekippt wurde.

In die Geräusche mischte sich das wütende Geschrei meines Vaters. »Wo hast du es versteckt, du Schlampe?« Dazu die schwachen Proteste meiner Mutter. »Es ist nichts mehr da.« Bald hallte der Raum vom Lärm seiner Suche und ihren flehentlichen Bitten wider.

Das Wutgebrüll wurde lauter, und schließlich folgte das unverkennbare Geräusch von Fäusten, die auf einen Körper prallten. Das Schluchzen meiner Mutter, das Poltern schwerer Füße auf den Holzdielen und am Ende sein Triumphschrei. Er hatte die Beute gefunden.

»Da, du nutzlose Schlampe! Ich wusste doch, dass du es vor mir versteckst.«

Wieder hatten die Verlockungen des Pubs die Oberhand behalten. Sie riefen meinen Vater wie der Gesang der Sirenen und ließen ihn die Not seiner Familie vergessen.

Wenn das Knallen der Haustür seinen Abgang verkündete, nahm ich die Hände von den Ohren, öffnete die Augen, löste mich aus meiner Erstarrung und kam zögernd hinter dem Sofa hervorgekrochen. Jedes Mal, wenn ich meine Mutter dann so elend und in sich zusammengesunken dasitzen sah, hatte ich einen Kloß in der Kehle.

Auf ihrem Gesicht zeichnete sich manchmal schon der rote Abdruck seiner Hand ab. Ich sah ein wenig verschmiertes Blut in ihrem Mundwinkel und die Lippen, die bereits anschwollen. An ihrem Arm bildete sich ein Bluterguss. Während ihr Blick über das Chaos ringsum schweifte, rannen ihr Tränen der Verzweiflung übers Gesicht. Instinktiv wollte ich zu ihr laufen und sie trösten. Manchmal, wenn ihr die Kraft fehlte, mich fortzuschieben, ließ sie zu, dass ich mich an ihr Knie schmiegte. Doch meist traf mich, wenn ich nur das Wort »Mum« sagte, ein so frustrierter und von Groll erfüllter Blick, dass ich zurückwich.

»Was willst du, Marianne? Kannst du mich nicht einmal in Ruhe lassen?«

In diesem Alter konnte ich ihr noch nicht mit Worten sagen, dass ich mich sicher fühlen wollte, dass ich mich danach sehnte, auf ihren Schoß klettern zu dürfen, in die Arme genommen zu werden und zu hören, dass alles gut werden würde.

Stattdessen ließ die Ablehnung, die ich spürte, mir dicke Tränen über die Wangen kullern, und ich weinte meinen Kummer laut hinaus.

Meist wich dann der Ärger auf ihren Zügen einer Mischung aus dem Anflug eines schlechten Gewissens, aus Ungeduld und Resignation.

»Ach, hör schon auf mit dem Geheul! Schließlich ist er ja nicht auf dich losgegangen. Komm, ich wische dir die Tränen ab.« Dann wühlte sie in ihrer Tasche nach dem schmuddeligen Lappen, der als Taschentuch diente, und trocknete damit hastig meine Tränen. »Du weißt doch, dass du nichts dafür kannst, Marianne.«

Diese kurzen Momente ruppiger mütterlicher Zuwendung trösteten mich ein wenig. Doch ich glaubte immer noch, dass sie so böse war, sei irgendwie meine Schuld. Außer mir war ja niemand da.

Wenn das Geld nicht einmal mehr für das Notwendigste an Essen reichte, musste meine Mutter darauf hoffen, dass man sie anschreiben ließ, ihr etwas lieh, oder – schlimmer noch – sie musste um Almosen bitten.

Ich hasste es, neben ihr zu stehen und sie Ausreden stottern zu hören. Denn ich wusste nur zu gut, dass weder die Ladenbesitzerin noch die Kundinnen in der Reihe hinter uns ihre Geschichten glaubten. Angesichts der Blicke voller Mitleid und Verachtung überkam mich eine Welle von Scham, und ich fragte mich, ob die geflüsterten Bemerkungen etwas mit uns zu tun hatten. Ich sah, wie sich die Wangen meiner Mutter vor Verlegenheit und Scham röteten, wenn auch ihr bewusst wurde, dass man ihr die Erklärungen nicht abnahm.

Beim Metzger kauften wir nur die billigsten Stücke. Ein Brocken Lammnacken konnte eine ganze Woche lang reichen, wenn man für den Geschmack einen dicken Markknochen hinzufügte. Mit großen Kartoffelportionen und anderem Gemüse, das jeweils gerade günstig war, ließ sich daraus ein nahrhafter Eintopf bereiten, der dann Abend für Abend auf den Tisch kam.

Es gab eine Zeit, die noch schlimmer war. Mein Vater kam dann kaum noch nach Hause. Wenn er schließlich doch erschien, war er unrasiert, und seine Augen waren blutunterlaufen. Der Gestank des Pubs, diese Mischung aus Alkohol, Zigaretten und abgestandenem Schweiß klebte an ihm, und die Lohntüte war leer.

Dann musste meine Mutter beim Metzger um Knochen mit ein paar Fleischresten daran betteln, die normalerweise die wohlhabenden guten Kunden für ihre Hunde bekamen. Mitleidig betrachtete der Metzger die verhärmten Züge meiner Mutter und mein kleines blasses Gesicht. »Sie brauchen die Knochen nötiger als die verhätschelten Fidos und Rovers«, sagte er und steckte noch ein paar fettige Klumpen, die er von besseren Stücken abgeschnitten hatte, mit in die Tüte. »Das kostet nichts, gute Frau.« Achselzuckend wehrte er ihre beschämten Dankesworte ab. Seine Freundlichkeit schien meiner Mutter jedes Mal peinlicher zu sein, als wenn er wie üblich recht schroff gewesen wäre.

In jenen Zeiten schwammen noch mehr Kartoffeln und Kohlblätter und noch weniger Fleischstücke in unserem Eintopf. Shepards Pie wurde zu Kartoffelpüree mit Soße, und anstelle von Butter und Marmelade hatten wir schmieriges weißes Schmalz auf dem Brot.

»Wir müssen das Fleisch für deinen Vater übrig lassen«, sagte Mutter immer, wenn sie mir Kohl und blasse Kartoffelstücke in einer talgigen Brühe auf den Teller schöpfte.

Ich betrachtete dann jedes Mal den leeren Stuhl meines Vaters und den Platz, der für ihn gedeckt war, und überlegte, ob er wohl nach Hause kommen würde, wenn ich im Bett lag.

Kapitel 3

Die Auseinandersetzungen zwischen meinen Eltern eskalierten. Auch ich bekam hin und wieder Knüffe und Schläge ab, und bald ließ mich schon der Klang der erhobenen Stimme meines Vaters vor Angst beben.

Mitte der Fünfzigerjahre schossen in einigen Teilen von Essex Fabriken wie Pilze aus dem Boden. Dort wurden die unterschiedlichsten Produkte hergestellt – von Yardley Parfüm bis zu Personenwagen und Traktoren der Marke Ford –, und jedes Mal, wenn eine neue Fabrik ihre Tore öffnete, verdüsterte sich die Laune meines Vaters. Er bejammerte die Tatsache, dass nun Wohnsiedlungen die einst grünen landwirtschaftlichen Flächen bedeckten und die Farmarbeiter um ihre Arbeit brachten. Über die Fabrikarbeiter grinste er höhnisch und schimpfte über die Zahl glänzender neuer Autos, die ihn mit Dreck bespritzten, wenn er die Landstraßen entlangradelte.

Die Besuche im Pub schienen seinen Groll noch anzustacheln, und er kam oft so angespannt wie eine Stahlfeder nach Hause. Der kleinste Anlass genügte, um seinen Jähzorn überschäumen zu lassen. Ob es sich nun um eine eingebildete Beleidigung im Pub handelte, ob er das Gefühl hatte, meine Mutter zeige nicht genügend Verständnis oder ob ich an dem Platz saß, wo er gerade sitzen wollte – jeder einzelne genügte für einen heftigen Anfall von Raserei. Bei diesen Gelegenheiten schien ihn die Fähigkeit, zusammenhängende Sätze zu bilden, abhanden gekommen zu sein. Nur mit Gebrüll und fliegenden Fäusten konnte er sich noch mitteilen.

Sein Kopf wurde knallrot, seine Augen schweiften streitlustig durch den Raum und suchten nach etwas, woran er seine Wut auslassen konnte. Immer hoffte ich dann voller Angst, dass sein Blick nicht auf mich fallen würde.

Oft lag ich zusammengerollt in einer Ecke und versuchte, mich so klein und unsichtbar zu machen wie irgend möglich.

Wenn ich mit fest geschlossenen Augen in meinem Versteck kauerte oder vor Angst zitternd im Bett lag, hörte ich das Gebrüll und die Schreie und erkannte das Geräusch von Schlägen. Doch erst als ich vier Jahre alt war, sah ich zum ersten Mal tatsächlich mit eigenen Augen, wie mein Vater meine Mutter verprügelte.

Das Abendessen war schon seit einer Stunde fertig, und sie hatte unsere Portionen bereits herausgeschöpft, als die Tür knallend gegen die Wand krachte. Mein Vater wankte mit zornrotem Kopf herein. Er beugte sich über den Tisch und stützte schwankend die Hände auf. Während er seine Wut hervorspie, schlug uns der saure Gestank seines Bieratems ins Gesicht. Sein unbändiger Zorn speiste sich aus der Verbitterung über die besser bezahlten Fabrikarbeiter, die seit Neuestem in seiner Stammkneipe einkehrten.

»Diese verdammten Großmäuler! Was glauben die eigentlich, wer sie sind? Halten sich für etwas Besseres. Keine Ahnung von ehrlicher Arbeit und noch feucht hinter den Ohren. Verdammte kleine Stinker, glauben sie wüssten alles besser. Wisst ihr, was sie gesagt haben?«

Ich spürte, wie meine Mutter verzweifelt nach Worten suchte, mit denen sie ihn beruhigen konnte. Weil ihr jedoch nichts Passendes einfallen wollte, blieb sie lieber still.

Hilflos sah sie ihn an, während die wuttriefenden Worte aus seinem zornverzerrten Mund quollen. Worte, die ich noch nicht verstand. Doch ich spürte den Hass und bebte vor Angst.

»Sie haben sich für die neue Siedlung vormerken lassen, die bald gebaut wird. Wollen sich nun eigene Häuser kaufen. Sich etwas zu mieten, ist ihnen nicht mehr gut genug. Dabei sollte man meinen, es wäre schon genug, wenn sie in den blinkenden Blechkisten herumfahren. Die schauen auf uns herab. Auf uns! Dabei haben wir schon auf den Farmen geschuftet, als sie noch zur Schule gingen. Hypotheken nehmen sie auf, sagen sie. Schwachsinn. Ich nenne das Schulden. Das bricht ihnen das Genick. Die werden schon sehen, was sie davon haben.«

Wenn er so über die Fabrikarbeiter herzog, brach seine ganze Frustration darüber, dass er selbst nichts erreicht hatte, aus ihm heraus. Er beschuldigte meine Mutter, ihn in die Falle gelockt und zum Heiraten gezwungen zu haben. Mir warf er vor, dass ich überhaupt da war. Wenn er nicht eine Arbeit tun müsste, die uns ein Dach über dem Kopf sicherte, meinte er, würde er nun vielleicht auch in einem nagelneuen Auto durch die Gegend kutschieren anstatt sich auf dem Fahrrad abzustrampeln.

Den Rücken an die Stuhllehne gedrückt, hörte ich das beschwichtigende Gemurmel meiner Mutter. Eilig wurde das Essen vor ihn hingestellt, frischer Tee wurde aufgebrüht und eingeschenkt, eine Scheibe Brot abgeschnitten und mit Butter bestrichen. Aber nichts konnte seinen Zorn mildern.

Finster starrte er uns an, bevor er nach der Gabel griff und das Essen in sich hineinschaufelte.

»Verdammt noch mal, Frau! Kannst du nie etwas anderes kochen als diesen scheußlichen Eintopf?«, schrie er nach dem ersten Bissen. Einen Augenblick lang dachte ich, er würde den Teller vom Tisch fegen, wie er es schon oft getan hatte. Doch eine Art Selbsterhaltungstrieb – vielleicht das Wissen, dass ansonsten kaum etwas zu essen im Haus war – hielt ihn davon ab. Stattdessen mampfte er weiter und beschimpfte meine Mutter nach jedem Happen. Dann wurde er still.

Seiner Gesichtsfarbe nach zu urteilen, hatte sich seine Wut allerdings nicht gelegt; er suchte nur nach einer weiteren Möglichkeit, meiner Mutter die Schuld an seiner tiefen Unzufriedenheit zuzuschieben. Am liebsten wäre ich aufgestanden, aber ich traute mich nicht, mich zu rühren. Auf keinen Fall wollte ich gerade jetzt seine Aufmerksamkeit auf mich lenken.

Er kratzte den Teller aus, tunkte mit einem Stück Brotrinde auch noch den letzten Tropfen Brühe auf. Dann ließ er das Besteck fallen, schob den Teller weg und wischte sich mit dem Handrücken über den Mund. Mit einem gehässigen Blick musterte er meine Mutter von oben bis unten.

»Herrgott, wie du aussiehst! Kein Wunder, dass ich keine Lust habe, nach Hause zu kommen. Für dich muss sich ein Mann ja schämen. Dieses Haus ist ein Dreckloch. Glaubst du, hierher könnte man jemanden mitbringen? Meine alte Mutter hatte recht, als sie sagte, du wärest eine dreckige Kuh. Sie hat das Haus immer sauber gehalten, dabei musste sie vier Kinder großziehen. Aber dir, du faule Schlampe, dir ist alles egal.«

Während er sie mit Beleidigungen überschüttete, verdunkelte sich seine Gesichtsfarbe weiter. Meine Mutter wand sich unter jedem seiner Worte wie unter einem Fausthieb, doch sie versuchte nicht, sich zu verteidigen.

Plötzlich sprang mein Vater auf und stieß geräuschvoll den Stuhl fort. Meine Mutter musste geahnt haben, was als Nächstes passieren würde. Sie versuchte, zurückzuweichen, aber er war schneller. Es gelang ihr noch, die Hände vors Gesicht zu schlagen, und schon hagelte es Fausthiebe auf ihre Schultern und Arme. Tränen quollen zwischen ihren Fingern hindurch. Ich hörte sie vor Schmerzen leise stöhnen. Immer wieder flehte sie, er solle doch aufhören.

Plötzlich ließ er die Fäuste sinken.

»Ach, es ist Zeitverschwendung, dich zu schlagen. Du lernst es ja doch nicht. Schau dich doch an, Frau. Du bist ein Wrack.«

Diesmal hob er die Hand nur, um ihr den Finger mit aller Macht in die Brust zu bohren. »Sieh dir bloß deinen verdammten Unterrock an.«

Die verächtlichen Worte lenkten meinen Blick auf den Rock meiner Mutter, und ich bemerkte, dass ihr Unterrock eine Handbreit unter dem Rocksaum hervorhing.

Das Lächeln, das plötzlich auf dem Gesicht meines Vaters erschien, machte mir mehr Angst als zuvor sein düsterer Blick. Er rückte so nahe an meine Mutter heran, dass sie bis zur Wand zurücktaumelte. Die Angst ließ alle Farbe aus ihrem Gesicht weichen. Ich hörte, wie sie versuchte, seinen Namen zu sagen, hörte seinen schweren Atem. Dann sah ich, wie er seine Hand in die Tasche schob und ein Feuerzeug hervorholte. Eine schnelle Daumenbewegung, und die Flamme flackerte auf. Bevor meine Mutter auch nur ahnte, was er vorhatte, beugte er sich zu meinem Entsetzen hinab und hielt das Feuerzeug an den Spitzensaum des Unterrocks. Mit der anderen Hand drückte er gegen den Bauch meiner Mutter, sodass sie sich nicht bewegen konnte.

»Nicht!«, schrie sie. »Bitte lass mich in Ruhe.« Sie versuchte, ihn wegzustoßen, doch er drängte sie nur lachend an die Wand. Die Angst ließ mich von meinem Stuhl springen, und ich tat, was ich sie hatte tun sehen, wenn ein Funke aus dem Feuer auf die Kleider sprang, die vor dem Kamin trockneten. Ich griff nach einer alten Zeitung, drängte mich zwischen meine Eltern und schlug auf die kleine Flamme ein, die bereits am Unterrock meiner Mutter züngelte. Glucksend trat mein Vater beiseite. Meine Mutter stürzte zum Spülbecken und ließ Wasser über ihren Rock laufen. Einen Moment lang vergaß ich, wie viel Angst ich vor ihm hatte.

»Du bist böse. Du bist ein böser, böser, gemeiner Mann, Daddy!«, schrie ich und blickte auf in sein überraschtes Gesicht.

»Was glaubst du eigentlich, mit wem du sprichst?«, brüllte er mich an. »Erlaube dir bloß keine Dreistigkeiten, du unverschämter Balg. Ab ins Bett mit dir! Hörst du?«

Seine Hand krachte auf meinen Hinterkopf. Vor meinen Augen tanzten schwarze Flecken, und ich fiel fast um vor Schreck über die Wucht des Schlages. Doch ein Anflug von Selbstachtung hielt mich auf den Beinen, ließ mich aufrecht aus dem Zimmer staksen und die Treppe hinaufsteigen.

Die Tränen hielt ich zurück, bis ich allein war.

Von nun an schienen sich die Streitereien oft über Tage hinzuziehen, und mein winziges Zimmer wurde mein Zufluchtsort.

Dort konnte ich mich unter dem Bettzeug, einem Berg alter Mäntel und zerrissener Laken, vergraben und es mir über die Ohren ziehen. Zitternd und mit fest zusammengekniffenen Augen versuchte ich, die Geräusche nicht zu hören, die mich so sehr ängstigten.

Aber egal, wie tief ich mich unter den Kleiderstapel wühlte – das Wutgebrüll meines Vaters drang immer zu mir durch.

»Schlampe!«, schrie er und »Hure!« Und obwohl ich den Sinn der Worte nicht verstand, ließ mich die Heftigkeit seines Zorns doch immer erschauern.

Mein Daumen fand den Weg in meinen Mund, stumme Schluchzer schüttelten meinen Körper, und meine freie Hand krallte sich in die Lumpenpuppe mit dem aufgemalten Gesicht. Immer folgte an solchen Tagen auf das schrille Flehen meiner Mutter, er möge sie in Ruhe lassen, ihr herzerweichendes Schluchzen.

Bitte lass sie aufhören, sang es wieder und wieder in meinem Kopf. Aber wenn es vorbei war, ängstigte mich die bedrückende Stille fast noch mehr.

Es gab aber auch Tage, an denen die düstere Laune meines Vaters verflog. Der finstere Blick wich einem Lächeln, und er sprach in einem freundlicheren Ton. Die Besuche im Pub, sagte er meiner Mutter dann, seien nun Vergangenheit. Er würde nach dem Abendessen zu Hause bleiben. Doch sie hatte das alles schon zu oft gehört und wusste, er würde früher oder später wieder trinken. Trotzdem hoffte sie jedes Mal aufs Neue, dass nun alles besser werden würde.

An solchen Tagen glätteten sich die Sorgenfalten ein wenig, die sich viel zu früh in das Gesicht meiner Mutter gegraben hatten, und der Korb mit dem Zubehör fürs Teppichmachen wurde hervorgeholt. Allein die selbstgemachten Läufer sorgten für ein paar Farbtupfer in unserem Heim. Sie bedeckten das kalte braune Linoleum der Böden.

Meine Eltern saßen bei diesen Gelegenheiten gemeinsam vor dem Holzfeuer und breiteten vor sich aus, was sie zum Teppichmachen brauchten. Das war nicht viel: ein Stapel abgetragener Kleider der Farmersfrau, die nur noch zu Lumpen taugten, eine Schere und ein paar alte Säcke. Meine Mutter schnitt den noch brauchbaren Stoff in lange Streifen, sortierte diese nach Farben und reichte sie meinem Vater, der sie geduldig in den Sackstoff einwebte. Auch ich wollte mich nützlich machen, hob stumm die Fetzen auf, die zu Boden gefallen waren, und steckte sie in einen anderen Sack.

Mein Vater nahm ein langes, dünnes Metallstück zur Hand, das einer überdimensionalen Häkelnadel glich. An einem Ende befand sich eine schmale Spitze, am anderen ein Haken. Mühsam fädelte er dort die Stoffstreifen ein. Dann musste er sie durch die alten Kartoffelsäcke aus Rupfen ziehen und am Ende alle Stoffstreifen verknoten. Die schwieligen Hände meines Vaters zitterten, weil er nicht getrunken hatte. Doch er arbeitete immer weiter, fertigte Teppiche in unterschiedlichen Größen an.

»Der ist für dein Zimmer, Marianne«, sagte er einmal schroff, als ein besonders buntes Stück entstanden war. »Damit du keine kalten Füße bekommst, wenn du morgens aufstehst.« Er warf mir den fertigen Läufer zu.

»Danke.« Ich freute mich nicht nur über den bunten Teppich, sondern auch über die unerwartete Aufmerksamkeit, lächelte ihn unsicher an und erhielt tatsächlich ein Lächeln als Antwort.

Stolz breitete ich meinen Schatz an diesem Abend neben meinem Bett aus, und als ich morgens aufwachte, sah ich den Teppich gleich wieder an und bewunderte die warmen Farben. Ich hatte nur den einen Wunsch, dass die gute Laune anhalten möge, dass meine Mutter weiter ein Lächeln auf den Lippen trug und die Wut mit ihren beängstigenden Geräuschen nie zurückkehren würde.

Denn dies waren die Eltern, die ich haben wollte.

Aber wieder und wieder wurde ich enttäuscht.

Kapitel 4

Das Wort »Schule« hatte ich schon gelegentlich gehört und wusste, dass ich dort mit anderen Kindern in einem Klassenzimmer sitzen, einer Lehrerin zuhören und lernen musste, wie man las und rechnete. Aber bis man mir sagte, es würde in einer Woche losgehen, hatte ich mich nie näher damit befasst.

»Du bist kein Baby mehr, Marianne«, antwortete meine Mutter ungeduldig, als ich ihr sagte, ich wolle lieber bei ihr zu Hause bleiben. »Also hör auf, dich wie eines zu benehmen. Wenn du erst mal dort bist, wird es dir schon gefallen. Du wirst Freundinnen finden, und das ist schön.«

So leicht war ich nicht zu überzeugen. Außer den seltenen Besuchen bei Vaters Verwandtschaft hatten wir kaum Kontakte nach außen; ich war immer nur mit meinen Eltern zusammen gewesen. Weil ich mich davor fürchtete, allein aus dem Haus zu müssen, folgte ich von nun an meiner Mutter auf Schritt und Tritt und versuchte, sie umzustimmen.

»Hör auf mit dem Gejammer. Du gehst und damit Schluss«, antwortete sie ungehalten, als ich meine Proteste zum x-ten Mal wiederholte. Ich wisse doch, wie beschäftigt sie sei, knurrte meine Mutter, und ich solle dankbar sein, dass sie mich jeden Tag hinbringen und abholen und mich nicht einfach in den Bus setzen würde. Den Grund, weshalb sie mich auf dem Fahrrad zur Schule fahren wollte, erwähnte sie nicht: Um die zwei Meilen bis zur Schule zu laufen, war ich noch zu klein, und der Schulbus kostete Geld.

Der Tag, vor dem ich mich so fürchtete, mein erster Schultag, rückte schnell näher. Außer dass mir nach dem Frühstück die Hände und das Gesicht gewaschen wurden, begann er wie jeder andere auch. Ich wurde in ein Kleid gesteckt, das ich schon ein paar Mal getragen hatte, an meine Füße kamen schwarze Gummistiefel, mein Haar wurde flüchtig mit einer Bürste bearbeitet. Erst als mir ein kleiner gebrauchter Ranzen auf den Rücken geschnallt wurde, man mich auf den Sitz hinter dem Fahrradsattel meiner Mutter hob und mir sagte, ich solle mich gut festhalten, fügte ich mich ins Unvermeidliche. Ich war auf dem Weg zur Schule.

Auf der Fahrt über die holprigen Landstraßen hielt ich mich krampfhaft an meiner Mutter fest. An der Schule angekommen, lehnte sie das rostige Fahrrad an eine Mauer und hob mich herunter. Die Mütter, die in angeregte Unterhaltungen vertieft auf dem Schulhof zusammenstanden, beachtete sie nicht. Sie ging direkt zu einer jungen Frau mit einem großen Notizbuch, die mitten in einer Gruppe von kleinen Kindern und deren Müttern stand. Offenbar die Lehrerin, die sich um die Neuankömmlinge kümmerte.

»Ich bringe meine Tochter. Ihr Name ist Marianne«, sagte meine Mutter brüsk. »Sei brav, Marianne. Tu, was deine Lehrerin dir sagt. Ich hole dich später wieder ab«, ermahnte sie mich dann, bevor sie auf dem Absatz kehrtmachte und zu ihrem Fahrrad zurückstakste. Ich starrte ihr hinterher. Mir war hundeelend, weil sie mich einfach so stehen ließ.

Als sie wegfuhr, begann meine Unterlippe zu zittern. Energisch grub ich meine Zähne hinein und kämpfte gegen die Tränen an. Auf keinen Fall wollte ich mich vor den anderen Kindern blamieren.

»Marianne«, hörte ich die Lehrerin sagen, »komm und begrüße Jean. Sie ist heute auch zum ersten Mal hier.«

Doch anstatt zu tun, was die Lehrerin, Miss Evans, verlangte, war ich so in meiner Schüchternheit gefangen, dass ich nur stehen bleiben und mich mit der grenzenlosen Verwirrung eines isolierten Einzelkindes umsehen konnte. Zum ersten Mal im Leben war ich von so vielen anderen Kindern umgeben.

Insgesamt waren etwa zwanzig Kinder da, und alle verhielten sich unterschiedlich. Einige hatten Tränen in den Augen. Andere standen in kleinen Gruppen zusammen und hielten sich nervös an ihren Ranzen fest, während die Mütter, die den Tränen fast so nahe schienen wie ihre Sprösslinge, ihnen vor dem Abschied tröstende und aufmunternde Worte zuraunten.

Ich sah zwar die jammervollen Mienen und wusste, dass sich viele jetzt genauso fühlten wie ich. Gleichzeitig entging mir aber nicht, wie diese Kinder aussahen. Sie unterschieden sich deutlich von mir.

Kein anderes Kind war so angezogen wie ich. Während ich ein verschossenes Kleid aus dem Gebrauchtwarenladen und eine an den Ellbogen geflickte Strickjacke trug, waren die anderen Kinder so sauber und adrett, dass sie fast blitzten.

Das Haar der Mädchen wurde von pastellfarbenen Bändern zusammengehalten; vornehme gestärkte Baumwollblusen waren in dunkle Faltenröckchen gesteckt. Die Füße der Mädchen zierten weiße Socken und polierte Lederschuhe. Auch die Jungen mit ihrem frisch geschnittenen kurzen Haar, in weißen Hemden, denen man noch die Falten aus dem Laden ansah, in Krawatten, Blazern und knielangen Hosen, sahen aus wie aus dem Ei gepellt.

Ich betrachtete meine dünnen nackten Beine in den Gummistiefeln, fuhr mit der Hand durch mein Haar, das meine Mutter geschnitten hatte und das mir fransig gerade bis unterhalb der Ohrläppchen hing und wollte nach Hause. Schon jetzt wusste ich, dass es mir hier nicht gefallen würde, weil ich so anders war. Freunde würde ich hier niemals finden.

Als die Glocke laut schrillte, zeigte uns die Lehrerin, wie wir uns zu etwas formieren sollten, das sie ein Krokodil nannte. Aber eigentlich handelte es sich nur um Kinderpaare, die in einer Reihe hintereinander standen. Wir folgten ihr in ein luftiges Klassenzimmer, wo wir uns an kleine Pulte setzten. Miss Evans bat uns, nacheinander laut unsere Namen zu nennen. Sie sagte, das würden wir nun jeden Morgen tun, damit sie wusste, ob jemand fehlte. Dann hakte sie jeden Namen in dem großen Buch ab, welches offenbar Klassenbuch genannt wurde.

Ich dachte, dass sie uns doch auch einfach zählen konnte, sagte aber nichts.

Dann erhielten wir Buntstifte und Papier und durften malen, was wir wollten. Ich kritzelte viele Wellenlinien und bewunderte dann die Farben auf meinem Blatt.

Während einer Pause am Vormittag bekamen wir kleine Milchflaschen, dazu weiße, mit Wachs ummantelte Strohhalme, durch die wir die Milch schlürfen konnten.

Mittags stellten wir uns wieder zu einem Krokodil auf, dann ging es zur Schulkantine. Sobald wir den letzten Bissen geschluckt hatten, schickte man uns zum Spielen hinaus. An diesem ersten Tag stand ich am Rand des Schulhofs und sah den anderen Kindern zu. Ich hoffte, dass eines von ihnen zu mir kommen, mich nach meinem Namen fragen und mich auffordern würde mitzuspielen. Aber niemand beachtete mich.

Am Nachmittag las uns die Lehrerin eine Geschichte vor. Für mich waren es nur Worte ohne Zusammenhang über Dinge, von denen ich nichts wusste. In unserem Haus gab es keine Bücher, nur Zeitungen und hin und wieder eine Frauenzeitschrift. Eine Geschichte erzählt zu bekommen, war ein Vorgang, den ich nicht verstand. Gelangweilt schaute ich aus dem Fenster. Draußen fanden sich nun langsam die Mütter meiner Klassenkameraden ein, standen auf dem Schulhof zusammen und unterhielten sich. Meine Augen hefteten sich an die Straße dahinter. Ich wartete darauf, dass die vertraute Gestalt meiner Mutter dort erschien.

Lärmend verkündete die Glocke das Ende des Schultages. Als sie verstummte, sah ich meine Mutter ihr Fahrrad durch das Tor schieben und sich, genau wie ich es in der Mittagspause getan hatte, ein Stück entfernt von den anderen hinstellen. Die Mütter wiederum beachteten sie genauso wenig wie ihre Sprösslinge mich beachtet hatten.

»Alles in Ordnung, Marianne?«, fragte sie, als ich zu ihr ging.

»Ja.« Mehr sagte ich nicht.

»Gut«, antwortete sie. Dann hob sie mich auf meinen Sitz, und wir fuhren nach Hause.

Weitere Fragen stellte sie nicht.

Auch mein Vater zeigte keinerlei Interesse an meinem ersten Schultag. Vielleicht wussten sie schon, was ich gerade lernte – dass Kinder die anders aussehen, keine Freunde finden.

Kapitel 5

Es war viele Jahre her, seit ich mir zum letzten Mal erlaubt hatte, an das einsame kleine Mädchen zu denken, das ich gewesen war. Doch als es in meiner Erinnerung erschien, spürte ich das Stechen von Tränen in den Augen. Ich sah die magere kleine Gestalt Tag für Tag am Rand des Schulhofs stehen und zwar hoffen, aber nicht wirklich glauben, dass sie eine Freundin finden würde.

Ich erinnerte mich an die Verwirrung dieses Kindes, wenn es Worte wie »Ferien«, »Zentralheizung«, »Wintergarten«, »Veranda« oder »Badezimmer« zum ersten Mal hörte. Das spöttische Gelächter der anderen Kinder über diese Ahnungslosigkeit hallte mir im Ohr wider.

Im Laufe der Monate erfuhr das kleine Mädchen auch, dass es so etwas wie Geburtstagsfeiern gab. Eingeladen wurde es nie. Das tat weh, doch es versuchte, sich nichts anmerken zu lassen.

Auch von Geschenken war die Rede, die es sich kaum vorstellen konnte, geschweige denn jemals selbst besitzen würde: von Puppenhäusern mit winzigen modernen Möbeln in jedem Raum, die aussahen wie echte; von leuchtend rot lackierten Fahrrädern und von Puppen, deren Augen sich öffneten und schlossen und die wie richtige Babys weinten.

Die anderen Schulkinder unterhielten sich außerdem über allerlei Vergnügungen, von denen das Kind in meiner Erinnerung nur träumen konnte: über Besuche in Teestuben, wo sie sich zartrosa Baisers, Eiscremekugeln und frische Himbeeren mit Sahne schmecken ließen. Sie hatten liebende Großmütter, die ihnen neue

Kleider schenkten, machten Ausflüge ans Meer, zum Rummel und vieles andere mehr. Nie konnte das kleine Mädchen dabei mitreden.

Ich versuchte, mir weitere Bilder ins Gedächtnis zu rufen. Doch in meiner Erinnerung sah ich immer nur das Kind, das allein am Rand des Schulhofes stand. Leise seufzend stemmte ich mich aus dem bequemen Sessel. Ich ging zu dem Schrank mit den Familienalben voller Fotos von freudigen Anlässen. Die Alben schob ich beiseite. Stattdessen zog ich einen alten Umschlag hervor, dessen braune Farbe über die Jahre zu einem verwaschenen Gelb verblasst war.

Wie schmal er ist, dachte ich traurig. Seit über zwei Jahrzehnten hatte ich den Umschlag nicht mehr geöffnet. Darin steckten die wenigen Fotos aus meinen ersten fünfzehn Lebensjahren. Ich nahm die körnigen Schwarz-Weiß-Aufnahmen heraus und breitete sie auf dem Tisch aus.

Keines der Bilder zeigte mich als brabbelndes Baby oder als Kleinkind, wie ich an den Händen meiner stolzen Eltern die ersten Schritte wagte. Auf den meisten war ich zusammen mit anderen Menschen abgebildet. Es schien, als hätte man mich nur aus Versehen mit fotografiert, denn ich stand immer abseits. Auch ein paar Klassenfotos, auf denen ich etwa zwölf Jahre alt war, lagen mit auf dem Tisch. Ich schob sie beiseite, denn ich wollte mir die Bilder anschauen, auf denen ich noch viel jünger war.

Es gab nur zwei. Das erste war eine Schwarz-Weiß-Fotografie von meinem ersten Bruder und mir: er ein properes Baby, ich eine magere Sechsjährige. Wir saßen auf dem alten Sofa nebeneinander. Zwar lehnte er sich gegen mich, doch die Hand, an die er sich klammerte, gehörte meiner Mutter. Auf seinen Zügen lag ein breites, zahnloses Lächeln, während ich ausdruckslos in die Ferne starrte.

Damals war mir immer deutlicher bewusst geworden, dass meine Eltern mich nicht liebten. Vor der Geburt meines Bruders hatte ich nie erlebt, dass die beiden auch Zärtlichkeit schenken konnten. Doch nun sah ich mit an, wie mein Bruder hochgehoben und mit einem so liebevollen Ausdruck angeschaut wurde, wie ich ihn nie gekannt hatte. Ich sah und ich verstand. Auch die Koseworte, die sie ihm ins Ohr raunten, hörte ich. »Mein Junge«, nannte mein Vater ihn einmal in einem so zufriedenen Ton, dass die tiefe Leere, die ich dabei empfand, mir geradezu körperliche Schmerzen bereitete.

Mit anzusehen, wie die Liebe, nach der ich mich unbewusst so sehr gesehnt hatte, nun einem anderen zuteil wurde, hinterließ unter meinen Rippen einen kalten, unausgefüllten Fleck. Ich glaubte, solcher Gefühle einfach nicht würdig zu sein. Denn mein Bruder war doch erst so kurz auf der Welt, dass er sie sich unmöglich verdient haben konnte. Also bekam wohl nur derjenige Liebe geschenkt, dem sie auch zustand, dachte ich damals.

Anfangs, als mein Bruder noch ein kleines, wimmerndes Bündel war, betrachtete ich ihn voller Staunen über die Vollkommenheit seiner rundlichen Gliedmaßen und seiner zarten Haut. Als er größer wurde, wuchs auch meine Liebe für ihn. Doch mit dieser Liebe kam noch ein anderes Gefühl: nicht Eifersucht, sondern vielmehr eine neue Einsamkeit.

»Sieh dir deinen kleinen Bruder an«, sagte meine Mutter, als er seine ersten unsicheren Schritte wagte. »Und dieses Lächeln«, sagte sie zu meinem Vater. »Der wird mal ein richtiger Herzensbrecher.«

Ich bin auch noch da, wollte ich schreien. Schaut mich an! Doch wenn sie es taten, wünschte ich mir stets, es wäre nicht geschehen. Denn nie lag in ihren Augen dabei derselbe Ausdruck, mit dem sie meinen Bruder bedachten.

Aus sicherer Entfernung beobachtete ich, wie meine Mutter seine rosigen Wangen und seinen Nacken streichelte, wie sie Küsse auf seinen runden kleinen Bauch prustete und ihn in die Arme nahm.

Dann versuchte ich, ein braves Mädchen zu sein, bot Hilfe an, wenn er gefüttert oder gewickelt wurde. Dabei stellte ich mir immer wieder nur die eine Frage: Wenn sie so viel Liebe für meinen Bruder empfinden konnte, warum war dann nicht auch für mich ein Krümelchen davon übrig?

Nach dem Essen rutschte ich vom Stuhl, griff nach den Porzellantellern voller Macken und Sprünge, nach allem, was meine kleinen Hände fassen konnten, und trug das Geschirr zum Spülbecken. Vor lauter Konzentration legte ich die Stirn in Falten, denn ich wusste, dass ich auf keinen Fall etwas fallen lassen durfte.

Manchmal belohnte mich ein Lächeln meiner Mutter oder sie strich mir mit der Hand übers Haar. »Du bist ein braves Mädchen, Marianne«, sagte sie. Wenn das geschah, zauberten die seltenen lobenden Worte ein Lächeln auf mein Gesicht.

Die Existenz meines Bruders machte die Gleichgültigkeit, die meine Eltern mir gegenüber empfanden, besonders spürbar. Verändert hatte er mein Leben aber schon vor seiner Geburt: Meine Mutter brachte mich nun nicht mehr in die Schule.

»Ich habe zu viel zu tun, Marianne«, war ihre einzige Erklärung. »Und du bist groß genug und kannst mit dem Bus fahren.«

Anstatt hinter meiner Mutter auf dem Rad sitzen und die Arme um sie schlingen zu können, musste ich nun die halbe Meile zur Bushaltestelle allein gehen. Jetzt unterschied ich mich noch mehr von den anderen Kindern meiner Klasse, denn ich war das einzige Kind, das ganz ohne Begleitung auf den Schulhof marschierte – ohne eine Mutter, die ihm zum Abschied winkte. Und wenn am Ende des Schultages die Glocke schrillte, war ich auch das einzige Kind, das nicht abgeholt wurde.

Nach Schulschluss rannten meine Klassenkameraden immer freudig zum Tor, wurden dort umarmt, geküsst und voller fürsorglicher Anteilnahme nach den Ereignissen des Tages gefragt. Sie legten die kleinen Kinderhände fest in die Hände ihrer Mütter und gingen davon, ohne mich auch nur eines Blickes zu würdigen. Ich hatte das Gefühl, unsichtbar zu sein, und dieses Gefühl verstärkte sich noch, als ein paar Monate später mein Bruder auf den Knien meiner Mutter saß.

In jenen Tagen empfand ich ein überwältigendes Bedürfnis nach etwas, von dem ich nicht wusste, was es sein könnte.

Kapitel 6

Zum Lachen brachte mich das zweite Foto. Es war ebenfalls aufgenommen worden, als ich etwa sechs Jahre alt gewesen war, doch diesmal hatte ich einen Ausdruck freudigen Staunens auf dem Gesicht. An den Tag, an dem der Auslöser der Kamera gedrückt worden war und diesen Augenblick für alle Zeiten festgehalten hatte, erinnerte ich mich noch genau.

Ich wusste, dass die Familie meines Vaters meine Mutter nicht mochte und auch mir gegenüber nur wenig Zuneigung empfand. Wenn Vaters Angehörige uns gelegentlich besuchten, fiel mir stets auf, wie ihre Blicke in dem schmuddeligen Wohnzimmer umherwanderten, bis sie schließlich an mir hängenblieben.

»Sie sieht dir ähnlich«, sagte meine Großmutter dann jedes Mal zu meiner Mutter. Und ich ahnte, dass das nicht als Kompliment gemeint war. Deshalb kam das, was mein Vater tat, völlig überraschend.

Er war das älteste von vier Kindern und trotz seiner unfreiwilligen Heirat mit einer Frau, die der Familie nicht passte, noch immer der Liebling seiner Mutter. Sein Vater war gestorben, als er noch klein gewesen war. Deshalb würde er seine Schwester bei ihrer Hochzeit in die Kirche führen.

Als Gegenleistung erbat er sich zwei Dinge: Sie sollte seine Frau zu der Hochzeitsfeier einladen, und ich sollte eines der Brautmädchen werden.

Weder meine Mutter noch ich waren anwesend, als er diese Bitte vorbrachte. Ich wusste nur, dass meine Tante Ja gesagt hatte und dass man mich zum Haus meiner Großmutter brachte, um für ein Kleid Maß zu nehmen.

Wenn Liebe ein Kind schön macht, dann war erklärt, weshalb ich ein so unscheinbares, blasses Wesen war. Ein dünnes Mädchen in schlecht sitzenden Kleidern vom Trödler, das selten die Zinkwanne von innen sah. Der Ausdruck auf den Gesichtern meiner beiden Tanten ließ keinen Zweifel daran, was sie von mir dachten.

»Sie zurechtzumachen wird eine Weile dauern«, sagte die ältere, nachdem sie einen Blick auf mich geworfen hatte.

»Bring sie am Abend vorher herüber, damit wir sie ordentlich schrubben können«, sagte sie zu meinem Vater. »Sie ist so schmal, sie kann in meinem Bett schlafen, und ich werde es wahrscheinlich nicht einmal merken.«

So wurde ich am Vorabend der Hochzeit pflichtschuldig der Fürsorge meiner Verwandtschaft überantwortet. Ein wunderschönes pinkfarbenes Seidenkleid lag auf dem Bett meiner Tante. Am nächsten Tag sollte ich es tragen.

»Baden!«, kommandierte die Tante nach dem Abendessen.

»Komm«, sagte sie zu ihrer Schwester. »Hilf mir dabei. Ich habe für meinen großen Tag morgen noch so viel vorzubereiten.«

Ich wurde an der Hand genommen, und ehe ich's mich versah, hingen meine Kleider über einer Stuhllehne und ich stand vor einer riesigen Wanne voller Wasser und Schaum. »Rein mit dir«, sagte meine jüngere Tante nicht einmal so unfreundlich.

Einen Augenblick lang hatte ich Angst. Die Wanne war so groß! Würde ich denn nicht darin ertrinken? Doch die starken Arme meiner Tante hoben mich hoch und setzten mich hinein. Ich wurde mit Seife abgeschrubbt, mein Haar mit Shampoo bearbeitet. Dann wies sie mich an, die Augen zu schließen, und tauchte mich rückwärts unter. Mein Kopf geriet unter Wasser, ich strampelte mit den Beinen, hatte Seife im Mund und hörte Gelächter. Sie setzten mich wieder auf, und ich hustete und würgte.

»Diesmal lässt du nicht nur die Augen zu, sondern auch den Mund«, ermahnten sie mich. Und schon wurde ich noch einmal untergetaucht.

»Herrje! Was für ein schmuddeliges kleines Ding unsere Nichte doch ist«, sagte die Stimme meiner jüngeren Tante. »Ich wüsste gern, wann sie zuletzt so sauber war.«

»Die Dreckkrusten hätte man mit den Fingernägeln abkratzen können«, hörte ich die ältere Schwester sagen. »Was denkt sich ihre Mutter bloß dabei?«

»Zum Glück hat die Kleine nicht auch noch Läuse. Sonst würde ich ihr später auf keinen Fall die Haare machen.«

So redeten die beiden über mich. Meine Vorfreude auf den großen Tag und die gespannte Erwartung schwanden. An ihre Stelle trat nun Scham. Plötzlich schienen die Arme, die mich festhielten, mich erdrücken zu wollen. Das fröhliche Gelächter klang höhnisch, und die Kommentare waren zu beißendem Spott geworden. Ich fing an zu zappeln.

»Komm schon, Kleines. Sei nicht so widerspenstig«, sagte meine Tante, der mein Unbehagen nicht entging. »Wir Mädchen müssen doch heute Abend zusammenhalten.«

Beide nickten und lachten. Unvermittelt wurde ich auf ein Knie gehoben, in ein kuscheliges weißes Handtuch gehüllt und von beiden Tanten geherzt und gedrückt. Sie steckten mir ein Bonbon in den Mund, frottierten mein Haar und kämmten es dann sorgfältig aus. Noch feucht wurden die hellbraunen Strähnen in Stoffstücke gewickelt, aufgedreht und an meinem Kopf festgesteckt.

»Pass auf, Marianne«, sagte die ältere Tante. »Wenn wir dir morgen das Haar aufstecken, wirst du wunderhübsch aussehen.«

»Ja«, sagte die andere. »Du wirst ein ganz besonderes kleines Mädchen sein.«

»Schlaf mit dem Hals und dem Kopf auf dem Kissen«, steuerte die ältere bei, »damit sich die Stoffstücke über Nacht nicht lösen.« Ich war so aufgeregt, dass ich gar nicht spürte, wie sehr die

Nadeln drückten. Ins Bett gegangen wäre ich in dieser Nacht am liebsten gar nicht. Bevor ich schließlich doch in einen tiefen Schlaf sank, dachte ich noch: »Morgen werde ich ein wunderschönes neues Kleid tragen und etwas ganz Besonderes sein.«

Am nächsten Morgen flatterten die älteren Brautjungfern im Schlafzimmer umher und kämpften um die besten Plätze vor den Spiegeln, um sich gebührend bewundern zu können. Meine jüngere Tante löste die Stoffstücke aus meinem Haar, bürstete es sanft und steckte es dann zu einem lockeren Knoten auf. Dann wurde mir neue, pinkfarbene Unterwäsche angezogen, ich bekam weiße Socken und polierte schwarze Schuhe an die Füße. Vor lauter Aufregung konnte ich kaum stillstehen. Endlich zog man mir auch das wunderbare neue Kleid über die Schultern.

»Schließ die Augen, Marianne.« Ich kniff sie fest zusammen, spürte, wie das Kleid zurechtgerückt und mein Haar glatt gestrichen wurde. Dann nahmen Hände mich sanft an den Schultern und drehten mich zu einem großen Spiegel.

»Schau doch mal, wie hübsch du bist, Marianne!«

Mit ernstem Blick starrte mir aus dem Spiegel ein Kind entgegen, das ich fast nicht wiedererkannte. Als unsere Blicke sich trafen, schlich sich ein Ausdruck freudigen Erstaunens in meine Züge. Wie als Antwort auf dieses wunderbare Gefühl weitete sich mein Mund zu einem strahlenden Lächeln. In diesem Augenblick wurde das Foto gemacht.

Die Hochzeit mag der wichtigste Tag im Leben der Braut gewesen sein, doch mir erging es kaum anders. Vor jedem Spiegel, den ich fand, blieb ich stehen und bewunderte mich. Am Ende des Tages ging ich in meinen neuen Kleidern nach Hause.

»Du darfst alles behalten«, sagte meine jüngere Tante, weil ich dachte, ich müsse die neuen Sachen nun zurückgeben. Glücklich strahlte ich sie an.

Als sie sich zu mir beugte und mich küsste, und als ich die Mischung aus Parfüm und Seife roch, wusste ich plötzlich, was ich mir so sehr wünschte. Vierundzwanzig Stunden lang war es gewesen, als hätte sich ein Vorhang zwischen unseren beiden Welten geöffnet und mir erlaubt, in ihre Welt zu treten. Ich wollte ein Teil davon sein; wollte Zugang zu einer Welt haben, wo die Häuser voller Lachen waren, wo Kinder schöne Kleider trugen und wo man kleinen Mädchen sagte, sie seien hübsch. Mein sehnlichster Wunsch war es, mich weiterhin als etwas Besonderes fühlen zu dürfen.

Es sollte ein weiteres Jahr dauern, bis ich dieses Gefühl wieder spürte. Es war der Tag, an dem ich den Mann kennenlernte, der mich seine kleine Dame nannte.

Kapitel 7

Wenn ich an die Ehe meiner Eltern zurückdenke, glaube ich, dass es die fünfeinhalb Jahre, in denen ich als Einzelkind lebte, dauerte, bis sich mein Vater damit abfand, nun nicht mehr ledig zu sein. Das Dasein als Ehemann war eindeutig kein Zustand, der ihm behagte. Als ich älter wurde, erfuhr ich, dass die Eheschließung meiner Eltern in großer Eile über die Bühne gegangen war. Kaum fünf Monate nach der Zeremonie kam ich schon zur Welt. Und immer, wenn der Blick meines Vaters auf mich fiel, wurde er daran erinnert, dass ich der Grund für seine ungeliebten Verpflichtungen war.

Als mein erstes Geschwisterkind kam, schien die Geburt eines Sohnes meinen Vater mehr zu erfreuen, als meine Gegenwart es je vermocht hatte. Er beugte sich über das winzige Bündel mit dem roten Gesicht, lächelte es an und redete sogar gelegentlich mit ihm. Eine Weile schien selbst meine Mutter zufriedener zu sein, doch kaum konnte mein kleiner Bruder krabbeln, erklärte sie, es sei schon wieder ein Baby unterwegs.

Vielleicht ließ die bevorstehende Ankunft eines weiteren hungrigen Mauls, das es zu füttern galt, meinen Vater nach einer anderen Arbeit suchen. Oder er hatte mit seiner aufbrausenden und mürrischen Art seinen Arbeitgeber vor den Kopf gestoßen. Was immer der Grund gewesen sein mag, mein Vater nahm eine Arbeit auf einer anderen Farm an. Er bekam etwas mehr Geld, und das Häuschen, in dem wir mietfrei wohnen konnten, war etwas größer.

»Hab eine neue Stelle«, erklärte er beim Abendessen und nannte den Namen der Farm, die ihn nun beschäftigen würde.

»Wir ziehen um. Ihr könnt also anfangen zu packen.« Mehr sagte er nicht.

Meine Mutter fragte ihn nur, wo das Haus stünde, in das wir einziehen würden.

Die Frau, die meine Mutter vor meiner Geburt gewesen war, hätte ihm vielleicht noch mehr Fragen gestellt. Aber sieben Ehejahre waren alles andere als spurlos an ihr vorbeigegangen. Was aus ihr wurde, interessierte sie nur noch am Rande, und was um sie herum vorging, noch viel weniger.

Die Trunksucht ihres Mannes, die häufigen Gewaltausbrüche, die Trostlosigkeit des Lebens in Armut und ihre völlige Abhängigkeit, weil mein Vater das wenige Geld, das da war, verwaltete, hatten ihr nach und nach ihre Jugend und den letzten Rest Selbstvertrauen geraubt.

Es überraschte mich, dass meine Mutter in den Tagen vor unserem Umzug plötzlich glücklicher schien, sich mit dem Abendessen Mühe gab und meinen Vater anlächelte. Sie sagte uns, sie hätte einen Spaziergang gemacht und sich dabei unser neues Haus angesehen. Es sei schöner als erwartet, sie hätte auch bereits die neuen Nachbarn kennengelernt.

Letzteres war offensichtlich der Grund für das Lächeln auf ihrem Gesicht.

»Die Leute nebenan scheinen sehr nett zu sein.« Sie stellte den Eintopf und die Kartoffeln vor meinen Vater hin. Als Antwort hob er die Gabel und begann zu essen.

»Ja wirklich, sehr nett«, wiederholte sie noch einmal. Es folgte nur desinteressiertes Schweigen, so als hätte sie gar nichts gesagt.

Vielleicht erkannte ich in diesem Augenblick, wie einsam meine Mutter war. Nur ein braunes Bakelitradio leistete ihr in den vielen Stunden Gesellschaft, die sie Tag für Tag im Haus verbrachte. Dabei sehnte sie sich nach einem anderen Erwachsenen, mit dem sie reden konnte. An diesem Abend nahm ich das Aufglimmen eines Hoffnungsschimmers in ihrer Stimme wahr. Es war die Hoffnung, dass sie eine Freundin finden und vielleicht einmal mit jemand anderem reden konnte als mit sich selbst, ihren kleinen Kindern oder ihrem übellaunigen Ehemann.

Als wir zwei Wochen später in unser neues Haus zogen, schien es, als ginge der Wunsch meiner Mutter in Erfüllung.

Kapitel 8

In der Woche, bevor wir das winzige Häuschen verließen, das meine Mutter so hasste, half ich ihr, unsere bescheidenen Besitztümer zusammenzupacken. Aus Pappschachteln ragten Küchenutensilien, Bettzeug quoll aus fleckigen Kopfkissenbezügen, und Kleider waren in zwei abgeschabte Koffer aus zweiter Hand gestopft.

Weder meine Lumpenpuppen noch meine blonde Lieblingspuppe wollte ich in irgendeinen Karton stecken. Die blonde Puppe war ein Geschenk meiner Tante gewesen. Ich nannte sie Belinda. Sorgsam wickelte ich jede einzelne Puppe in Stofffetzen ein und legte sie in eine braune Papiertragetasche, die ich nicht mehr aus der Hand gab.

Am Morgen unseres Auszugs hielten zwei Fahrzeuge vor dem Haus: ein rotbraunes Auto, das schon bessere Tage gesehen hatte, und ein zerbeulter Lieferwagen. Beide wurden von Bekannten meines Vaters gefahren. Meine Mutter, mein kleiner Bruder und ich – die Papiertüte mit dem wertvollen Inhalt fest in der Hand – wurden in das Auto gesetzt, während mein Vater und unserer kläglicher Hausrat im Lieferwagen Platz fanden.

Auf dem Rücksitz des Wagens überlegte ich, wie wohl unser neues Heim sein würde. Meine Mutter hatte mir erzählt, dass nebenan ein junges Paar mit zwei kleinen Kindern wohnte. Ein Mädchen und ein Junge, sagte sie. Aber zu meiner Enttäuschung waren die beiden noch sehr klein und zu jung, als dass ich mit ihnen hätte spielen können.

Der Mann war Mechaniker. Er hielt sämtliche Fahrzeuge und Maschinen der Farm instand. Deshalb vermietete der Farmer ihm auch eines der Häuschen auf seinem Grund. Den Mann hatte meine Mutter nur kurz gesehen, aber seine Frau sei sehr freundlich, sagte sie. Während meine Mutter in einem lebhafteren Ton, als ich ihn je zuvor bei ihr gehört hatte, über unsere neuen Nachbarn berichtete, betrachtete ich neugierig die flache Landschaft von Essex, die draußen vor dem Fenster vorbeizog. Erst sah ich große Farmhäuser mit hübschen Gärten, dann Ansammlungen von Arbeiterhäuschen mit verwilderten Grundstücken und verfallenden hölzernen Gartenzäunen. Kurz darauf fuhren wir eine lange, schmale Landstraße entlang, wo Büschel von Blumen zwischen den Hecken für Farbtupfer sorgten und Kühe friedlich auf den Wiesen zu beiden Seiten grasten. Gerade als ich den Kopf reckte, um noch mehr sehen zu können, verlangsamte der Wagen seine Fahrt, und ich wusste, dass wir angekommen waren.

Die beiden Häuschen aus rotem Backstein standen nicht in einem Garten, sondern auf einem Grundstück, das eher einer großen Weide glich. Die Türen und Fensterrahmen waren frisch gestrichen. Auf der Kiesfläche vor den Häusern fanden beide Fahrzeuge Platz.

Das Nachbarhäuschen zog meine Blicke magisch an. Auf der Treppe vor der Haustür standen Töpfe mit Geranien, an den Fenstern hingen helle Gardinen, aus dem Kamin kräuselte sich Rauch, und draußen auf dem Rasen stand eine stabile Schaukel.

Mein Vater öffnete die Tür unserer neuen Bleibe. Drinnen roch es frisch und einladend. Das Wohnzimmer hatte einen Steinfliesenboden. In einer Ecke stand ein glänzender schwarzer Ofen, an den Wänden klebten neue Tapeten mit einem Blumenmuster, und als ich in die Küche ging, entdeckte ich dort ein schneeweißes Spülbecken.

Mein Vater und die anderen Männer entluden den Lieferwagen – eine Tätigkeit, die nur wenige Minuten in Anspruch nahm.

Die Betten wurden hinaufgetragen, der Rest unseres Besitzes mitten im Zimmer auf einen Haufen gestellt und das Fahrrad meines Vaters draußen an die Wand gelehnt.

Mein Bruder war müde und quengelte. Er wurde in den Kinderwagen gepackt, schloss zum Glück bald die Augen und schlief ein.

»Möchte jemand Tee?« Die Stimme meiner Mutter klang fröhlich.

»Danke, ein andermal. Wir müssen los.« Die Männer boten keine weitere Hilfe an. Von der Türstufe aus sahen wir zu, wie der Lieferwagen und das Auto Richtung Landstraße davonfuhren.

»Mein Teil wäre geschafft«, erklärte mein Vater. »Ich gehe kurz in den hiesigen Pub und lade die beiden auf ein paar Bier ein. Sie wollen mich einigen Stammgästen vorstellen. Schließlich gehöre ich von jetzt an dazu. Marianne ist alt genug, sie kann dir helfen. Möbel zurechtrücken und die Sachen einräumen ist sowieso Frauensache.«

Bevor meine Mutter etwas erwidern konnte, saß er schon auf dem Rad und strampelte hinter seinen Bekannten her.

Ich setzte die Tasche mit den Puppen sorgsam ab und sah zu meiner Mutter empor, deren trübseliger Blick dem sich entfernenden Rücken meines Vaters folgte.

Mutlos ließ sie die Schultern hängen und seufzte bei dem Gedanken daran, wie viel sie nun nur mithilfe einer Siebenjährigen zu tun hatte. Wie weggewischt waren die Lebendigkeit und die Erwartungsfreude, die sie in letzter Zeit ausgestrahlt hatte. Sie sah verhärmt und wie erschlagen aus.

»Meine Güte«, sagte sie. »Wo fangen wir bloß an?«

Ich sah mich ratlos im Zimmer um. »Ich helfe dir Mum«, antwortete ich, ohne den blassesten Schimmer zu haben, wie ich das bewerkstelligen sollte.

Kaum hatte ich den Mund zugemacht, knirschte draußen schon der Kies. Das Lächeln kehrte auf die Lippen meiner Mutter zurück. »Hallo, hallo!«, rief eine weibliche Stimme. In der Tür stand eine hochgewachsene blonde Frau. Ihr Haar war zu einem komplizierten Knoten aufgesteckt, und seltsamerweise trug sie modische Schuhe mit hohen Absätzen, obwohl wir uns zwei Meilen außerhalb des Dorfes befanden.

Sie beugte sich lächelnd zu mir herab und schaute mir in die Augen. »Hallo«, sagte sie, »ich bin Dora. Ich wohne nebenan.« Eigentlich hätte sie das gar nicht hinzusetzen müssen, denn unsere beiden Häuser waren die einzigen an diesem Ende der Straße. »Du musst Marianne sein.« Eifrig nickend erwiderte ich ihr Lächeln.

»Ich weiß, wie das an solch einem Tag ist«, sagte sie zu meiner Mutter. Dass man uns ohne Hilfe sitzengelassen hatte, erwähnte sie mit keinem Wort. Sie tätschelte nur die Schulter meiner Mutter und sagte leichthin: »Gönnen Sie sich doch erst mal eine Pause, bevor es losgeht. Kommen Sie rüber. Der Ofen ist an, und der Tee ist schon aufgebrüht.«

Meine Mutter warf einen kläglichen Blick auf die Kartons und Taschen, die überall auf dem Boden verstreut waren. Dann nahm sie das Angebot dankbar an. Ich schob den Kinderwagen hinter den beiden her den kurzen Weg zur anderen Haustür, die so wie bei uns direkt ins Wohnzimmer führte.

Fast zwei Drittel des Platzes dort wurden von einem hölzernen Laufstall eingenommen. Zwei zufriedene Kleinkinder spielten darin mit bunten Holzbauklötzen. Rund um den Laufstall waren in Wurfweite weitere farbenfrohe Spielsachen verteilt.

»Mein nützlichstes Möbelstück!«, stellte Dora lachend fest.

»Komm her, kleiner Mann«, sagte sie zu meinem Bruder, der gerade aufgewacht war und dreinsah, als wollte er gleich losbrüllen. Bevor er sein Protestgeschrei anstimmen konnte, schnappte sie ihn, schwang ihn in die Höhe und brachte ihn damit zum Lachen. Dann packte sie ihn kurz entschlossen zu den beiden anderen Kindern in den Laufstall und hielt ihm ein buntes Auto hin. Seine runden Patschhändchen griffen danach, die Tränen waren vergessen. Wir wurden mit einem breiten, zahnlosen Grinsen belohnt, dann widmete er seine ganze Aufmerksamkeit dem neuen Spielzeug.

»Na bitte. Jetzt ist er erst einmal beschäftigt«, stellte die Nachbarin sachlich fest. Sie bot meiner Mutter einen Stuhl an.

Vor mir stand plötzlich wie von Zauberhand ein Teller voller Küchlein mit unterschiedlichem Zuckerguss.

»Greif zu«, sagte die Nachbarin amüsiert. Ihr war nicht entgangen, dass ich die Leckereien fast mit den Augen verschlang. Das ließ ich mir nicht zweimal sagen. Ich entschied mich für ein Törtchen mit blassrotem Zuckerguss und silbernen Zuckerperlen. Die drei Kleinen im Laufstall bekamen Kekse und Saft, meine Mutter und ich süßen heißen Tee.

Zum ersten Mal an diesem Tag sah ich, dass meine Mutter sich entspannte. Schnell war eine Stunde vergangen, in der die beiden Frauen miteinander plauderten. Die drei jüngeren Kinder wurden mit Keksen bei Laune gehalten und spielten vergnügt. Ich beschäftigte mich, indem ich weitere Küchlein verspeiste und die Bilder in einer Frauenzeitschrift betrachtete. Derlei Vergnügungen gab es bei uns zu Hause so gut wie nie.

»Lassen Sie das Baby doch einfach hier«, sagte Dora, als wir uns schließlich widerstrebend auf den Heimweg machten. »Das Auspacken und Einräumen wird sicher einfacher sein, wenn der Kleine nicht ständig im Weg ist.«

Meine Mutter nahm das Angebot freudig an.

Der Grundstein für eine lange ersehnte Freundschaft war gelegt.

Kapitel 9

Eine Woche nach unserem Einzug lud meine Mutter Dora zum Tee ein.

»Ich weiß nicht, was ihr Frauen andauernd zu reden habt«, murrte mein Vater. »Dabei seht ihr euch doch jeden Tag. Ich gehe jedenfalls nach der Arbeit in den Pub und bin erst zum Abendessen zurück.«

Damit verschwand er, und ich sah den Ausdruck der Erleichterung auf den Zügen meiner Mutter.

An diesem Tag summte sie leise vor sich hin. Ich glaube, sie dachte, dass es für sie doch ein Leben außerhalb dieser vier Wände geben könnte. Vielleicht träumte sie davon, zusammen mit ihrer neuen Freundin einkaufen zu gehen, einmal einen Nachmittag im Kino zu verbringen oder morgens gemeinsam Kaffee trinken zu können. Vielleicht ließ sie an diesem Tag einfach nicht zu, dass die harte Realität die Seifenblase ihrer Träume platzen ließ. Die Tatsache, dass ihr keinerlei Geld zur Verfügung stand, hatte sie womöglich schlicht verdrängt.

An diesem warmen Frühlingsnachmittag schickte sie mich zum Spielen nach draußen. Mein kleiner Bruder wurde in einen improvisierten Laufstall aus Pappen und einem Kamingitter gesteckt, und ich sollte tunlichst auch nicht stören.

Ich musste mir die Hände und das Gesicht waschen. Außerdem bekam ich das saubere Kleid angezogen, das meine Mutter in der vergangenen Woche bei einem Trödler erstanden hatte. So sah ich wenigstens einigermaßen gepflegt aus.

»Wir bekommen Besuch«, erklärte sie mir unnötigerweise. »Du darfst nicht weglaufen, und du darfst dich nicht schmutzig machen.« Ich hielt mich daran, denn aus dem Ofen stieg der verlockende Duft von Lebkuchen. Wenn ich nicht artig war, würde nichts für mich abfallen.

Der alte Schäferhund der Farm, der uns oft besuchte, schlief an der Hintertür. Um seinen Kopf schwirrten Fliegen. Als sich eine auf seine Nase setzte, zuckte er zwar, weigerte sich aber aufzuwachen. Die paar Hühner, deren Eier wir täglich holten, kratzten gackernd im Kies und suchten mir ihren kreisrunden Augen den Boden nach Fressbarem ab.

Ich saß still auf einem niederen Hocker, genoss den warmen Sonnenschein und beobachtete, wie ein gerade flügge gewordener Vogel seine ersten zögernden Flugversuche machte. Das Nest hatte ich schon am Tag nach unserem Einzug entdeckt. Ich hatte das Rascheln gehört, vorsichtig in die Hecke gespäht und schnell das Gebilde aus ineinanderverwobenen Zweigen gefunden, in dem die kleinen Vögelchen hockten. Sorgsam schob ich die Blätter wieder an ihren Platz zurück, damit das Nest gut versteckt war. Kurze Zeit später kam auch schon die Vogelmutter mit Futter für die Kleinen. Ihre Fürsorglichkeit rührte mich. Von nun an saß ich Tag für Tag auf dem Schemel, beobachtete die gefiederte Familie und hoffte, ich würde dabei sein, wenn die Kleinen zum ersten Mal ausflogen.

Als ich nun die Jungen in der warmen Luft ihre Federn aufplustern sah, bemühte ich mich, so still wie möglich zu sitzen, damit ich sie nicht erschreckte. So sehr konzentrierte ich mich auf die gefiederte Schar, dass ich das funkelnde Augenpaar gar nicht bemerkte, das sich auf seine Beute heftete. Ich sah die Zunge nicht, die gierig und voll Vorfreude über die Lippen leckte, und auch nicht die Unterlippe, die vor dem tödlichen Angriff vor Anspannung zuckte. Ich ahnte nichts von der sich langsam anschleichenden Gefahr.

Mir war weder unbehaglich zumute noch hörte ich das leiseste Geräusch, als der Räuber sich vorsichtig heranpirschte. Erst als er sich auf seine Beute stürzte und ich den schwachen Luftzug auf der Haut spürte, entdeckte ich ihn.

Der schrille Angstlaut des Opfers brach abrupt ab. Vor meinen entsetzten Augen segelten blutbefleckte Federn zu Boden. Ich schrie auf. Am Maul der Farmkatze klebte eine blasse, blutige Feder. Mit kampflustig gesträubtem Fell starrte sie mich an. Verschwunden war jede Ähnlichkeit mit dem anschmiegsamen, schnurrenden Haustier, das ich so gern streichelte. Ohne Reue wandte sich die Katze ab und verzog sich mit einem kleinen Vogel im Maul in die Büsche.

Die Vogelmutter lag im Schmutz, war nur mehr ein Häuflein zerzausten, blutigen Flaums. Ihr Auge schien mich vorwurfsvoll anzustarren, bevor es langsam glasig wurde. Ich schrie und schrie.

Meine Mutter kam angerannt. Ich stand laut weinend da, der Rotz lief mir aus der Nase, und Tränen strömten mir über die Wangen. Mit zitternder Hand zeigte ich auf den zerrupften Kadaver. »Sieh doch! Sieh doch, was die Katze gemacht hat!«

»Hör auf zu heulen, Marianne. Komm ins Haus.« Meine Mutter nahm mich am Arm. Ich riss mich wütend los. In diesem Augenblick fuhr ein Auto in unseren gemeinsamen Hof. Durch die Tränen hindurch sah ich einen schlanken, dunkelhaarigen Mann aussteigen und auf uns zu kommen.

»Ist ja gut, ist ja gut«, waren die ersten Worte, die ich ihn sagen hörte. »Was bringt denn ein so hübsches kleines Mädchen wie dich zum Weinen?« Erstaunt über die ungewohnt freundlichen Worte eines Erwachsenen sah ich in sein Gesicht. Warme braune Augen blickten scheinbar besorgt auf mich herab. Der Mann lächelte meine Mutter an, dann streckte er die Hand nach mir aus.

»Komm«, sagte er. »Ich habe etwas, was dich aufheitern wird.« Ohne Zögern legte ich meine kleine Hand in seine. Sanft zog er mich zu seinem großen schwarzen Wagen.

Er öffnete die Tür und holte eine Tüte voller Fruchtbonbons heraus. Einen kleinen Berg davon schüttete er in meine Hand.

»Ich wusste, dass du die magst«, sagte er. Und ich blickte mit dem arglosen Vertrauen eines Kindes zu ihm auf. Woher wusste er das?, überlegte ich. Wie konnte er das wissen, wo er mich doch noch nie zuvor gesehen hat? In meiner Vorstellung verblasste das Bild des toten Vogels. Die freie Hand in seine gelegt, folgte ich ihm in unsere Küche.

Er ließ sich auf dem Sofa nieder, und ich setzte mich auf die Armlehne, weil ich unbedingt in seiner Nähe bleiben wollte.

»So etwas tun Katzen nun mal, Marianne«, tröstete er mich. Dabei wischte er mir die letzten Tränen mit einem sauberen weißen Taschentuch ab. »Sie suchen nach schwachen Tieren und töten sie. Das liegt in ihrer Natur, und wir können das nicht ändern. Nein, gegen seine Natur kann niemand an.«

Ich nickte. Ich war viel zu jung, um zu verstehen, was er damit eigentlich meinte.

Sanft legte er mir den Arm um die Schultern, zog mich an sich und flüsterte mir leise ins Ohr: »So ist es brav, meine kleine Dame.«

Kapitel 10

Diese Erinnerung ließ mich erschauern.

Ich dachte daran, wie gut ich auf meine eigenen Kinder aufgepasst hatte. Nie hatte es mir ausgereicht, ihnen nur zu verbieten, mit Fremden zu sprechen. Vielmehr beobachtete ich misstrauisch alle Freunde meines Mannes; jeder männliche Nachbar wurde mit Argwohn betrachtet. Und wenn eine freundliche Hand den Kopf eines meiner Söhne tätschelte, während eine männliche Stimme murmelte: »Was für ein guter Junge«, ergriff mich fast so etwas wie Ekel, und mein Körper erstarrte.

Wurden meine Söhne zu Freunden eingeladen, so erkundigte ich mich genau nach den Familien.

»Mach doch nicht immer so ein Getue, Mum«, sagten meine Söhne irritiert, wenn ich ihnen mit meiner Wachsamkeit auf die Nerven ging. »Wir wissen, dass wir von Fremden keine Süßigkeiten annehmen dürfen!«

Dann dachte ich an das verletzliche kleine Mädchen, das ich gewesen war, und an den Mann, der sich an dieses einsame Kind herangemacht und sich sein Vertrauen erschlichen hatte. Nur um es später mit Hilfe von Angst und Einschüchterung zu lenken und zu kontrollieren.

Wie konnte ich meinen Söhnen erklären, dass es nicht allein Fremde waren, die ich fürchtete?

Unser neues Heim lag weiter von der Schule entfernt. Für den Weg zur Bushaltestelle brauchte ich nun fast eine Stunde, doch das machte mir nichts aus. Mir gefiel das neue Haus in der neuen Straße. Es war sauber dort, und meine Mutter schien glücklicher zu sein. Selbst mein Vater kam mir zufriedener vor.

Als wir umzogen, war es Frühling, und in den ersten Wochen schien die Sonne. Ich konnte die Vorboten des Sommers in der Luft bereits riechen. Sommer bedeutete lange Ferienwochen und Freiheit von der Schule. Doch wenn die launische englische Sonne hinter dunklen Wolken verschwand, wenn böige Winde den Regen übers Land trieben, die Bäume bogen und an ihren Blättern rissen, schienen die schmalen Landstraßen kein Ende zu nehmen, und unser Haus rückte in unendliche Ferne. Dann zitterte ich vor Kälte, aber auch, weil mir auf unerklärliche Art ein wenig bange war.

An einem dieser kalten Tage, als der Regen mir wieder einmal den Nacken hinunterlief, die Gummistiefel an meinen feuchten nackten Beinen scheuerten und mein Ranzen mit jedem Schritt schwerer wurde, hörte ich, wie hinter mir ein Auto seine Fahrt verlangsamte.

Ich trat von der Straße, wollte es an mir vorbeifahren lassen, doch der Wagen hielt an. Plötzlich merkte ich, wie dunkel es bereits war. Das nächste Haus schien unendlich weit entfernt.

»Ich kann doch nicht zulassen, dass meine kleine Dame nass wird.«

Im ersten Moment erschrak ich. Obwohl man mir nie den Grund dafür erklärt hatte, war mir immer wieder eingeschärft worden, ich dürfe nicht mit Fremden sprechen.

»Tu einfach, was ich dir sage, und stell nicht so viele Fragen«, hatte meine Mutter mich angefahren, als ich den Grund wissen wollte.

Aber diese Stimme erkannte ich. Sie gehörte dem Mann von nebenan.

»Komm, steig ein.« Ich war froh, dem Regen entfliehen zu können, und gehorchte sofort.

Ein Handtuch lag bereit. Mein triefendes Haar wurde schnell frottiert und dann sanft wieder zurechtgewuschelt. Zwischen seinen großen warmen Händen wärmte er meine von der Kälte geröteten kleinen Hände auf. »Bald wird dir mollig warm sein.« Er hauchte auf meine Hände und rieb meine Finger.

Dann nahm er eine gelbe Tüte Brausepulver mit einem schwarzen Lakritzstil aus dem Handschuhfach. »Hier, für dich. Ein kleiner Vogel hat mir zugezwitschert, dass du das auch magst und nicht nur Fruchtbonbons.« Er zwinkerte mir zu.

Selig leckte ich an dem Brausepulver und sank dabei tief in den Ledersitz. Plötzlich erschien mir der Heimweg viel zu kurz.

Als die dunklen Wolken am nächsten Tag noch mehr Regen ankündigten, wartete er bereits vor der Schule.

Ich bemerkte die Blicke, mit denen die anderen Kinder seinen Wagen ansahen, und eilte mit stolz geschwellter Brust hinaus.

»Wir können doch nicht zulassen, dass sie sich dort draußen den Tod holt«, sagte er zu meiner Mutter, als er mich ins Haus brachte.

»Das ist sehr freundlich von Ihnen«, antwortete sie. »Bedank dich artig, Marianne.« Ich gehorchte.

Von nun an hoffte ich jeden Tag auf Regen, denn dann konnte ich sicher sein, dass er auf mich wartete.

Kapitel 11

Mit sieben Jahren wusste ich längst, dass es nicht schön war, schmutzig zu sein. In der Schule sagte man mir, ich solle mir den Hals waschen, den Dreck unter meinen Fingernägeln entfernen und mir das Haar bürsten. Doch der Spiegel, vor dem sich mein Vater rasierte, hing zu hoch, ich konnte nicht hineinsehen. Ich wusste, dass meine Kleider nicht oft genug gewaschen wurden und dass mein Haar fettig war. Dora kam mir zu Hilfe.

»Deine Mutter ist zu beschäftigt mit dem Kleinen«, sagte sie nur, als ich mich beklagte, dass die Zinkwanne nicht oft genug aufgestellt würde und ich in der Schule schon Ärger bekäme. »Du kannst hier bei uns baden.«

Von nun an tat ich das einmal in der Woche. Dora gab mir duftende Seife und Puder, und als ich ihr sagte, dass ich mich schrecklich ungern für den Sportunterricht umzog, weil meine Unterwäsche grau war, kaufte sie mir neue.

»Das ist doch bloß eine Kleinigkeit«, wehrte sie den Protest meiner Mutter ab. »Das bin ich ihr schuldig. Sie hilft mir immer so nett mit den Kleinen.«

Ich genoss das Gefühl, rundum sauber zu sein, und fand es schön, wenn meine Haut nach Blumen roch. Dora zeigte mir auch, wie ich mir mit Stofffetzen Locken ins Haar drehen konnte. »Morgens bürstest du es einfach«, sagte sie, »und siehst dann wie verwandelt aus.«

Von nun an ging ich jeden Morgen mit Locken, einem sauberen Gesicht und einem hoffnungsvollen Lächeln in die Schule.

Vielleicht würde mich dort ja jetzt jemand mögen. Die Lehrerinnen beklagten sich zwar fortan nicht mehr über mein schmuddeliges Äußeres, doch die Kinder sahen weiterhin nur die schäbige, gebrauchte Kleidung und die Gummistiefel. Sie ignorierten mich nach wie vor.

In den Osterferien wurde meine Schwester geboren, und wieder erlebte ich, wie meine Eltern ein neues Familienmitglied mit Liebe überschütteten. Aber diesmal schien das Baby alle Kraft aus meiner Mutter zu saugen. Ich musste ihr viel helfen, und sie sprach fast nur noch mit mir, um mir zu sagen, was ich als Nächstes tun sollte.

Hin und wieder gab es einen kostbaren Moment, in dem meine Mutter weniger müde wirkte, in dem sie mich anlächelte und mir übers Haar strich. »Du bist ein braves Mädchen, Marianne.« Schon dieses sparsame Lob zauberte ein glückliches Lächeln auf mein Gesicht.

Doch meist blickte sie nicht einmal auf und brachte kaum einen Dank über die Lippen, wenn ich eine Arbeit erledigt hatte.

Immer öfter musste ich allein auf meinen kleinen Bruder aufpassen. Dabei war er gerade in einem Alter, in dem seine Finger ständig in Steckdosen greifen wollten, in dem der Inhalt unverschlossener Schränke und Regale auf dem Fußboden verstreut oder in den Mund gesteckt wurde.

»Bring ihn herüber. Dann kann er mit meinen Kindern spielen«, sagte Dora, wenn sie mich mit dem Kinderwagen sah.

»Du bist eine richtige kleine Mama«, stellte sie oft lächelnd fest, während ich neben dem Laufstall saß und zusah, wie mein Bruder und ihre beiden Kinder zufrieden miteinander spielten.

Für mich war das ein Kompliment. Ich strahlte, trank das Wasser mit Orangensirup, das sie mir gab, und aß gekaufte Kekse dazu. Doch die ganze Zeit lauschte ich angestrengt auf seine Schritte und wünschte mir, dass er käme, bevor ich wieder nach Hause musste.

Unversehens waren unsere Nachbarn zu den Eltern geworden, die ich mir immer gewünscht hatte. Aber obwohl Dora sich so nett um mich kümmerte, war er es, der in meiner Fantasie zu der Vaterfigur wurde, bei der ich Geborgenheit fand. Ich verwandelte mich in Daddys kleines Mädchen, das ihm folgte wie ein Welpe, der zum ersten Mal auf jemanden trifft, der sich mit ihm beschäftigt.

Er fand immer Zeit, meine Kleinmädchenfragen zu beantworten.

»Warum sind keine Mäuse mehr hinter den Sockelleisten? Wo sind sie hin? Mum sagt, sie werden nur allzu bald wieder da sein.«

»Pass auf, kleine Dame«, antwortete er geduldig. »Im Winter ist es sehr kalt, und sie finden nichts zu fressen. Deshalb schleichen sie in unsere Häuser und verstecken sich dort. Wenn wir im Bett liegen und schlafen, laufen sie umher und suchen nach Krümeln. Aber bevor wir aufwachen, verstecken sie sich schnell wieder.«

»Hinter den Sockelleisten?« Ich stellte mir ganze Mäusefamilien vor, die aus ihren Löchern lugten und nur darauf warteten, dass wir zu Bett gingen, damit sie sich ihren Mitternachtsimbiss holen konnten.

»Warum wird meine Mutter immer zornig, wenn sie sie sieht?«

»Frauen mögen keine Mäuse«, lautete die lapidare Antwort.

Ein andermal warf er Kaninchen, Hunde und sogar ein Pferd als Schattenbilder an die Wand. Als ich um mehr bettelte, knotete er sein buntes Halstuch ab, das nur sonntags gegen eine Krawatte eingetauscht wurde. Dann verdrehte er es auf so kunstvolle Art, dass Schatten von Vögeln an der Wand erschienen.

Peter und Paul nannte er die Vögel, die er über die Wände fliegen ließ. Und bevor sie wieder verschwanden, strich mir einer ihrer Flügel sanft über die Wange. An solchen Tagen lächelte ich ihn selig an und spürte, wie sich dank der Aufmerksamkeit, die er mir schenkte, ein wohliges Gefühl in mir ausbreitete.

Von meinem Zimmerfenster aus konnte ich die Werkstatt unseres Nachbarn sehen. Ich wartete, bis er erschien, dann sauste ich die Treppe hinunter.

»Soll ich mit Stevie rausgehen, Mum?« Ich zeigte auf meinen Bruder.

»Ja, tu das, Marianne. Dann ist er mir nicht dauernd im Weg.« Das war ihre übliche Antwort. So nahm ich den Kleinen an seinem Händchen, ging mit ihm in den Garten und hoffte, bemerkt zu werden.

Lange warten musste ich nie. Als könnte der Mann meine Gegenwart spüren, drehte er den Kopf zu mir. Dann lächelte er mich strahlend an.

»Marianne!«, rief er. »Komm her und hilf mir ein bisschen.« Beglückt darüber, gebraucht zu werden, hastete ich an seine Seite. Mein Bruder ließ sich widerstandslos mit zum Nachbarn schleifen. Mit einem Gefühl großer Wichtigkeit hielt ich dann einen Schraubenschlüssel, reichte ihm ein Werkzeug oder half sogar, die Chromteile zu polieren.

Zum Glück hatte mein Bruder ein sonniges Gemüt, und sein gutes Benehmen ließ sich mit einem Keks oder ein paar Süßigkeiten mühelos erkaufen.

»Würdest du bitte noch den Rücksitz abwischen, Marianne?«, bat der Nachbar mich oft. Beflissen und folgsam stieg ich jedes Mal über den Vordersitz nach hinten.

»Braves Mädchen«, schnaufte er dann in mein Ohr. Dabei tätschelte seine Hand mein Hinterteil.

»Marianne ist ein echtes Goldstück«, sagte er stets zu meiner Mutter, wenn sie herauskam, um nachzusehen, was ich machte. Ungeachtet der Tatsache, dass er meine Zeit in Anspruch nahm und damit verhinderte, dass ich ihr helfen konnte, antwortete sie darauf mit einem Lächeln.

»Sie war schon immer ein sehr artiges Kind«, sagte sie. »Hat nie irgendwelchen Ärger gemacht.« Ihr naives Einverständnis zu seinem Umgang mit mir und mit der Art, wie er mich behandelte, besiegelte mein Schicksal. Eine aufgeklärtere Frau hätte vielleicht seine Motive hinterfragt. Aber er war unser Nachbar. Er hatte meinem Vater geholfen, die neue Stelle zu finden. Und Dora gab meiner Mutter etwas, wonach sie sich lange vergeblich gesehnt hatte: Freundschaft und damit das Ende der öden einsamen Tage. Falls sich also in meiner Mutter auch nur ein Funke von Misstrauen regte, dann verhielt sie sich in diesem Augenblick wohl so wie viele Mütter vor ihr und wie viele Mütter es auch noch in Zukunft tun werden: Sie erstickte diesen Funken energisch.

Und auch ich hatte endlich jemanden gefunden, für den ich etwas Besonderes war. Er sagte mir, ich sei hübsch. Er gab mir Süßigkeiten und hörte sich mein endloses Geschnatter an. Mehr war nicht nötig, um das Herz einer Siebenjährigen zu erobern.

Kapitel 12

Oft genügt schon ein kleiner Anlass, um unser Leben nachhaltig zu verändern. Und mein Leben änderte sich an jenem Tag, an dem eine hübsche weiße Katze den Weg zu unserem Haus fand. Durch das, was bald geschehen sollte, verwandelte sich die Angst vor meinem Vater in tiefes Misstrauen, und die Liebe zu meiner Mutter wurde erschüttert, weil mir bewusst wurde, wie schwach sie war.

Ich war in einem Alter, in dem ich mir ein eigenes Haustier wünschte; eines, das ich auf den Arm nehmen und mit dem ich kuscheln konnte; ein Tier, um das ich mich kümmern konnte, das mir in meinem Zimmer Gesellschaft leisten würde und dem ich meine kindlichen Sorgen und Nöte anvertrauen wollte. Dazu reichte mir eine Puppe nicht mehr aus.

Die Erinnerung an die Katze, die den Vogel getötet hatte, war verblasst. Aber als ich darum bat, ein kleines Kätzchen halten zu dürfen, sagte meine Mutter Nein. Dass es keinen Sinn hatte, meinen Vater zu fragen, wusste ich. Zwar tummelte sich auf der Farm, auf der er arbeitete, eine ganze Katzenschar, doch die Tiere wurden nur geduldet, weil sie die Mäuse und Ratten kurz hielten. Nicht die großen schwarz-weißen Hunde, die an mir hochsprangen und mich erschreckten, wollte ich zu Freunden haben, sondern die Katzen. Und das, obwohl sie die Welt der Menschen distanziert und mit Hochmut zu betrachten schienen.

Zum ersten Mal sah ich die schöne weiße Katze, als meine Mutter und ich zur Farm gingen, um Eier zu kaufen. Sie saß auf dem

Hof im Schatten und putzte sich ausgiebig. Als ich in ihre strahlend grünen Augen sah, wusste ich sofort, dass sie keine von den halbwilden Farmkatzen war, die sich sonst hier herumtrieben. Ich ging zu ihr und streichelte sie sanft. Anstatt meine Zuneigung zu verschmähen, fing sie zu meinem Entzücken an, zufrieden zu schnurren. Selig strich ich weiter über das seidige Fell.

Vielleicht wusste sie, dass sie anders war als die anderen Hofkatzen, und suchte deshalb einen besonderen Ort, an dem sie ihre Jungen zur Welt bringen konnte. Sie fand ihn hinter unserem Haus. Dort gab es einen Anbau, in dem wir das Brennholz lagerten, und einen kleinen Schuppen für die Kohle. Weil das Brennholz von der Farm umsonst war, Kohle aber Geld kostete, stand der Schuppen leer und war zu meinem Spielzimmer geworden. Die Katze entschloss sich nun, genau diesen Platz zu ihrem Heim zu machen. Ich baute ihr aus Zeitungspapier und alten Säcken ein Nest und versicherte ihr, sie hätte einen sicheren Ort gefunden, an dem sie gern bleiben könnte.

Meine Mutter bat ich hin und wieder um ein Schälchen Milch. »Lass das bloß deinen Vater nicht sehen«, sagte sie immer wieder. »Sie ist eine Hofkatze und kein Haustier, Marianne. Sie muss zurück. Aber wenn du sie fütterst, bleibt sie hier.«

»Sie ist so hungrig«, protestierte ich.

Meine Mutter seufzte. »Ihre Aufgabe ist es, Mäuse zu fangen. Wenn sie keinen Hunger hat, interessieren die Mäuse sie nicht.« Doch sie tat, als merke sie nichts, wenn ich ab und an ein bisschen Milch für die Katze nach draußen trug.

Ich stellte die Schale auf den Boden und freute mich daran, wie die kleine, rosarote Katzenzunge die Milch aufschleckte. Ich bewunderte die gezierte Art, wie die weiße Katze sich putzte. Doch am allermeisten liebte ich, wie ihr Fell sich unter meiner Hand anfühlte und wie es sich anhörte, wenn sie schnurrte.

Ich taufte sie Snowy. Die Katze merkte sich diesen Namen innerhalb kürzester Zeit und kam, wenn ich sie rief.

»Sie gehört nach draußen«, sagte meine Mutter streng, obwohl sie wusste, dass Snowy im Schuppen schlief.

Snowy wurde immer runder. »Sie bekommt Junge«, erklärte mir meine Mutter. Aber als ich sie bat, die Katze mit in die warme Küche bringen zu dürfen, damit sie dort ihre Jungen gebären konnte, schüttelte sie den Kopf.

Die Kätzchen kamen mitten in der Nacht zur Welt. Ich fand sie, nachdem ich wie jeden Morgen darauf gewartet hatte, dass mein Vater zur Arbeit ging. Anschließend war ich aus dem Haus geschlüpft und zum Schuppen gelaufen. Snowy lag auf der Seite. Vier winzige Kätzchen – zwei getigerte, ein rötliches und eines, das so schneeweiß war wie sie selbst –, saugten an ihren Zitzen. Eine ganze Woche lang beobachtete ich die kleinen flauschigen Bündel mit wachsendem Entzücken.

Wann sie wohl die Augen öffnen werden?, überlegte ich. Ich sollte es nie erfahren. So eilig hatte ich es immer, zu der kleinen Familie zu gelangen, dass ich alle Vorsicht vergaß. Ich dachte nicht daran, dass mein Vater zwar samstags ebenfalls zur Arbeit ging, zum Frühstück aber zurückkehrte. Als er kam, sah er mich weder im Garten spielen, noch entdeckte er mich im Haus. Doch ihm fiel auf, wie nervös meine Mutter war, als er sie fragte, ob ich noch im Bett läge. Also machte er sich auf die Suche nach mir.

Ich kauerte neben der weißen Katze, streichelte sie selig und hörte ihn nicht kommen. Dass er da war, merkte ich erst, als er mich anschrie. Ich sah hinauf in sein wütendes Gesicht.

»Verdammt noch mal, was fällt dir ein?«, brüllte er.

Ohne auf eine Antwort zu warten, setzte er hinzu: »Die müssen weg.«

Unter Tränen flehte ich ihn an, die Kätzchen in Ruhe zu lassen.

Aber das machte ihn nur noch wütender. Er hob die Hand und versetzte mir einen so harten Schlag in den Rücken, dass ich zu Boden fiel.

»Willst du mir etwa vorschreiben, was ich zu tun habe? Es wird Zeit, dass ich dir eine Lektion erteile, Marianne. Höchste Zeit.«

Als er ins Haus stapfte, glaubte ich einen Augenblick lang, ich hätte gewonnen.

Doch er kam mit einem Sack in der Hand zurück. Sofort wurde mir klar, was er vorhatte. Seine große Hand schnappte die kläglich miauenden Kätzchen und warf sie in den Sack.

»Das ist deine Schuld, Marianne.« Er packte mich am Arm, stieß mich über die Straße und quer über eine Wiese, wo sich ein Teich befand.

Dort schwang er den Arm erst zurück, dann nach vorn und ließ den Sack los. Er flog übers Wasser, drehte sich in der Luft, dann plumpste er hinein. Während ich zusah, wie der Sack versank, hallte das erbärmliche Wimmern der Kätzchen in meinen Ohren. Noch Stunden, nachdem sie ertrunken waren, hörte ich ihre hilflosen Klagelaute.

Ich presste die Hände auf die Ohren, versuchte, das schreckliche Geräusch nicht zu hören. Ich schrie und weinte vor Trauer und Verzweiflung. Die Tränen, die mir übers Gesicht strömten, nahmen mir die Sicht. Der Rotz lief mir aus der Nase, und ich schrie nur immer wieder »Nein!«

»Du kannst aufhören mit dem Radau«, fuhr mein Vater mich zornig an. Dabei gab er mir einen Klaps auf den Hintern. Ich rannte davon, zurück zu der Stelle, an der die weiße Katze gelegen hatte. Ich wollte ihr sagen, wie leid es mir tat und wie lieb ich ihre Kinder gehabt hatte. Aber als sie mich kommen sah, blitzten ihre grünen Augen nur einmal kurz auf, dann wandte sie sich ab und schlich davon.

Die Katze besuchte mich nie wieder.

Als ich ins Haus ging, sah meine Mutter mich hilflos an. Für mich war sie am Tod der Kätzchen fast genauso schuld wie er. Warum hat sie nicht wenigstens dieses eine Mal zu mir gehalten?, fragte ich mich.

In dieser Nacht lag ich weinend im Bett. Ich sah immer nur Snowys weißes Gesicht vor mir, ihre grünen Augen, die mich unverwandt anstarrten, bevor sie sich abwandte und verschwand. Für meine Eltern empfand ich in jenen Stunden so etwas wie Hass. Ganz egal, wie artig ich war und wie sehr ich mich bemühte – nie wurde ich gelobt, nie gab man mir das Gefühl, gut zu sein. Nicht einmal eine Katze durfte ich füttern. Ich dachte an den einen Tag in meinem Leben, an dem ich wirklich glücklich gewesen war, und zog das in Seidenpapier eingeschlagene geliebte Kleid hinter dem Bett hervor. Dann vergrub ich mein Gesicht darin und sog den Duft des Glücks in mich auf. Doch in jener Nacht wirkte der Zauber nicht. Stattdessen empfand ich nur Traurigkeit und eine Art dunkle Vorahnung, dass noch mehr Unheil auf mich wartete.

Ich weinte mich in den Schlaf. Aber ein Gedanke hielt sich hartnäckig in meinem Kopf, nämlich dass es seit der Hochzeit meiner Tante nur eine Person gegeben hatte, die mir das Gefühl vermittelte, etwas Besonderes zu sein.

Am nächsten Morgen machte ich mich auf die Suche nach dem Mann von nebenan.

Geduldig hörte er sich meine traurige Geschichte an, doch zu der Untat meines Vaters sagte er nichts. Stattdessen ging er in die Hocke, sodass unsere Augen auf gleicher Höhe waren, legte sanft die Hand auf meine Taille und erzählte mir von den Feen, die drüben am Teich lebten. Sie wachten über kleine Wesen wie Frösche und Entenküken und hätten sicher nicht zugelassen, dass die Kätzchen litten.

Er erklärte mir, dass sie ganz bestimmt auf Feenflügeln in den Katzenhimmel getragen worden seien, wo anstatt Wasser Milch in den Bächen floss.

Seine Worte und die Bilder, die sie für mich malten, trösteten mich ein wenig. Doch meinem Vater verzieh ich nicht. Aber das verlangte der Mann von nebenan auch nicht von mir.

Meine Zuneigung hatte er bereits gewonnen; jetzt war der Weg für ihn frei. Nun konnte er die Kontrolle übernehmen. Nach und nach gewann er immer mehr Macht über mich, eine heimtückische Dominanz, die meine Willenskraft schleichend schwinden ließ, bis schließlich mein ganzes Streben und Trachten darauf ausgerichtet war, ihm zu gefallen und ihn zufriedenzustellen.

Sobald er das geschafft hatte, konnte er darauf zählen, dass ich niemals reden würde. Und sobald er sich meiner Ergebenheit sicher war, veränderte sich sein Verhalten. Aber damals konnte ich das noch nicht wissen.

Kapitel 13

Wenn ich die Kinder in der Schule über ihre Wochenenden sprechen hörte, über Fahrräder, Spiele oder auch über die Bücher, die sie lasen, wusste ich, dass ich ihnen niemals erzählen konnte, was ich selbst am liebsten machte. Auch einen Aufsatz konnte ich darüber nicht schreiben, wenn die Lehrerin uns aufforderte, zu Papier zu bringen, was wir in unserer Freizeit erlebt hatten.

So erfuhr niemand, was ich machte, wenn es mir gelang, zu entfliehen, wenn ich gerade einmal nicht auf meinen Bruder aufpassen oder meiner Mutter im Haushalt helfen musste. Dann trugen mich meine Füße durch das Tor und die schmale Landstraße entlang auf die Felder, wo Schätze verborgen waren, die ein oberflächlicher Betrachter niemals finden würde, die meine Augen aber sahen.

War ich erst einmal dort draußen, suchte ich geduldig in den Hecken, hoffte auf ein Nest voller kleiner gesprenkelter Eier oder gar auf eines voller winziger Vögelchen. Wenn ich fündig wurde, war ich mucksmäuschenstill, damit sich die Vogelmutter nicht gestört fühlte und am Ende dem Nest fernblieb. Ich wusste, dass ich die Kleinen niemals anfassen durfte, sonst würden die Alten das Nest aufgeben und ihre Jungen verhungern lassen.

In der Schule hörte ich die Buben damit prahlen, wie viele Vogeleier sie gesammelt hatten. Ich wollte ihnen vorhalten, dass sie damit Vogeljunge töteten. Doch ich wusste, dass sie mich dann nur auslachen oder mich an den Haaren ziehen und mich stinkig nennen würden. Deshalb hielt ich meinen Mund.

An warmen Tagen, wenn nichts die verschlafene Stille draußen auf dem Land störte, sammelte ich unter den Hecken kleine wilde Erdbeeren. Ich lag auf dem Rücken, naschte davon und beobachtete schläfrig die bunten Schmetterlinge und die Bienen, die nach Pollen suchten. Einmal vergaß ich völlig die Zeit, während ich dem Treiben auf einem Ameisenhügel zusah. Ich staunte über die Geschäftigkeit der vielen tausend Krabbeltiere, die in dieser Kolonie lebten, und überlegte, wie so kleine Wesen sich ein Haus bauen konnten, das im Vergleich zu ihnen riesengroß war. Aber mein Lieblingsplatz war der Teich.

Es war der Nachbar, der mir schon ein paar Tage nach unserem Einzug zeigte, wie ich aus einem Zweig und einem Stück Mull ein Netz bauen konnte. Dann half er mir, damit etwas Froschlaich aus dem Wasser zu schöpfen, und gab mir ein großes Glas dafür. Er erklärte mir, ich könne nun beobachten, wie aus dem Laich Kaulquappen schlüpften, die sich dann wiederum ein paar Wochen später in Frösche verwandeln würden.

»Du kannst das Glas in meinen Schuppen stellen«, sagte er. So wurden wir zu Verbündteten, und die Kluft zwischen meinen Eltern und mir wurde tiefer. »Wir beobachten sie so lange, bis die Kaulquappen ordentlich groß sind, dann lassen wir sie wieder frei.«

Ich legte auch Teichpflanzen und kleine Steine in das Glas und sah zu, wie die kleinen schwarzen Punkte im Laufe der nächsten drei Wochen länger wurden und erkennbare Formen annahmen.

Es dauerte bis zum Ende der Osterferien, bis aus den Wesen Kaulquappen mit sich schlängelnden Schwänzen wurden. Weil ich wollte, dass sie sich zuhause fühlten und Platz zum Wachsen hatten, tauschte ich das Glas gegen ein größeres aus und setzte noch mehr Teichpflanzen hinein.

Als wir glaubten, dass die Kaulquappen nun groß genug waren, um vor den Fischen sicher zu sein, brachten wir sie zurück in den Teich. In den ersten warmen Frühsommertagen konnte ich dann beobachten, wie sie sich wieder verwandelten – von schwarzen, sich schlängelnden Kaulquappen in bräunlichgrüne Fröschlein, die hüpften, schwammen, sich auf Steinen sonnten oder sich im hohen Gras am Teichufer versteckten. Wenn ich ihnen zusah, fragte ich mich immer, welche von ihnen diejenigen waren, denen ich geholfen hatte, zu so hübschen kleinen Wesen heranzuwachsen.

Nachdem die Kätzchen ertränkt worden waren, hatte ich es eine Zeit lang nicht über mich gebracht, zum Teich zu gehen. Nur allzu gut konnte ich mir die kleinen Fellbündel in ihrem nassen Grab vorstellen. Doch nachdem mir der Mann von nebenan vom Katzenhimmel erzählt und mir versichert hatte, die Kätzchen würden nicht wollen, dass ich noch traurig sei, konnte ich mich dem Teich wieder nähern.

Und auch davon erzählte ich meiner Lehrerin nichts – von den vielen Malen, die er dort auf mich wartete.

Als die Sommerferien endlich begannen und ich wusste, dass ich nun sechs Wochen lang nicht in die Schule musste, dachte ich nur an die vielen Tage, die ich nun mit meinen Nachbarn verbringen konnte.

Doch es schien, als könne mein Vater Gedanken lesen. Schnell ließ er mich wissen, ich müsse zwar nicht zur Schule gehen, solle aber nicht glauben, dass ich deswegen jetzt sechs Wochen lang frei hätte.

»Du hilfst deiner Mutter«, sagte er barsch. Das war am Morgen des ersten Ferientages. Ich war gerade auf dem Weg zur Tür. »Du passt auf deinen Bruder auf. Du bist alt genug. Die Zeit des Faulenzens ist vorbei.«

Als ich es dem Mann von nebenan erzählte, zauste er mir nur das Haar und sagte, wir würden einfach seine beiden Kinder und meinen kleinen Bruder mit zum Teich nehmen. »Wir machen ein Picknick. Dann sind die Kinder meiner Frau und deiner Mutter nicht im Weg.«

Ein Kinderwagen und seine Schultern reichten aus für den Transport dreier Kinder, während ich die Tasche mit Getränken, Kuchenstücken und Keksen hinterherschleppte.

Es gab Tage, an denen wir am Teich saßen und er seinen Kopf sanft an meine Schulter bettete. Dann sagte er, er sei müde.

»Du musst doch auch furchtbar müde sein, Marianne, so fleißig wie du die ganze Zeit deiner Mutter hilfst. Ruh dich aus. Leg einfach den Kopf in meinen Schoß.« Glücklich folgte ich seinem Vorschlag. In diesen ersten Tagen, in denen ich den Geräuschen der sommerlichen Landidylle lauschte – dem Summen von Insekten, dem Zwitschern der Vögel, dem leisen Platschen des Wassers und dem Rascheln von Blättern und Gras – wand ich mich vor Wonne unter den wohltuenden Berührungen seiner Hände. Sie massierten meinen Rücken, zeichneten jeden Wirbel meines Rückgrats nach, streichelten meinen Nacken, fuhren mir sanft durchs Haar und liebkosten zärtlich meine Wangen.

In der Nähe brabbelten die drei Kleinkinder zufrieden vor sich hin. Sie mampften Süßigkeiten und waren mit kleinen Geschirren festgebunden, damit sie nicht ins Wasser fallen konnten. Ich hingegen schmiegte mich noch fester an den Nachbarn, war selig und zufrieden, weil ich mich endlich sicher fühlen durfte.

Es war an einem dieser sonnigen, warmen Tage – die Frauen waren dieses eine Mal mit den Kleinen in die Stadt gefahren –, als er mich zum ersten Mal küsste. Ich saß, die Arme um die Knie geschlungen, mit gesenktem Kopf am Teich, starrte ins Wasser und hoffte, dort etwas entdecken zu können, was sich bewegte.

»Weißt du eigentlich, wie Feen küssen, Marianne?«, fragte er.

Ich kicherte, so wie kleine Mädchen es oft tun, wenn Erwachsene ihnen eine peinliche Frage stellen. »Nein.«

»Schließ die Augen. Ich zeige es dir.«

Ich spürte das zarte Kitzeln von Augenwimpern auf der Wange. Als ich die Augen wieder öffnete, sah ich seine Zähne aufblitzen. Er lächelte mich an.

Dann legte er den Arm um meine Schultern, zog mich sanft an sich und sank zurück ins Gras.

»Und weißt du, wie Erwachsene küssen?«

Ich schüttelte den Kopf.

»Soll ich es dir mal zeigen?« Seine Hand strich über mein Haar. Dann hielt sie mich leicht am Kinn fest.

Ich musste blinzeln, weil sein Gesicht immer näher kam, größer und größer wurde. Ein paar Sekunden lang hing es über mir, verdunkelte fast den Himmel. Dann sah ich plötzlich nicht mehr das Gesicht, das ich so gut kannte, sondern das eines Fremden. Und dieser Fremde machte mir Angst.

Sein Mund war so viel größer als meiner. Er saugte an meinen Lippen, machte sie nass und sog sie ein, während eine seiner Hände meinen Kopf fest umfasste und die andere an meinem Rückgrat abwärtsglitt. Seine Finger streichelten mein Hinterteil, legten sich dann schwer darauf und hielten mich eisern fest. Er drückte mich nach hinten, sein Gewicht lag bleiern auf meinem kleinen Körper. Seine Zunge zwängte sich zwischen meine Zähne und glitt in meinen Mund, und ich spürte Speichel über mein Kinn laufen. Ich war unter ihm gefangen, konnte nur stoßweise atmen. Von Panik erfasst, versuchte ich zu strampeln, wollte ich mich aus der Umklammerung befreien.

Er spürte nicht nur meine Angst, sondern auch das Aufkeimen von Ekel, ließ mich unvermittelt los, setzte sich auf und wischte sich mit dem Handrücken über den Mund.

Mir schossen Tränen in die Augen. Als er sie bemerkte, wischte er mir sanft übers Gesicht.

»Das war doch sicher schön, Marianne?«, fragte er. »Es bedeutet, dass du etwas ganz Besonderes für mich bist. Und du willst doch etwas Besonderes sein?«

Die Zartheit, mit der seine Hand meinen Kopf streichelte, die tröstliche Wärme und der vertraute Ton seiner Stimme – das alles trug dazu bei, dass ich mich beruhigte.

»Ja«, antwortete ich. Dabei wussten wir beide, er und ich, dass ich damit die zweite Frage beantwortet hatte und nicht die erste.

Dieser Tag war in gewisser Weise ein Wendepunkt, ein erster Schritt. Es war der Schritt, der seine Freundschaft in etwas Dunkleres verwandelte. Eingelullt von der Wärme seiner Hände, dem beruhigenden Klang seiner Stimme und erfüllt von dem Wunsch nach Geborgenheit, konnte ich nicht ahnen, wie tief dieses Dunkel sein würde.

Kapitel 14

Weil ich in einer Familie aufwuchs, in der kaum Wert auf Lesen gelegt wurde, und in einem Haus, in dem es kein einziges Buch gab, fand ich geschriebene Worte schwer zu entziffern. Doch als ich sieben Jahre alt war, zeigte unsere Lehrerin der Klasse die Illustrationen von Beatrix Potters Peter Hase. Anschließend las sie uns Auszüge daraus vor. Ich war wie verzaubert. Die Bilder, die eine magische Welt voller haariger, gefiederter und geschuppter Wesen in viktorianischen Kostümen zeigten – Wesen, die ein fantastisches Königreich der Tiere bewohnten –, zogen mich ihren Bann. Zum ersten Mal saugte ich eine Geschichte Wort für Wort in mich auf, lauschte mit offenem Mund den Abenteuern von Peters Familie. Diesmal zogen die Sätze nicht einfach bedeutungslos an mir vorbei, lösten sich nicht über meinem Kopf in Luft auf.

Als in der Schule noch mehr aus diesen Büchern vorgelesen wurde, sah ich Bilder von tanzenden Fröschen, sprechenden Enten, Eichhörnchen und Vögeln. Jedes einzelne Tier, das ich in den Feldern beobachtet hatte, lebte in den Seiten von Beatrix Potters Büchern. Lesen zu lernen mag mir sehr schwer gefallen sein. Doch in den friedlichen Momenten, in denen ich mit mir allein war, ließ ich meiner Fantasie freien Lauf.

Ich erfand meine eigenen Geschichten über eine andere pelzige Familie, über die Mäuse, die nicht wie bei Peter zwischen den Wurzeln eines großen Tannenbaums lebten, sondern hinter unseren Sockelleisten überwinterten und die Sommer in den goldenen Kornfeldern verbrachten.

Namen gab ich ihnen auch. Anstelle von Mopsi, Flopsy, Wollschwanz und Peter hießen sie Millie, Maisy, Piepser und Jim. Im Kopf stellte ich mir sie in allen Einzelheiten vor und zog ihnen moderne Kleider an. Ich dachte mir Geschichten über ihr Leben aus, schickte die Kleinen in die Mäuseschule, den Vater zur Arbeit und ließ die Mutter viele Kuchen backen.

Ich versuchte, meiner Mutter die Geschichten zu erzählen, bekam aber nur Antworten, in denen von »Ungeziefer« und »Mausefalle« die Rede war. So entschloss ich mich, die Mäuseabenteuer lieber meinen Puppen anzuvertrauen.

Ich setzte meine beiden Lumpenpuppen und Belinda ins Gras, tat, als gösse ich ihnen Tee in Tassen aus Butterblumenblüten, und servierte ihnen auf flachen Steinen unsichtbaren Kuchen. Meine Finger bewegten sich im Rhythmus meiner Lippen, denn während des Erzählens strickte ich ihnen mithilfe einer Garnrolle und Wollresten Schals.

Als ich den Mann von nebenan noch nicht kannte, waren die Puppen meine einzigen Vertrauten gewesen. Aber es dauerte nicht lange, bis er sich ebenfalls meine Geschichten anhörte, wenn wir zusammen am Teich saßen.

Er lauschte mit scheinbarem Interesse und fand viele lobende Worte. Er sagte, wenn ich älter sei, solle ich sie aufschreiben. So ermutigt, ließ ich mir noch mehr Geschichten einfallen.

Auf der Farm, auf der mein Vater arbeitete, gab es ein verfallenes eingeschossiges Häuschen, in dem Landmaschinen abgestellt wurden. In den Sparren bauten Vögel ihre Nester. Früher, als die Farm nur ein kleiner Bauernhof gewesen war, hatte hier die Familie gelebt, die das Land bestellte. Erst stellte ich dem Farmer, meinem Vater und dem Nachbarn unzählige Fragen, dann ersann ich Geschichten über das Leben in dem Häuschen in einer Zeit lange vor meiner Geburt.

Ich bot an, beim Einsammeln der Eier zu helfen, doch sobald ich auf der Farm ankam, schlüpfte ich als Erstes in das dunkle, alte Gemäuer. Dort suchte ich nach Spuren, die mir verrieten, wie die Menschen hier früher gelebt hatten.

In der Mitte einer Mauer gab es einen dunklen, gelblichen Fleck mit grauen und schwarzen Streifen, der bis ganz hinauf zu den Dachsparren reichte. Dort musste einmal der Holzherd gestanden haben. Gern stellte ich mir vor, wie die Familie darauf ihre Mahlzeiten gekocht hatte.

Jedes Mal, wenn ich in das Haus ging, dachte ich mir weitere Episoden über die früheren Bewohner aus. Ich bewahrte sie zwischen den Deckeln des Buches in meiner Fantasie auf.

Vor meinem geistigen Auge sah ich eine dunkelhaarige Frau. Sie hatte zwei Söhne, die etwa in meinem Alter waren, und einen Mann, der jeden Abend zu Hause war. Ich stellte mir vor, wie sie glücklich zusammensaßen und im warmen Glanz der Öllampe, die das Zimmer erhellte, ihr Abendessen zu sich nahmen.

Der Nachbar hatte mir erzählt, dass das Leben damals sehr schwer gewesen sei und dass die arbeitende Bevölkerung in jener Zeit nur sonntags und am ersten Weihnachtsfeiertag frei gehabt hatte und sich hatte ausruhen können.

Weil ich das wusste, ließ ich meine erfundene Familie an sechs Tagen in der Woche hart arbeiten. Aber am Sonntag zogen sie ihre besten Kleider an und fuhren in einer kleinen Pferdekutsche zur Kirche.

Wenn ich mich in diesen Episoden aus einer anderen Ära verlor, vergaß ich die Zeit. Kam ich dann zu spät nach Hause, schimpfte meine Mutter über meine Trödelei.

Der Mann von nebenan war der Einzige, dem ich die Geschichten erzählte. Ich konnte ja nicht wissen, dass er sie in seiner Erinnerung festhalten und wozu er sie später verwenden würde.

Dieses Wissen nutzte er erst, als die Ferien vorüber waren. In den Monaten, in denen wir nun in dem neuen Haus wohnten, hatte er seine Rolle als hilfsbereiter Nachbar immer weiter ausgebaut und hervorragend gespielt.

»Soll ich Ihnen irgendetwas mitbringen?«, fragte er jedes Mal, wenn er ins Dorf fuhr, um für Dora Besorgungen zu machen. Meine Mutter lächelte stets dankbar.

»Was für ein freundlicher Mann. Seine Frau kann sich glücklich schätzen«, sagte sie oft.

Immer wenn meine Mutter etwas brauchte, lud er mich ein mitzufahren.

»Nimm auch Stevie mit«, sagte er oft. »Dann hat eure Mutter ein bisschen Ruhe.« Und natürlich widersprach meine Mutter nie.

»Lass uns kurz anhalten«, schlug er häufig vor, wenn wir durch ein Wäldchen fuhren. Dann schlang er die Arme um mich und drückte mir tausend kleine Küsse auf die Wangen.

»Gefällt dir das?« Seine Hand streichelte zart meinen Rücken, und am Anfang gefiel es mir tatsächlich.

Aber nach und nach veränderte sich die Art seiner Küsse. Feenküsse, bei denen Augenwimpern zart meine Wange kitzelten, gab es schon seit einiger Zeit nicht mehr. Stattdessen hieß es immer öfter: »Komm, ich zeige dir, wie Erwachsene küssen.« Dabei wusste ich längst, dass mir die Art, wie Erwachsene es machten, zuwider war.

Wenn seine Zunge sich zwischen meine Lippen drängte, fühlte sie sich so riesig an, so schlüpfrig, dass ich Angst bekam. Was würde geschehen, wenn sie noch tiefer in meinen Rachen glitt und ich würgen musste?, fragte ich mich. Würde ich überhaupt noch Luft bekommen? Als seine Hand nach meinen Beinen tastete, erstarrte ich. Ich wollte, dass er meinen Rücken streichelte, aber das tat er nun nicht mehr. Stattdessen schoben sich seine Hände unter mein Kleid und arbeiteten sich an meinen dünnen, nackten Beinen nach oben. Wenn ich spürte, wie seine Hände meiner Unterhose immer näherkamen, presste ich die Beine so fest wie möglich zusammen. Doch seinen hartnäckigen Fingern gelang es immer wieder, sich unter den Gummibund des Höschens zu schieben. Dann hörte er auf.

»Magst du das, Marianne?« Diese Frage stellte er jedes Mal, und vor lauter Angst, sein Missfallen zu erregen, traute ich mich nicht, Nein zu sagen.

Wenn ich mit der richtigen Antwort zu lange zögerte, schlich sich ein enttäuschter Ausdruck auf seine Züge. Aber ich wollte es ihm doch recht machen. Er sollte mich mögen. Deshalb schlang ich die Arme um seinen Hals, flüsterte: »Ja«, und küsste ihn auf die Wange.

Das war der zweite Schritt.

Kapitel 15

Die Worte zu hören, nach denen ich mich so verzehrte, Worte, mit denen er mir sagte, ich sei etwas Besonderes, reichte nicht mehr aus, das wachsende Unbehagen zu vertreiben, das ich nun empfand. Zu gern hätte ich jemanden gehabt, den ich fragen konnte, ob das, was wir taten, richtig war. Vielleicht wollte ich auch, dass ihn jemand aufhielt. Denn ich wusste, dass ich das selbst nicht konnte, ohne zu riskieren, dass er wütend wurde oder mich nicht mehr mochte. Aber wer kam dafür infrage? Verzweifelt grübelte ich darüber nach und wusste nicht, wie ich mit diesem Dilemma zurechtkommen sollte. Sollte ich unsere Kameradschaft wirklich aufs Spiel setzen? Damals glaubte ich ja noch, er sei mein Freund.

Instinktiv wusste ich, dass man über solche Sachen nicht sprach. Und an wen hätte ich mich damit auch wenden sollen? Anstatt mich jemandem anzuvertrauen, begann ich, ihn zu meiden.

Naiv wie ich war, glaubte ich, die Worte, die er mir immer wieder zugeflüstert hatte, seien aufrichtig gemeint gewesen: dass ich etwas Besonderes für ihn sei, dass er mich vermisste, wenn er mich nicht sah, und dass ich seine kleine Dame sei. Weil ich all das tatsächlich für wahr hielt, dachte ich, wenn ich mich ihm entzöge, würde ich ihm fehlen. Dann würde er mich wieder glücklich machen wollen und mich nicht mehr zwingen, Dinge zu tun, die mir zuwider waren.

Aber ich war erst acht und verstand noch nicht, dass ich einen Mann Mitte dreißig unmöglich überlisten konnte. Und zu meinem Leidwesen schien ihn meine Abwesenheit in keinster Weise zu bekümmern. Ich hatte erwartet, dass er an unsere Tür klopfen und nachfragen würde, wie es mir ginge, dass er sich erkundigen würde, ob ich ihm helfen wolle, seinen Wagen zu polieren, seine Hunde auszuführen oder auch nur, ob ich meinen Bruder zum Spielen hinüberbringen wolle. Aber nichts davon geschah. Von meinem Zimmerfenster aus beobachtete ich, wie er mit gesenktem Kopf an einem Wagen arbeitete. Mir selbst erschien es, als dauerte dieser Zustand Monate lang an, aber sicher waren es nur wenige Wochen. Dann verließ mich die Willenskraft. Ich stürzte aus dem Haus und ging unsicher zu ihm hinüber.

In der Hoffnung, er würde mit einem Lächeln aufblicken, räusperte ich mich. Aber zum allerersten Mal strahlte er mich nicht wie üblich zur Begrüßung an. Zwar tat er nicht direkt, als nähme er mich nicht wahr, gab sich aber so, als wäre ihm meine Gegenwart ziemlich gleichgültig. Einen Augenblick lang stand ich nur da und wartete, hatte das Gefühl, ignoriert zu werden. Schließlich fragte ich mit verzagter Stimme, ob ich ihm etwas helfen könne.

Langsam und ohne die Spur eines Lächelns hob er den Kopf und sah mich abweisend an.

»Nein, Marianne. Ich glaube nicht. Du bist doch noch ein kleines Mädchen. Ich dachte, du wärest anders, aber da habe ich mich getäuscht. Von kleinen Mädchen will ich keine Hilfe. Also ab mit dir, geh spielen.«

Der kalte Klumpen, der sich bei diesen Worten in meinem Magen bildete, ließ mich zittern.

Jeder Gedanke daran, was ich eigentlich hatte erreichen wollen, war wie weggewischt. Ich hatte Angst, dass er es wirklich ernst meinte. Wenn er nicht mehr mein Freund war, wen hatte ich dann noch?

»Ich bin nicht bloß ein kleines Mädchen.« Diese Antwort kostete mich viel Kraft. Unsicher trat ich von einem Fuß auf den anderen.

»Schön. Wenn du kein kleines Mädchen bist, was bist du dann?«, fragte er. Weil mir darauf keine Antwort einfiel, ließ ich den Kopf hängen.

»Bist du vielleicht meine kleine Dame?«

»Ja«, antwortete ich. Und er lächelte über den Sieg, den er schon nach so kurzer Zeit davongetragen hatte.

Wieder hatte sich eine Grenze verschoben, ein weiterer Schritt war getan.

Einmal hörte ich eine berühmte Schauspielerin in einem Interview sagen, dass wir Leid erfahren müssen, um uns an den Zeiten erfreuen zu können, in denen uns das Glück begegnet. Ich glaube, es ist umgekehrt. Es ist vielmehr so, dass wir gar nicht wissen, wie unglücklich wir sind, bis wir das gegenteilige Gefühl kennengelernt haben. Das Bedürfnis nach Liebe empfinden wir erst, wenn wir einmal gespürt haben, was Liebe ist. Und mit meinen acht Jahren wusste ich, dass ich die Zuneigung der ersten Person, die mir je ein solches Gefühl entgegengebracht hatte, auf keinen Fall verlieren wollte.

Was wirklich geschah, durchschaute ich nicht. Mit seinen freundlichen Worten und mit den Streicheleinheiten ließ er den Samen meiner Abhängigkeit aufgehen, schürte mein Verlangen nach seiner Freundschaft.

Aber erst als ich den Mann ohne Beine traf, war der wirklich entscheidende Schritt getan.

Kapitel 16

Innerhalb einer Woche war ich wieder so verwirrt wie zuvor. Wir parkten in einem Wäldchen. Die sanften Streicheleinheiten und die freundschaftlichen Umarmungen, die ich so mochte, waren diesmal sehr kurz ausgefallen. Dann packte seine Hand meinen Kopf und drückte ihn fest an seine Brust. Er griff nach meiner Hand und zog sie in seinen Schoß. Hatte er früher noch sanfte Koseworte in mein Ohr geraunt, so hörte ich jetzt nur ein kehliges Grunzen. Sein Körper wurde starr und drängte sich an meinen.

Unter meinen Fingern quoll eine warme, klebrige Flüssigkeit hervor. Ein säuerlicher Geruch stieg auf. Ich hielt die Luft an, wollte ihn nicht einatmen.

Er hob meine nasse Hand an meinen Mund, zwang mich, einen Finger zwischen die Lippen zu nehmen.

»Leck ihn ab, Marianne. Das wird dir gefallen.« Er fixierte mich. Mein Finger schmeckte salzig, und der seltsame Geruch war nun noch viel näher an meiner Nase. Ich versuchte, den Finger aus dem Mund zu nehmen, doch er lachte. Zum ersten Mal, seit wir uns kannten, lachte er nicht mit mir, sondern über mich.

Verräterische Tränen stiegen mir in die Augen und rannen über meine Wangen. Ich hatte das Gesicht abgewandt, konnte aber die Wärme seines Körpers neben mir auf dem Autositz spüren, hörte seinen Atem, roch sein Rasierwasser und hörte seine Stimme.

»Komm schon, kleine Dame! Sei doch kein albernes kleines Mädchen. Komm, sieh mich an.«

Seine Finger schoben sich unter mein Kinn, drehten mein Gesicht zu ihm und hoben es an, bis wir uns in die Augen sahen.

»Marianne, hast du deinen kleinen Bruder schon mal ohne Kleider gesehen?«

»Ja«, flüsterte ich.

»Und, was haben kleine Jungs da unten?« Er zeigte auf etwas, das noch immer aus seiner Hose hing. Dieses Etwas, das ich festhalten sollte und das ich gerade hatte wachsen sehen, als hätte es einen eigenen Willen.

Er sollte es wegtun. Es sah überhaupt nicht so aus wie das kleine Zipfelchen meines Bruders.

Aber er ließ es draußen. Stattdessen sprach er leichthin und mit einem amüsierten Unterton weiter.

»Sie haben so etwas wie das hier, du dummes Mädchen. Jeder Junge hat es. Und weil ich ein Mann bin, ist es bei mir eben größer. Bald wirst du es sehr gern anfassen. Großen Mädchen gefällt so etwas.«

Ich wusste, dass ich es nicht mögen würde. Das harte, heiße Gefühl, mit dem es sich an meinen Bauch gedrückt hatte, hatte ich nicht schön gefunden, und dass es meine ganze Hand nass machte noch viel weniger. Aber mir fehlten die Worte, mit denen ich hätte beschreiben können, was in mir vorging.

Er bemerkte die Verwirrung in meinem Blick. Einen winzigen Moment lang wurde er wieder mein Freund – der Mann, dem ich am Herzen lag und der sich um mich kümmerte.

Er wischte mir die Finger ab und streichelte meinen Kopf. Dann strich er mir das Haar zurecht, und ein Bonbon fand den Weg von seinem Handschuhfach in meinen Mund.

Später kam er zu uns herüber. »Ich muss mich in der Stadt mit jemandem treffen und dachte, ich bringe fürs Abendessen Fisch mit«, sagte er zu meiner Mutter.

Lachend wischte er ihren Protest beiseite, sie könne ihn unmöglich dafür bezahlen lassen. »Zerbrechen Sie sich darüber nicht den Kopf. Heute Nachmittag habe ich einen Glücksgriff getan, deshalb lade ich Sie ein. Ich bringe genügend Fisch für alle mit. Kommen Sie einfach mit den Kindern rüber. Wir essen dann bei uns.«

Die Aussicht auf einen Abend ohne den immergleichen Eintopf und den anschließenden Abwasch ließ meine Mutter glücklich lächeln. Dankend nahm sie das großzügige Angebot an.

»Ich bringe auch für Ihren Mann etwas mit. Dann hat er ein warmes Essen, wenn er nach Hause kommt, und Sie haben keine Arbeit damit. Sie können sich bei uns einen netten Abend mit Dora machen. Meine Verabredung in der Stadt dauert nur etwa eine halbe Stunde. Ich nehme Marianne mit, wenn das in Ordnung ist. Sie kann mir tragen helfen.«

»Ich will nicht«, brach es aus mir heraus.

»Was erlaubst du dir, Marianne?« Meine Mutter war entrüstet. »Du entschuldigst dich auf der Stelle für deine Unhöflichkeit.«

Ich fragte mich, warum sie nicht erriet, weshalb ich nicht mitfahren wollte. Warum erkannte sie nicht, was er mit mir vorhatte? War es ihr vielleicht egal?

Verzweifelt überlegte ich, wie ich es anstellen konnte, damit ich nicht mit musste. Aber ich wusste, dass jeder weitere Protest sinnlos war. So würde ich mir nur einen Klaps auf den Hintern einhandeln und dann ohne Abendessen ins Bett geschickt werden.

Mit einem widerwilligen Seufzen, aber ohne eine Antwort zu geben, stand ich auf.

»Vielleicht fühlt sie sich nicht wohl.« Der Nachbar sah mich mit scheinbar besorgter Miene an. »Komm, Marianne. Die Fahrt im Auto wird sie aufmuntern«, sagte er an meine Mutter gewandt.

»Das glaube ich auch«, antwortete sie. Dabei warf sie mir einen Blick zu, der beinahe feindselig war, nur um sich dann gleich wieder mit einem dankbaren Lächeln zu ihm zu drehen.

Der Mann von nebenan streckte die Hand aus, schloss seine Finger um meine und führte mich aus dem Haus.

Meine Haut prickelte. Ich bekam eine Gänsehaut vor Angst. Sicher würde es wegen meines Ausbruchs irgendeine Art von Vorwurf oder Strafe geben. Vielleicht bekam ich einen Klaps für meine Unhöflichkeit oder dafür, dass ich die Aufmerksamkeit auf sein Interesse an mir gelenkt hatte. Aber noch immer durchschaute ich nicht, was für ein Mann er wirklich war. Nie hätte er sich so verhalten, wie mein Vater es bei einem Widerspruch getan hätte. Nie hätte er seinen vernichtenden Zorn gezeigt oder gar die Fäuste sprechen lassen. Das hätte er als vulgär und barbarisch betrachtet. Auch Geschrei und ein Schwall Schimpfworte wären ihm würdelos erschienen.

Nein. Seine Grausamkeit war subtil, und ich würde gleich eine Lektion erhalten. Eine Lektion, die ich an jenem Abend noch gar nicht als solche verstand. Seine Methode, die Kontrolle über mich zu erlangen, bestand zu gleichen Teilen aus Manipulation und Einschüchterung. War er erst einmal sicher, dass er mir eine tiefe Wunde zugefügt hatte, so legte er mir gleich darauf einen Verband aus schönen Worten und Rechtfertigungen an. Wenn er mir wehtat, wenn ich wusste, dass er mir die Schmerzen zugefügt hatte, dann würde er auch dafür sorgen, dass es mir danach wieder besser ging.

Auf dem Weg zur Stadt bog er in eine dunkle Straße ein, in der ich noch nie gewesen war. Vor einer Reihe von verlassenen Häusern hielt er an. Hinter den zerbrochenen Fenstern wehten die Reste zerrissener Gardinen, Türen hingen schräg in verfaulten Holzrahmen und gaben den Blick auf die nackten Skelette von Treppenaufgängen und auf bröckelnde Innenwände frei.

Mein Herz sank. Wohin hatte er mich jetzt geschleppt? Ich wusste nicht, was ich hier sollte.

Als er mein Unbehagen bemerkte, legte er mir sanft den Arm um die Schultern und lächelte mich an. Es war das warme Lächeln, das ich so mochte und dem ich vertraute. Meine Anspannung ließ ein wenig nach.

»Weißt du, Marianne, ich erinnere mich an all deine Geschichten«, sagte er. »Besonders an die über die Leute, die früher im alten Haus des Farmers lebten.« Überrascht über das unerwartete Gesprächsthema sah ich ihn fragend an.

»Los, raus mit dir. Ich möchte dir hier etwas zeigen.«

Ich schob meine Bedenken beiseite und folgte ihm ergeben durch eine der Türen. Er führte mich in die Gemäuer eines ehemaligen Tante-Emma-Ladens.

Während wir uns in den nun tristen, verlassenen Räumlichkeiten umsahen, erzählte er, seine Großmutter hätte früher in einem der Häuser gewohnt, und er hätte als Junge draußen auf der Straße gespielt, wo nun sein Wagen stand. »Sieh dich um.« Er zeigte auf die leeren Regale. Dann fing er an zu beschreiben, wie der Laden einmal ausgesehen hatte. Die Regale voller Bonbongläser, Teeschachteln, Konservendosen, frischer Eier und Haushaltswaren. Fast zwölf Stunden am Tag hatte der Ladenbesitzer hinter der zerschrammten Theke gestanden, Waren in Papier eingeschlagen und an die Armen Zigaretten stückweise verkauft. Er hatte die Frauen, die auf die wöchentliche Lohntüte ihrer Männer warteten, anschreiben lassen. Während der Mann von nebenan erzählte, stellte ich mir vor, wie der Laden damals ausgesehen hatte.

»Sieh mal, dieser Nagel.« Er zeigte auf die Stelle, wo angeblich einmal die Kasse gestanden hatte. »Dahin hängte er das Buch, in das er alles eingetragen hatte, was die Frauen ihm schuldeten. Damals mussten viele Leute anschreiben lassen.«

So wie ein Pinsel Strich für Strich ein Bild auf eine Leinwand malt, so malte er mit seinen Worten Szenen aus dem Leben in dieser Straße, bevor der Krieg angefangen hatte. Ich sah Horden von Jungen mit aufgeschlagenen Knien und schäbigen Kleidern Himmel und Hölle und Kricket spielen. Sie rollten bunte Murmeln und sammelten John Player's Zigarettenbildchen. Ganz im Bann seiner Geschichte hörte ich mir an, wie diese Jungen sich dann und wann einen Penny verdienten, indem sie Besorgungen für

Leute machten, die wohlhabender und älter waren als sie. Wie sie anschließend mit der glänzenden Münze in der Hand in den Laden kamen, sich zwischen einem kandierten Apfel, einem Päckchen rosaroten Kaugummis und einem weißen Dauerlutscher entscheiden mussten.

»Ich mochte die großen Lutscher immer am liebsten.« Er grinste. Ich versuchte, mir vorzustellen, wie er damals ausgesehen hatte, doch es gelang mir nicht.

Dann erzählte er, wie es gewesen war, als der Krieg ausbrach. Wie milchgesichtige Jungen unter zwanzig, die noch nicht einmal wählen durften, die Straße verlassen hatten, um für König und Vaterland zu kämpfen. Wie die Frauen sich von ihren Männern und Söhnen verabschiedeten und dann auf eine Nachricht von ihnen warteten. Er beschrieb die Atmosphäre von Verzweiflung, die über der Straße hing, wenn ein Telegrammbote an eine Haustür klopfte. Denn sein Besuch bedeutete fast immer, dass jemand im Krieg gefallen war. Er erzählte von den Bombergeschwadern, die in der Nacht übers Land dröhnten, den vielen Bomben, die über dem East End und über Essex abgeworfen wurden, und wie die Luftschlacht um England im Himmel über ihren Köpfen getobt hatte.

Dann schilderte er das Straßenfest, mit dem das Ende des Krieges gefeiert worden war, erzählte, wie die Bewohner ungeduldig auf die Rückkehr der Männer gewartet hatten.

»Ja«, sagte er. »In dieser Straße gab es früher einen starken Zusammenhalt. Aber jetzt wird hier alles abgerissen, um Platz für neue Blocks von Sozialwohnungen zu schaffen.«

Als er abbrach und einen Blick auf die Uhr warf, wusste ich, dass seine Erzählung nun enden würde.

»Wie dem auch sei – sieh dich hier noch ein bisschen um und schau auch hinter die Theke. Ich gehe nur kurz um die Ecke, rede mit meinem Freund und hole dich dann wieder ab.« Bevor ich widersprechen konnte, war er schon weg. Kaum einen Lidschlag später geschahen zwei Dinge gleichzeitig, bei denen sich mir die Nackenhaare aufstellten.

Ich sah, wie sich eine Tür hinter der Theke, die mir bislang noch gar nicht aufgefallen war, langsam öffnete. Durch die Tür fiel ein schummriges Licht, neue Schatten erschienen auf dem Fußboden. Außerdem hörte ich ein völlig unbekanntes schabendes, rutschendes Geräusch. Der Schatten in der Tür wurde dunkler, dann bewegte er sich. Vor meinen Augen nahm ein Wesen Gestalt an – ein Wesen, das kleiner war als ich.

Das Licht befand sich hinter ihm. Deshalb konnte ich erst nicht erkennen, worum es sich handelte. Dann, als es sich weiter in den Laden bewegte, sah ich den Kopf und die Schultern eines Mannes, der mir nicht einmal bis zur Taille reichte, denn er hatte keine Beine.

Sein mit einer alten Uniformjacke bekleideter Torso hockte auf einer dicken Matte. In jeder Hand hielt er einen länglichen Ziegel. Damit zog er sich über den Boden. Das seltsame Rutschgeräusch entstand, wenn die Matte über den Boden schabte.

Langes graues Haar fiel ihm in fettigen Strähnen über die Schultern. Sein Mund war fast völlig von einem dichten, gelbfleckigen Bart verdeckt.

Lauf weg!, schrie eine Stimme in meinem Kopf. Doch ich stand wie gelähmt vor Angst mitten im Laden und starrte entsetzt diese Kreatur an, die einem makaberen Märchen entstiegen schien – dieses Wesen, das durch eine seltsame Fügung den Seiten eines Buches entsprungen und in eine Welt geworfen worden war, die es nicht kannte.

Vor mir kauerte ein Ungeheuer! Hatte meine Mutter mir nicht immer damit Angst gemacht, wenn ich unartig war? Dass dieser Mann verkrüppelt war, empfand ich nicht als tragisch, denn ich war noch zu jung, um deshalb Mitleid zu spüren. Stattdessen ließ mir der Ekel, der mich überkam, als wir uns ansahen, die Knie weich werden. Eine Gänsehaut überzog meine Arme. Lauf weg!, drängte die innere Stimme noch einmal. Doch ich konnte mich nicht rühren. Eine Angst, die ich nicht verstand, lähmte mein Gehirn.

Als der Mann den Mund öffnete, sah ich seine schimmernde rote Zunge zwischen den scharfen Kanten der wenigen verbliebenen schwarzen Zahnstümpfe. Er stieß einen kehlig gurgelnden Laut aus – einen Laut, wie ich ihn nie zuvor gehört hatte. Ich schrie vor Angst und Entsetzen, konnte gar nicht mehr aufhören.

Bei meinem ersten Schrei bohrte sich sein Blick in meine Augen. Als er die beiden Ziegel hob, zeichneten sich seine Armmuskeln unter dem abgeschabten Stoff der Uniformjacke ab. Einen Moment lang dachte ich, er würde noch näher zu mir rutschen. Doch stattdessen warf er sich wütend herum und verschwand durch die Tür, durch die er gekommen war. Nur ein muffiger und zugleich säuerlicher Geruch hing noch in der Luft. Endlich gehorchten mir meine Muskeln wieder, und ich konnte mich wieder bewegen. Ich stolperte fast über meine eigenen Beine, als ich aus dem Laden hetzte. Schluchzend rannte ich auf die verlassene Straße hinaus.

Dort hoben starke Arme mich hoch, und eine Stimme flüsterte mir ins Ohr: »Schon gut, kleine Dame.« Eine Hand strich mir sanft das Haar aus der Stirn.

»Da drinnen ist der Schwarze Mann«, schluchzte ich.

»Du bist in Sicherheit«, sagte der Nachbar. »Solange ich hier bin, passiert dir nichts.«

Ich schlang die Arme um seinen Hals und bettete den Kopf an seine Schulter. Er hatte mich gerettet.

Er ließ den Motor an und fuhr zur Fisch-&-Fritten-Bude. Auf der Fahrt nach Hause hielt ich die in Zeitungspapier eingeschlagenen Pakete fest. Ich versuchte, meine Hände daran zu wärmen – Hände, die an diesem warmen Sommerabend eiskalt waren.

Eigentlich hätte ich ihn fragen müssen, warum er mich in dem alten Haus allein gelassen hatte. Doch das fiel mir erst viel später ein, als ich die tragische Geschichte von dem Mann ohne Beine hörte.

Er war im letzten Kriegsjahr achtzehn geworden, hatte seinen Einberufungsbefehl erhalten und sich zum Dienst gemeldet. Zwei Monate später wurde er auf einer Trage nach Hause gebracht. Eine Miene war explodiert. Man hatte ihm die Beine in einem Feldlazarett amputiert, wo Ärzte in blutbefleckten Kitteln bei schlechtem Licht und fast ohne Betäubungsmittel Gliedmaßen absägten. Um den mitleidigen und angeekelten Blicken der Menschen zu entfliehen, versteckte er sich in der Dunkelheit verlassener Häuser. Niemand wusste, wo seine Familie war, und später, nachdem die Straße, in der ich ihn gesehen hatte, von den Abrisskolonnen in einen Haufen Schutt verwandelt worden war, bekam ihn nie wieder jemand zu Gesicht.

Das erfuhr ich erst, als ich schon im Teenageralter war. Und bis dahin wusste ich bereits, wer in Wirklichkeit das Ungeheuer war. Aber für den Rest des Sommers, den ich als Achtjährige erlebte, blieb der Mann von nebenan mein Held und Retter.

Kapitel 17

Während des Jahres, in dem er mich nun kannte, hatte der Mann von nebenan seine Fallen und Schlingen ausgelegt und dann mit der Geduld des erfahrenen Jägers, der seiner Beute auflauert, gewartet. Er hatte mein Vertrauen gewonnen, ließ mich glauben, dass er mich beschützte, und hatte mein Verlangen nach Aufmerksamkeit geschürt.

Ich erinnerte mich an den Tag, an dem er endgültig die Kontrolle über mich erlangte.

Die Uhren waren zurückgestellt worden, die Abenddämmerung kam nun eine Stunde früher. Die Sonnenstrahlen waren blasser geworden und schwächer; sie hatten ihre Wärme verloren. Die allgegenwärtigen Wolken verhießen Regen, kalte Windstöße drangen durch den dünnen Stoff meines Mantels und wirbelten welke Blätter über den Gehsteig, während ich nach Hause ging.

Jeden Tag, wenn ich aus dem Schultor trat, wenn niemand mir zum Abschied winkte, mir ein schönes Wochenende wünschte oder auch nur »Bis morgen!«, sagte, hielt ich nach dem Mann von nebenan Ausschau. In einem Winkel meines Herzens hoffte ich, dass er auf mich warten würde. Doch die Tage vergingen, und er schien wie vom Erdboden verschluckt.

Erst einen Monat nach Anfang des Wintertrimesters tauchte er wieder auf. An diesem Tag – ich war gerade durch das Schultor gegangen und hatte mich auf den Weg zur Bushaltestelle gemacht – hörte ich den vertrauten Klang eines langsam fahrenden Autos. Er hatte das Fenster heruntergekurbelt und rief nach mir.

Einen Augenblick lang blieb ich still stehen. Ich hätte gern gewusst, wer gekommen war: mein Freund, der mich aus der Einsamkeit befreite, der mir das Gefühl gab, etwas Besonderes zu sein und den ich immer seltener sah? Oder die Person, die ihren Wagen in den Wald fuhr und meine Hand um dieses heiße, feuchte Etwas schloss, bis ich die klebrige Flüssigkeit zwischen den Fingern spürte und das Grunzen hörte? Ich wollte nicht wieder dazu gedrängt werden, Dinge zu tun, die mir zuwider waren und die ich nicht verstand.

»Hey, Marianne, soll ich dich nach Hause fahren?«

Als ich das warme Lächeln sah, wusste ich, dass mein Freund gekommen war, um mich abzuholen. Ich strahlte übers ganze Gesicht, beantwortete sein Lächeln mit einem breiten Grinsen und eilte zu seinem Wagen. Den schweren Ranzen warf ich auf den Rücksitz, bevor ich mich neben ihn auf die lange, lederne Vorderbank setzte.

»Wie geht es meiner kleinen Dame?« Er drückte sanft mein Knie. Dann forderte er mich auf, das Handschuhfach zu öffnen und mir Süßigkeiten zu nehmen. Gierig füllte ich meinen Mund mit dem Brausepulver, das ich dort fand, lehnte mich zurück und schwelgte in dem prickelnden Genuss. Trotz allem hatte ich ihn vermisst.

Nachdem wir etwa die Hälfte des Nachhausewegs zurückgelegt hatten, hielt er an. Ich war froh, dass wir diesmal nicht in den Wald gefahren waren.

Er stellte den Motor ab und drehte sich zu mir. »Marianne, wie gut kannst du lesen?«

Diese Frage verunsicherte mich. Ich sah in verständnislos an.

»Was ist? Ist die Frage zu schwer, Marianne?« Er wurde ungeduldig, weil ich mir mit der Antwort Zeit ließ. »Du musst doch wissen, wie gut du es kannst.«

»Nicht sehr gut«, presste ich mit gesenktem Blick hervor. »Richtig lange Worte sind mir zu schwer.«

Er lachte, dann zog er eine Zeitung aus der Tasche seitlich an der Wagentür und zeigte auf das Bild einer jungen, blonden Frau, das unübersehbar auf der Titelseite prangte.

»Schau dir dieses Foto gut an, Marianne. Siehst du, wie hübsch die junge Dame ist?«

»Ja«, antwortete ich zögernd. Ich fragte mich, warum er mir das Bild zeigte.

»Aber ihre ganze Schönheit wird ihr nichts nutzen, wenn sie sie morgen am Hals aufhängen, bis sie tot ist.«

Ungläubig schüttelte ich den Kopf über das, was er da sagte. Zwar hatte ich keine klare Vorstellung davon, was »aufhängen« bedeutete, aber was »tot« hieß, das wusste ich. Es bedeutete, dass jemand fortging und niemals wiederkam.

»Du glaubst mir nicht, habe ich recht? Aber Zeitungen lügen nicht, Marianne.«

»Nein«, flüsterte ich. Etwas an dem Ton, in dem er mit mir sprach, machte mir Angst. Ich wollte weder die Zeitung anschauen, noch das Wort »tot« hören. Ich wollte nach Hause.

»Kannst du wenigstens lesen, was hier über sie steht?« Er versuchte, mir die Zeitung in die Hände zu drücken.

Ich war nicht nur eine schwache Leserin, ich war auch ein Kind, das noch nie versucht hatte, eine Zeitung zu lesen. Die einzigen Zeitungen, die den Weg in unser Haus fanden, waren immer bei der Sportseite aufgeschlagen, und weil es dort keine bunten Bilder gab, hatten sie mich nie interessiert. Ich wusste, dass irgendetwas von mir erwartet wurde. Weil ich den Nachbarn nicht enttäuschen wollte, starrte ich die gedruckten Wörter an, die um so vieles kleiner waren als die Wörter in meiner Schulfibel. Ich konnte kein einziges davon entziffern. Mit wachsender Frustration wedelte er mit der Zeitung vor mir herum.

»Kannst du nicht wenigstens dieses eine Wort lesen?« Sein Finger stach nach einem Wort, das in Großbuchstaben über dem Foto stand. »Das ist ein Mädchenname.«

»Ruth«, sagte ich zögernd.

»Ja. Ihr Name ist Ruth Ellis. Und? Was steht hier über sie?«

Verwirrt schüttelte ich den Kopf. Ich wusste, dass dies irgendeine Art von Test war. Aber ich wusste nicht, worauf er hinauswollte.

»Los doch«, sagte er ungeduldig. »Du wirst doch wohl ein paar von diesen Wörtern entziffern können. Was heißt das hier zum Beispiel?« Er bohrte den Finger in die Mitte des Artikels. »Das kannst du doch sicher lesen.«

»G-e-h-ä-n-g-t – gehängt«, flüsterte ich. Meine Stimme zitterte vor Angst und Scham.

»Ja, gehängt, Marianne. Weißt du, was das bedeutet?«

»Nein.« Mir wurde immer elender zumute. Die Übelkeit, die sich in meinem Magen breitgemacht hatte, kroch nun in jeden Winkel meines Körpers. Aus irgendeinem Grund wusste ich, dass das ein sehr schlimmes Wort war.

Ich starrte den Nachbarn ausdruckslos an. Zwar spürte ich seinen Ärger und seine wachsende Ungeduld, doch ich verstand nicht, was ich falsch gemacht hatte. Ich wollte ihn danach fragen, aber der Kloß, der in meiner Kehle steckte, hielt mich davon ab. Ich konnte ihn nur mit leerem Blick anschauen.

Der Mann von nebenan schnaubte unwirsch. Seine Hände schnellten vor, und bevor ich ausweichen konnte, schlangen sie sich um meinen Hals. Seine Finger drückten zu. Nicht so fest, dass ein verräterischer Abdruck entstehen konnte, aber doch fest genug, um mir Angst zu machen. Ich wand mich unter seinem Griff, und er ließ mich abrupt wieder los.

Dann erklärte er mir, was »gehängt« bedeutete. Man nahm einen Strick und legte ihn um den hübschen Hals. Über das hübsche Gesicht wurde eine Kapuze gezogen. Damit wurden ihre Augen verdeckt, damit sie nicht sah, was passierte. Aber sie wusste es. Wusste, dass sie auf einer Falltür stand, die sich unter ihr öffnen würde. Sie würde furchtbare Angst haben, ganz allein da stehen und unter der Kapuze schluchzen und schreien. Aber keiner würde ihr helfen. Der morgige Tag sollte ihr letzter auf der Erde sein, und ihr Abgang würde schmerzhaft werden. Wenn sich die Falltür öffnete, würde ihr Körper ins Bodenlose fallen. Der Strick würde sich straffen, bis Blut aus ihren hervortretenden Augen quoll und sich mit ihren Tränen vermischte. Ihre Schreie würden erst verstummen, wenn sie keinen Atem mehr hatte. Pisse und Kot würden dann an ihren wild um sich tretenden Beinen herunterlaufen, sie würde am Ende des Stricks baumeln und immer weiterzucken.

»Und wenn sie sie schließlich losschneiden, Marianne, dann nehmen sie ihr die Kapuze ab. Und weißt du, wie diese schöne Frau dann aussieht?«

Ich konnte nicht antworten. Das Bild, das er mir gezeichnet hatte, war so anschaulich, dass mir Tränen über die Wangen rannen und mein Atem zu Schluchzern wurde.

»Ihr Gesicht wird blau angelaufen sein, ihre Zunge wird bluten und geschwollen sein, weil sie darauf gebissen hat. Nein, sie wird überhaupt nicht mehr hübsch aussehen. Und weißt du warum, Marianne? Warum sie ihr etwas so Schreckliches antun?«

Als er sah, dass ich kein Wort mehr herausbrachte, beantwortete er die Frage für mich.

»Sie hat etwas furchtbar Schlimmes gemacht«, sagte er. »Es ist wirklich sehr, sehr schlimm«, wiederholte er spöttisch.

Dann erklärte er mir langsam, Silbe für Silbe, worin dieses Schlimme bestand.

Sie hatte geredet. Sie hatte darüber gesprochen, dass sie mit einem Mann in einem Auto gesessen hatte und was sie dabei getan hatten. Und weil sie das erzählt hatte, hatte die Polizei sie mitten in der Nacht abgeholt.

Plötzlich konnte ich nicht mehr atmen. Panisch schnappte ich nach Luft. Meine Hände, meine Beine, mein Kopf – mein ganzer Körper fing an zu zittern. Galle stieg mir in die Kehle. Ich wollte weinen, schreien, ihn anflehen, nicht so schreckliche Dinge zu sagen. Aber ich konnte nur nach Luft ringen, während er mit kühler, bedächtiger Stimme gnadenlos sämtliche Einzelheiten beschrieb.

Als er endlich still war, hatte sich das Bild der Frau, die sich am Ende des Stricks hin und her warf, in mein Gehirn eingebrannt. In meinen Ohren hallten ihre verzweifelten Schreie und ihr Kreischen. Ich sah sie dort baumeln wie eine zerbrochene Puppe. Ihr Körper war schlaff, die Beine bewegten sich nicht mehr, ihr Hals war verdreht. Die wachsende Angst ließ mich noch mehr zittern.

In diesem Augenblick verwandelte er sich wieder in den sanftmütigen Freund, in denjenigen, der mir sagte, bei ihm sei ich sicher. Er legte mir den Arm um die Schulter, streichelte mein Haar und zog mich an sich.

»Keine Sorge, Marianne«, sagte er leise. »Ich würde nie zulassen, dass dir jemand so etwas antut. Nicht meiner ganz besonderen kleinen Dame.«

In dieser Nacht holte ich mein seidenes Brautmädchenkleid hervor, hielt es in den Armen und drückte es an mich. Ich vergrub das Gesicht in den weichen Falten, durchnässte sie mit meinen Tränen und versuchte, den letzten Rest Parfümduft einzuatmen.

Während ich mir alle Mühe gab, die schrecklichen Bilder in meinem Kopf durch Bilder von jenem glücklichen Tag zu ersetzen, an dem ich das Kleid getragen hatte, dachte ich mit großer Sehnsucht an das Haus meiner Tante. Ich wollte die Zeit zurückdrehen, wieder in der Wanne mit warmem, schaumigem Wasser liegen, mich sauber fühlen und seine Worte wegwaschen – die Worte, die mir einen flüchtigen Blick in die Erwachsenenwelt aufgezwungen hatten, die für eine Achtjährige voller Schrecken war.

Doch der Duft war verflogen und mit ihm die Magie – von beidem war nicht die kleinste Spur geblieben. Ich hielt nur ein altes Kleid in den Armen, ein Kleid, das einem anderen kleinen Mädchen gehörte, dem man einmal gesagt hatte, es sei etwas Besonderes. Und damals hatte es gedacht, dieses Wort bedeute etwas Schönes.

Was ich in jener Nacht, als ich mich beim Gedanken an den grausamen Tod der hübschen Frau hin und her warf, nicht wusste, war, dass er mir eine alte Zeitung gezeigt hatte. Ruth Ellis war schon seit drei Monaten tot.

Kapitel 18

Wie aus dem Nichts erschien ein anderes Bild in meinem Kopf. Ein verqualmter Pub mit Eichenbalken, roten Samtpolstern, Stühlen aus dunklem Holz, sich kräuselndem Zigarettenrauch und einer lärmenden Gruppe Frauen, die wild entschlossen waren, einen schönen Abend zu verbringen. Knallenge Miniröcke spannten sich über stämmige Beine. Hochhackige Schuhe, auftoupiertes Haar, Schwaden von Ma-Griffe-Parfüm, lachende, rot geschminkte Münder, schelmisch blitzende Augen, gestikulierende Hände mit grell lackierten Nägeln und unzählige Runden Cocktails mit exotischen Namen. Papierschirmchen und kandierte Kirschen in Gläsern, die fast schneller geleert wurden, als der Barmann sie füllen konnte. Der Film, der in meinem Kopf ablief, hatte mich aus meiner Kindheit direkt in die Zeit katapultiert, in der ich neunzehn Jahre alt und seit drei Monaten verheiratet gewesen war. Die Frauen, fast alle älter als ich, hatten mich zu einer Junggesellinnenparty eingeladen. Eine von ihnen sollte am nächsten Tag vor den Traualtar treten, und wir wollten ihren letzten Abend als Single gebührend feiern. Nicht eine der Frauen wusste, dass das, was ich ihnen über meine Kindheit und Jugend erzählt hatte, erfunden war. Dass ich von zu Hause weggegangen war, weil meine Eltern so weit draußen lebten und ich näher an meiner Arbeitsstelle wohnen wollte. Dass ich drei Brüder und eine Schwester hatte, sie oft besuchte und auf eine glückliche Kindheit auf dem Land zurückblicken konnte. Dass ich mich nicht von Ihnen unterschied.

Für diesen Abend hatte ich mich sorgfältig zurechtgemacht. Ich hatte die weiße Jacke angezogen, die ich zu meiner Hochzeit getragen hatte, mich in einen kurzen grauen Rock gezwängt und dazu eine bunte Bluse ausgesucht. Ich hatte mein lockiges blondes Haar gebürstet und halbwegs gebändigt, schließlich meine Lippen blassrosa geschminkt und die Wimpern mit schwarzer Wimperntusche betont. Kritisch betrachtete ich mich im Spiegel. Ich sah ein Mädchen, das mit knapp eins fünfzig seit seinem dreizehnten Lebensjahr kaum noch gewachsen war. Dann schlüpfte ich in die höchsten Schuhe, die ich hatte, und stöckelte aus dem Zimmer.

Mein Mann hatte die Vorbereitungen ein wenig amüsiert mitverfolgt. Er sagte, ich sähe großartig aus, und fuhr mich zu dem Pub, wo wir Frauen uns trafen. Doch schon eine Stunde später wand ich mich vor Verlegenheit, während die anderen nach einigen Cocktail-Runden den ganzen Tisch mit offenherzigen Geschichten über den Verlust ihrer Jungfräulichkeit unterhielten. Mit weit aufgerissenen Augen japste die Gruppe nach Luft; man gab sich schockiert. Auf Kommentare wie »O nein! Sag, dass das nicht wahr ist!« folgte hysterisches Gelächter, was die Erzählerinnen nur zu immer derberen Versionen ihrer Geschichten ermutigte. Jede Frau wollte die anderen mit ihren jugendlichen Eskapaden übertreffen.

Hände gestikulierten wild, Wangen wurden immer röter, die Stimmen lauter und schriller. Wieder wurde eine Runde bestellt und auf immer wackeliger werdenden Beinen zum Tisch getragen. Heisere Lachsalven begleiteten die Schilderungen über die hilflos fummelnden Hände unerfahrener Jungen mit rot angelaufenen Köpfen. Ausführlich wurde beschrieben, wie sich lederne Autositze unter nackter Haut angefühlt hatten. Wenn sich eine der Frauen mit einem nostalgischen Lächeln an ihre erste Liebe erinnerte, antworteten die anderen mit einem wehmütigen Seufzen. Mit ausgelassenem Gekreische reagierte die Schar auf das von einem verlegenen Grinsen begleitete Geständnis, sich nur vage an das Ereignis erinnern zu können – den hastigen Akt in der Wohnung eines Fremden nach dem Genuss gewaltiger Alkoholmengen.

Mit feuchten Händen hielt ich mich an meinen Brandyglas fest und hoffte, niemand würde mich zu diesem Thema befragen.

Doch irgendwann erregte meine Zurückhaltung die Aufmerksamkeit der anderen. Dass ich nicht wie sie in detailreichen Erinnerungen schwelgte und diese zur allgemeinen Erheiterung ausbreitete, blieb nicht unbemerkt. »Los, Marianne«, sagte eine. »Raus mit der Sprache!«

»Ja«, sagte eine andere. »Du hast dir jetzt alle unsere Beichten angehört. Wie war dein erstes Mal? Sei nicht so verklemmt.«

Ich sah in erwartungsvolle Gesichter. Wie konnte ich ihnen erklären, dass meine Erinnerungen anders waren? Dass kein unerfahrener Junge sich mit Häkchen und Reißverschlüssen abgemüht hatte? Dass niemand in mein rosiges Teenagergesicht geschaut und mich dann schon nach wenigen Augenblicken mit der Frage zurückgelassen hatte, was daran nun so Besonderes gewesen war? Auch an den ersten zarten Kuss des Mannes, den ich liebte, dachte ich in diesem Augenblick nicht. Ich dachte daran, dass ich acht Jahre alt gewesen war und starr vor Angst.

In meiner Erinnerung wurden meine nackten Beine auseinandergedrückt und meine flache Brust, die noch nicht einmal den Ansatz einer Wölbung zeigte, grob begrapscht. Mein Kinderherz flatterte so wild wie die Flügel eines gefangenen Schmetterlings. Ein schweres Gewicht, kehlige Grunzlaute und die dicke nasse Zunge, die sich in meinen kleinen Mund drängte. Ein Geruch wie nach verrottetem Fisch und dann die schmierige Mischung aus Blut und Schleim auf meinen Beinen. Der Schmerz und die Scham.

Als ich die Frauen anschaute, die gebannt auf meine Antwort warteten, sah ich das »Ding« vor mir, das so rot und böse ausgesehen hatte. Als er es endlich wegnahm, schrumpelte es zu etwas Runzeligem, Hässlichem zusammen. In diesem Augenblick verließ meine zerbrechliche Kinderseele wie ein Gespenst meinen Körper. Sie stieg auf in den Himmel und verschwand für immer aus meinem Blick.

Das war der Tag, an dem meine Welt unterging – die Welt, in der ich das Märchenbuch in meinem Kopf mit der Magie kindlicher Fantasien angefüllt hatte. Diese Seiten voller Bilder, die nur ich selbst sehen konnte, voller tanzender Frösche und verspielter Mäuse, hüpfender Kaninchen und Kinder aus einer anderen Ära, zerfielen zu Staub. Er wurde weggeweht und folgte meiner Kinderseele an einen Ort jenseits des Himmels.

»Es war mit meinem Mann«, antwortete ich leise. »Er war der erste, mit dem ich Liebe gemacht habe.« Und das war die Wahrheit. Was ich für mich behielt, war die Erinnerung an das erste Mal, als ich zum Geschlechtsverkehr gezwungen wurde.

Wenn ich die schrecklichen Geschichten über Kinder und Frauen lese, die missbraucht und vergewaltigt wurden, frage ich mich oft, welches Kind am meisten leidet. Dasjenige, das von einem Fremden überfallen, in einen dunklen Hohlweg oder in ein Auto gezerrt und dann missbraucht wird? Wenn es später mit blutbefleckten Kleidern gefunden wird, zu benommen und schockiert ist, um zu sprechen, ist es bald von Erwachsenen umgeben, die herausfinden wollen, was passiert ist. Die Wahrheit.

Lese ich von solchen Kindern, dann empfinde ich tiefes Mitleid. Ich kann mir die kleinen blassen Gesichter, aus denen Angst, Verwirrung und Scham sprechen, nur zu gut vorstellen. Sind diese Kinder, wie es oft der Fall ist, noch zu jung, um die Geschehnisse beschreiben zu können, dann gibt man ihnen, sobald die äußeren Wunden verheilt sind, Puppen. Mithilfe dieser Puppen können sie sich mitteilen. Sie spielen damit in einem Raum, in dem eine unsichtbar angebrachte Videokamera jede ihrer Bewegungen festhält. Ein Psychologe und ein Sozialpädagoge sehen zu und spenden Trost, wenn kleine Finger die Puppenglieder in eindeutige Positionen bringen, um immer wieder darzustellen, was der böse Mann getan hat.

Im Lauf der Jahre wachsen diese Kinder zu Jugendlichen heran, die sich stets der Blicke bewusst sind, die sie beobachten und nach späten Schäden des Traumas suchen. Bald lesen sie die Zeitungsartikel, in denen gern eine schwierige Kindheit als Grund für späteres kriminelles Verhalten aufgeführt wird. Wie müssen sich diese Kinder dabei fühlen?

Ist das alles schlimmer, als von einem Freund oder Verwandten missbraucht zu werden, dem man vertraute? Schlimmer, als mit der Bürde eines Geheimnisses aufzuwachsen, die für die schmalen Schultern eines Kindes zu schwer ist? Und was ist mit den Kindern, die sich verzweifelt wünschen, sich jemandem anvertrauen zu können, denen das aber nicht möglich ist, weil sie Angst vor dem haben, was passieren könnte, wenn sie es tun?

Die Frage, welches Kind mehr leidet, ist wohl nicht zu beantworten. Aber eines weiß ich genau: Eine Kindheit kann nur einmal sterben.

Der Tag, an dem ich meine für immer verlor, versprach sonnig und warm zu werden.

Geweckt wurde ich von den goldenen Strahlen der Herbstsonne, die auf meinen Augenlidern spielten. Ich blinzelte verschlafen, dann stahl sich ein wohliges Lächeln auf mein Gesicht. Durch das Fenster sah ich, dass die trostlosen grauen Wolken verschwunden waren, die in den letzten Wochen den Himmel verdunkelt und mich im Haus gefangen gehalten hatten. An ihrer Stelle dehnte sich nun endloses strahlendes Blau. Plötzlich war ich hellwach.

Ich warf das Bettzeug beiseite und schlich auf Zehenspitzen zum Fenster. Dabei trat ich so vorsichtig wie möglich auf, damit die Dielen nicht knarrten. Ich wollte meine Mutter nicht wecken.

Es war Samstagmorgen, mein Vater war bereits zur Farm gegangen. Meine Mutter, die sich noch eine Weile ausruhen wollte, bevor er zurückkam und bevor die anderen Kinder wieder ihre ganze Aufmerksamkeit beanspruchten, war wohl noch einmal ins Bett gegangen.

Draußen malte die aufgehende Sonne pinkfarbene Streifen an den wolkenlosen Himmel. Der Tau hatte das Gras, in dem hier und da noch einige Büschel gelben Löwenzahns standen, in einen schimmernden grünen Teppich verwandelt. Die Spinnweben in den Büschen hatte er zu Gebilden aus hauchzarter Spitze gemacht.

Die Schaukel der Nachbarn bewegte sich in der leichten Brise sanft hin und her, so als würde sie von Feenhänden in Schwingung versetzt. Das Gesicht zwischen die Gardinen gedrückt, schaute ich zu, wie die alte, zerzauste Farmkatze unter den Büschen hervorstakste und sich streckte.

In der Ferne sah ich den Dunst, der noch die Felder bedeckte. Es würde ein warmer Tag werden.

Ein zu schöner Tag, um auch nur eine Minute davon zu verpassen, dachte ich. Hastig zog ich mich an.

In dem kleinen Abstellraum neben meinem Zimmer rüttelte mein Bruder an den Stäben seines Kinderbettes. Er hatte mich gehört und hoffte nun, ich würde mich um ihn kümmern. Aber diesmal hatte er Pech. Ohne ihn zu beachten, schlich ich vorsichtig die Treppe hinab. Unten öffnete ich die Haustür und weidete meine Augen am Erwachen dieses in goldenes Sonnenlicht getauchten Herbstmorgens.

Barfuß ging ich in den Garten, spürte das kühle Gras unter den Fußsohlen. Dann breitete ich mit unbefangener kindlicher Freude die Arme aus und drehte mich glücklich im Kreis. Widerstrebend stapfte ich nach einer Weile ins Haus zurück und widmete mich meinen Pflichten.

Ein Blick in die Küche ließ mich die Nase rümpfen. In einem Eimer wurden schmutzige Windeln eingeweicht, auf jeder waagerechten Fläche hatte sich entweder ein Schmierfilm gebildet oder Staub festgesetzt, und das Geschirr vom vorigen Abend stapelte sich noch im Spülstein. Damit würde ich anfangen. Seufzend ließ ich heißes Wasser in eine Schüssel laufen, nahm den Lumpen zur Hand, der als Spüllappen diente, und fing an abzuwaschen. Die Töpfe ließ ich stehen. Sie waren zu schwer für mich.

Aber nichts sollte mir die Freude an diesem schönen Tag verderben. Nicht einmal meine Mutter, die mit zerzaustem Haar und Schlaffalten im Gesicht die Treppe herunterpolterte. Unter einem Arm trug sie das Baby, mit der anderen Hand zerrte sie meinen Bruder hinter sich her, der noch unsicher auf den Beinen war. Ihn zu füttern und anzuziehen überließ sie mir. So schnell wie möglich erledigte ich beides, dann nahm ich ihn mit nach draußen. Meine Mutter setzte sich mit einer Tasse Tee und einer Zigarette an den Küchentisch. Das Baby fütterte sie selbst.

Während ich auf der Treppe saß und Stevie dabei zusah, wie er im Garten spielte, hörte ich plötzlich den Kies knirschen. Ich blinzelte in die tief stehende Sonne und sah, dass der Mann von nebenan sich näherte. Die zwei Hunde, die er sich kürzlich zugelegt hatte, tollten um seine Füße: ein kleiner, rauhaariger weißer Terrier und ein größerer, lebhafter schwarz-gelb gestromter Hund unklarer Abstammung. Die beiden Kinder des Nachbarn wackelten unsicher hinter ihm her.

»Wauwau«, sagte mein Bruder. Strahlend streckte er die Hände nach dem Terrier aus. Der kleine Hund belohnte ihn, indem er ihm mit seiner rauen Zunge das Gesicht ableckte und damit die letzten Krümel des Frühstücks von den rosigen Wangen wischte. Ich wartete gespannt darauf, was der Nachbar von mir wollte.

»Ich dachte, wir könnten später alle zusammen ein Picknick machen«, sagte er. »Einen so schönen Tag darf man nicht vergeuden. Vielleicht ist es der letzte in diesem Herbst.« Ich lächelte glücklich und nickte zustimmend. Ein Picknick bedeutete leckeres Essen und keinen Abwasch.

Er rief meiner Mutter, die sich an ihrer dritten Tasse Tee festhielt, einen fröhlichen Gruß zu und erklärte ihr, seine Frau wolle, dass er ihr die Kinder abnehme, damit sie sich ein bisschen ausruhen könne.

»Marianne und Stevie können gern mitgehen«, sagte er. »Und Sie können zu uns rüberkommen. Dora hat heute nichts vor, sie können sich also zusammen einen schönen Nachmittag machen.«

Dazu brauchte er meine Mutter nicht lange zu überreden. Nicht nur, dass sie dann zwei Mäuler weniger zu stopfen hatte, sie konnte Tee trinken und tratschen, ohne sich nebenher um ein quengelndes Kleinkind kümmern zu müssen. Meine kleine Schwester war noch ein Baby. Selbst wenn sie wach war, würde sie sich auf einer Decke mit einem Fläschchen und einem in Marmelade getauchten Schnuller zufrieden geben.

Ein paar Stunden später kam der Nachbar mit den Kindern und Hunden herüber. Er schleppte einen Korb voller Essen und Limonade. Wir nahmen unseren alten schwarzen Kinderwagen mit, damit wir die drei kleinen Kinder hineinsetzen konnten, falls sie müde wurden. Den Wagen schob ich. So machten wir uns auf den Weg die schmale Landstraße entlang.

Auf dem Feldweg, der zum Teich führte, raschelten unter meinen Füßen rostrote Blätter, die nur wenige Monate zuvor noch Knospen gewesen waren, sich dann entfaltet und die Zweige und Äste der Bäume mit ihrem dichten grünen Laub bedeckt hatten. Selbst wenn die Insekten, die durch die Wärme erwacht waren und uns nun um die Köpfe schwirrten, an diesem Tag den Anschein erweckten, es würde wieder Sommer, sagte mir das Blätterrascheln doch, dass der Winter bereits vor der Tür stand.

Ich schob die Gedanken an kurze Tage und kalte Nächte genauso beiseite wie die Erinnerung an einen im Wald geparkten Wagen und verlassene Häuser, denn dieser Sonnentag war ein Geschenk. Ich machte ein Picknick an meinem Lieblingsort zusammen mit meinem besten Freund. Als könne er meine Gedanken lesen, strahlte der Mann von nebenan mich an, warf mir jenes breite, warme Lächeln zu, bei dem seine Augenwinkel sich kräuselten – dieses Lächeln, von dem ich glaubte, es sei nur für mich reserviert. Eine Welle des Glücks überrollte mich, und ich lächelte zurück.

»Kommt, wir suchen nach Kaninchenlöchern«, sagte er zu den kleineren Kindern, als wir den Teich erreicht hatten. Weil sie nicht verstanden, was er meinte, sahen sie ihn mit leerem Blick an. Er führte sie ein Stück von dem Platz fort, den wir für unser Picknick ausgewählt hatten, und suchte ihnen ein Kaninchenloch, in das sie hineinspähen konnten. Dann erklärte er ihnen, dass Kaninchen – die flauschigen Tiere mit den weißen Quastenschwänzchen – mit ihren Familien normalerweise in diesen Löchern lebten und nicht etwa in Käfigen. Wenn sie Glück hätten, würden sie welche sehen. Aber nur wenn sie sehr leise waren und sich nicht bewegten.

Während sie auf die Kaninchen warteten, sagte er, würden er und ich das Picknick vorbereiten. Ich hätte mir denken können, dass der kleine Vortrag über die Kaninchen nur eine List war, mit der er die Blicke dreier Augenpaare von uns fernhalten wollte. Seine beiden Hunde hätten jedes noch so furchtlose Häslein schon in den Bau zurückgejagt, bevor es auch nur mit den Ohren wackeln konnte. Doch die warme Sonne lullte mich ein und machte mich arglos.

Die drei Kinder konnten sich nicht recht dafür begeistern, abseits des Picknickplatzes in ein leeres Loch zu starren. Deshalb zeigte er auf den Korb. »Wisst ihr, was da drin ist?«

Die drei schüttelten einmütig den Kopf.

»Eiscreme für alle!«

Auf den Kindergesichtern erschien ein breites Grinsen.

»Aber nur, wenn ihr hierbleibt und aufpasst, ob ein Kaninchen herauskommt«, sagte er streng und gab ihnen ein paar Süßigkeiten. Mich nahm er am Ellbogen.

»Komm, Marianne. Wir bereiten alles vor.« Unter seinem harten Griff schien die Wärme des Tages zu verfliegen.

Als er mich an diesem Tag ins Gras drückte, gab es keine Feenküsse. Es gab noch nicht einmal eine vorbereitende Lektion darin, wie Erwachsene küssen. Diesmal lehrte er mich das Wort »vögeln« und fragte mich, ob ich wisse, was es bedeutet.

»Kennst du das Wort?«, fragte er. »Wie dem auch sei, es wird Zeit, dass du verstehst, was das heißt.«

Dann lag sein Arm über meiner Brust, sodass ich mich nicht rühren konnte. »Vögeln« bedeutete, dass meine Unterhose herunter und mein Kleid hochgezogen wurde – dies lernte ich noch im selben Augenblick. Dann lag er auf mir und drücke seinen Mund auf meinen. Damit erstickte er meinen Protest und meine Schreie. Aber der Schmerz blieb. Kleine Steine bohrten sich in meinen Rücken, das struppige Gras scheuerte an meinem Hinterteil. Die Muskeln in meinen Oberschenkeln wurden schmerzhaft gedehnt, und dieses Ding grub sich in mich hinein, bewegte sich hinaus und wieder hinein. An diesem Tag glaubte ich, er würde mich zerreißen, und wenn er fertig wäre, läge Marianne in zwei Teilen im Gras. Dann starrte ich in den tiefblauen Himmel hinauf und hörte, wie er sagte, ich solle mich abwischen. Ich nahm dazu ein Büschel Gras. Es blieb an mir kleben. Ich zog meine Unterhose wieder an.

»Hat dir das gefallen?«, fragte er. »Es bedeutet, dass du nun kein kleines Mädchen mehr bist.«

Für eine Antwort fehlten mir die Worte.

Er schaute in mein Gesicht, über das die Tränen einer verlorenen Kindheit rannen, und nahm mich in die Arme.

»So etwas tun Männer«, flüsterte er. »Sie machen es mit Mädchen, die etwas ganz Besonderes für sie sind.«

Er rief die Kinder von dem Kaninchenloch fort, löffelte das versprochene Eis aus einer Plastikschüssel auf Melaminteller und gab es ihnen. Es war geschmolzen, aber den Kindern war das egal. Sein Arm blieb auf meinen Schultern liegen. Er war sehr schwer, aber ich fand nicht den Mut, ihn abzuschütteln.

Er streichelte meinen Rücken, nannte mich seine kleine Dame und löffelte geschmolzenes Eis in meinem Mund. »Iss«, befahl er mir. Mein Mund öffnete sich, und ich schluckte. Aber hinterher hätte ich nicht sagen können, was ich gegessen hatte. Als wir später nach Hause gingen, schob er die Kleinen im Kinderwagen. Sie waren eingeschlafen. Ich ging hinterher, und bei jedem Schritt, den ich machte, spürte ich den Schmerz an der Stelle zwischen meinen Beinen.

»Na? Hattet ihr ein schönes Picknick?«, fragte meine Mutter. Dass ich nicht sofort begeistert von unserem Ausflug erzählte, schien ihr nicht aufzufallen.

»Ja«, sagte ich nur. Dann ging ich durch die Hintertür zum Klo.

Dort zog ich die Unterhose aus, tauchte sie in die Kloschüssel und rieb damit lange an der Körperstelle, an der er mir wehgetan hatte. Dann wusch ich den Teil der Unterhose aus, der zwischen meinen Beinen lag, spülte die Blutspuren und das weiße Zeug weg und wrang die Hose aus, damit sie so trocken wie möglich wurde. Schließlich zog ich sie wieder an.

Als ich in jener Nacht mit geschlossenen Augen im Bett lag, sah ich eine Frau an einem Strick baumeln. Aber sie hatte kein blondes Haar und kein hübsches Gesicht – ihr Haar war braun und ihr Gesicht sah ich jeden Tag, wenn ich in den Spiegel blickte.

Warum ahnte meine Mutter nicht, was vor sich ging? Warum interessierte es sie offenbar nicht?

Bei diesen Gedanken rollte eine Mischung aus Zorn und Angst durch meinen Körper. Ich setzte mich auf, schob die Decke fort, verschränkte die Arme und begann, mich vor und zurück zu wiegen. Mein Kopf schlug gegen die Wand, und meine Finger zerrten fast ohne mein Zutun an der weichen Unterseite meiner Oberarme. Der Schmerz, der entstand, wenn ich mich zwickte, dämpfte den Zorn. Den Zorn, der die Landschaft in meiner Welt so trostlos machte und die Menschen, mit denen ich zu tun hatte, hassenswert. Ich zwickte und zerrte, immer und immer wieder, und es machte mir nichts aus, dass ich am nächsten Morgen blaue Flecken in der Form meiner Fingerspitzen an den Armen haben würde.

Kapitel 19

Oft habe ich mich gefragt, wie anders vielleicht alles gekommen wäre, wenn Dave nicht gewesen wäre. Aber er trat in unser Leben, und von dem Augenblick an, in dem meine Mutter ihn kennenlernte, veränderte sich die Atmosphäre in unserem Haus. Meine Mutter wirkte abgelenkt, zeigte noch weniger Interesse an mir als sonst. Aus meiner Sicht war sie noch launischer als üblich und mein Vater noch unberechenbarer. Schon beim kleinsten Anlass gab es Streit.

Bevor Dave auftauchte, war der Alltag einige Monate lang recht friedlich verlaufen. Das Geld war nicht ganz so knapp wie früher, und dass sie nebenan eine Freundin hatte, schien meine Mutter zufriedener zu stimmen. Zwar kümmerte sie sich wenig um die Hausarbeit, aber es gab öfter schmackhafte warme Mahlzeiten. Meine Eltern gaben so gut wie kein Geld für neue Möbel, ja nicht einmal für neues Bettzeug aus, doch sie hatten den größten Schwarz-Weiß-Fernseher gekauft, der im Augenblick zu haben war. Der Fernseher, in dem meist Sportsendungen liefen, stand neben dem Kamin und schien die Verlockungen des Pubs für meinen Vater etwas gemildert zu haben.

Vielleicht hatte der Mann von nebenan, ohne es zu ahnen, seinen letzten Schritt genau zum passenden Zeitpunkt gemacht. Die Wirkung war allerdings dieselbe, als hätte er ihn sorgfältig geplant.

Die friedliche Phase in unserem Familienleben näherte sich dem Ende. Als Erstes fiel mir auf, dass mein Vater wieder oft zornig vor sich hinbrütete.

Seine Wutausbrüche kannte ich ja seit meinem dritten Lebensjahr nur allzu gut. Als Auslöser reichten Nichtigkeiten – so als würde sein Jähzorn von einer dunklen Kraft gespeist, über die er keine Kontrolle hatte. Aber als Wochen vergangen waren, ohne dass etwas geschah, gewöhnte ich mich an ihre Abwesenheit.

Dann war die Wut plötzlich wieder da, und die Ausbrüche waren schlimmer als je zuvor. Den Grund dafür kannte ich nicht, doch meine Angst vor meinem Vater kehrte zurück.

Der notdürftig im Zaum gehaltene Zorn zeigte sich in der Art, wie er die Schultern hochzog, wie er ging und sogar wie er aß. Sein Gesichtsausdruck war verstockt, seine Stimme klang gehässig und böse. Ich gab mir die größte Mühe, ihn zu meiden, was leichter wurde, als er die Abende wieder öfter im Pub verbrachte. Wenn ich nachts zusammengerollt im Bett lag, hörte ich seine unsicheren Schritte auf dem Kies, dann das Schlagen der Tür, das Wutgeschrei, oft einen Schlag oder Hieb, das Knarren der Treppe und schließlich die dröhnenden Schnarchgeräusche.

Zu jener Zeit wünschte ich mir sehnlich, dass meine Mutter meine Niedergeschlagenheit bemerkte. Sie sollte mich fragen, was mir fehlte. Doch sie hatte andere Dinge im Kopf; meine Verzweiflung fiel ihr nicht auf. Und so musste ich die schwere Bürde allein tragen.

Ich setzte alles daran, mit dem Nachbarn nicht allein zu sein, erfand Ausreden und sagte, ich müsse schnell nach Hause, meine Mutter brauche Hilfe mit den Kindern. Aber sobald ich mich irgendwie vor ihm in Sicherheit gebracht hatte, ergab sich eine neue brenzlige Situation.

Ich bat meine Mutter inständig, samstags nicht mit Dora einkaufen zu gehen. Denn an Samstagnachmittagen arbeitete der Nachbar nicht. Doch meine Bitte fiel auf taube Ohren.

»Nun sei doch nicht so selbstsüchtig«, sagte meine Mutter ungeduldig, wenn ich protestierte, weil ich mit allen vier kleinen Kindern zu Hause bleiben musste, denn Dora gab ihre Kleinen ebenfalls in meine Obhut. »Du weißt, dass das der einzige Tag ist, an dem wir mal wegkönnen. Und Doras Kinder hast du ja nur, bis ihr Mann herüberkommt und sie abholt.«

Das wusste ich. Und genau das war mir zuwider.

Ganz gleich, wie an diesen Samstagen das Wetter war, ich versuchte, die Kinder im Haus zu halten. Ich hoffte, ihre Gegenwart würde mich schützen, aber das war natürlich nicht der Fall. Kaum saßen die Frauen in dem Bus, der sie zur Stadt brachte, schon öffnete sich die Hintertür, und er stand im Zimmer.

»Ich habe früher Feierabend gemacht«, sagte er mit einem triumphierenden Grinsen.

Sobald die Kinder die offene Tür sahen, flitzten sie hinaus und rannten zu der Schaukel im Garten nebenan. Ich wusste, dass ich nun wieder das Wort »vögeln« hören würde.

»Ihr bleibt draußen im Garten!«, rief er streng hinter den Kindern her. Dann schloss er die Tür ab.

Sein Lieblingsplatz war auf dem Fußboden hinter dem durchgesessenen Sofa. »Dort sieht man uns von den Fenstern aus nicht«, erklärte er, wenn ich mich auf den kalten harten Boden legen musste. Aber ich vermute, dass allein schon diese Unbequemlichkeit für mich zu seinem Vergnügen beitrug.

Meine Mutter hatte mir immer erklärt, ich könne nichts vor ihr verbergen. Sie behauptete, ein einziger Blick in mein Gesicht würde ihr alles sagen, was sie wissen wollte. Deshalb glaubte ich, dass sie immer weniger Zeit für mich hatte, sei meine eigene Schuld. Ich nahm an, sie wusste längst, dass ich etwas sehr Schlimmes tat.

Trotzdem wünschte ich mir noch, sie würde merken, wie sehr mein Leben aus dem Lot war. Sah sie denn nicht, wie deprimiert ich war? Fiel ihr denn nicht auf, dass ich nie laut lachte und nur selten ein Lächeln zustande brachte?

Sie sollte mich fragen, was ich dort machte, wenn ich in die Felder hinausging oder zum Teich. Bemerkte sie denn nicht, wie oft der Nachbar mir folgte? Wunderte sie sich nicht darüber, wie häufig er mich zu sich in die Werkstatt rief?

»Mum ...«, fing ich an.

»Nicht jetzt, Marianne«, antwortete sie immer, und der kleine Funke Mut, der mich vielleicht endlich alles hätte sagen lassen, flackerte und erlosch.

Jedes Mal, wenn der Mann von nebenan mich auf den Feldern abfing oder nach der Schule auf mich wartete, musste ich etwas tun, was ich nicht tun wollte. Meine Schuldgefühle wurden schlimmer, und der Mann von nebenan musste immer weniger fürchten, dass ich jemandem etwas sagen würde. Falls ich Zweifel hatte, dass mich ebenso viel Schuld traf wie ihn, sagte der Nachbar, wenn die Tränen mir die Kehle zuschnürten und ich versuchte, seine Hand wegzuschieben – warum ich dann nicht gleich nach dem ersten Mal zu meiner Mutter gerannt war? »Weißt du, Marianne«, fügte er hinzu, »die Leute werden dir die Schuld geben. Denk nur daran, was mit der hübschen Ruth Ellis passiert ist.«

Jedes Mal, wenn er das sagte, blieb mir vor Angst die Luft weg. In meiner Kehle bildete sich ein faustgroßer Klumpen, der mich am Sprechen hinderte und mich zittern ließ. Ein Klumpen, der sogar mein Wimmern zum Verstummen brachte. Dann legte sich der Arm des Nachbarn um meine Schultern, seine Hände streichelten mein Haar und trösteten mich, während seine Stimme Liebkosungen murmelte und mich einlullte, bis ich mich schließlich beruhigt hatte. Aber nachts, wenn die Lichter aus waren und ich im Dunkeln wach lag, schlichen sich die Erinnerungen daran, was ich getan hatte, wieder in meinen Kopf. Mit ihnen kam das Gefühl von Angst und Einsamkeit. Wenn mir später vor Müdigkeit die Augen zufielen, suchten mich im Schlaf heftige Alpträume heim: von zerbrochenen Puppen mit unnatürlich verrenkten Hälsen, die an einem Strick hin und her baumelten, von riesigen Mündern, die drohten, mich zu ersticken, und von Männern in roten Roben, die mir sagten, ich müsse sterben.

Die Scham verschloss meinen Mund, doch ich kam auf eine andere Idee, meiner Mutter mitzuteilen, dass etwas nicht stimmte. Dann würde sie mich sicher fragen, was los war. Ich schnitt Bilder von Frauen aus Zeitschriften aus, kreiste ihre Brüste und die Stelle unterhalb der Gürtellinie mit bunten Farbstiften ein und legte die Bilder an Stellen, wo sie sie finden musste. Auf der Toilette schob ich sie zwischen die Vierecke aus schwarzweißem Zeitungspapier, legte sie so, dass ihre Buntheit und das glänzende Papier ins Auge stachen. Daran, was mein Vater denken würde oder Dora, wenn sie uns besuchte, dachte ich nicht. Ich wollte einfach nur jemandem mitteilen, was mit mir geschah.

Aber niemand fragte.

Zu dieser Zeit fingen meine Grenzen an zu verwischen. Meine Mutter hatte keine Zeit für mich, die Kinder in der Schule mochten mich nicht, und die Wutausbrüche meines Vaters machten mir Angst. Der Mann von nebenan war der einzige Freund, den ich zu haben glaubte.

Den wahren Grund, warum meine Mutter weniger Zeit für mich hatte, kannte ich damals noch nicht. Ich konnte nicht ahnen, dass nicht ich selbst die Ursache dafür war, sondern eine andere Person, die in ihr Leben getreten war. Zu jener Zeit lag die Verzweiflung wie eine dunkle Decke über mir, die mich einhüllte – ich merkte gar nicht, was um mich herum vorging.

Als ich Dave zum ersten Mal sah, konnte ich nicht wissen, in welches Chaos er uns stürzen würde. Er gehörte zu den Verwaltern der Farm, war Ende dreißig, groß, rothaarig, hatte breite Schultern und gute Manieren. Seine grünen Augen blitzten, er trug stets ein Lächeln auf den Lippen und strahlte eine ruhige Selbstsicherheit aus, die auf Frauen sehr anziehend wirkte. Auf jeden Fall erging es meiner Mutter so, die mit einem Mann verheiratet war, der ihr kaum Beachtung schenkte.

An dem Tag, als Dave zum ersten Mal in unser Haus kam, dachte ich nicht weiter über ihn nach. Er war nur ein Erwachsener, der mich so wie alle anderen fragte, wie es mir ging, und dann an meiner Antwort kein Interesse zeigte. Er hatte meinen Vater von der Arbeit nach Hause gefahren und bekam zum Dank eine Tasse Tee. Das Einzige, was mir an ihm auffiel, war, dass er anders sprach als jeder andere, den ich kannte. Ohne die Stimme zu heben, klang er lauter und sicherer als mein Vater. Als er meiner Mutter für ihre Gastfreundschaft dankte, schien seine Stimme den Raum auszufüllen. Er lobte ihren selbstgebackenen Kuchen und drückte meinem Vater zum Abschied die Hand.

»Prima Kerl.« Als Dave gegangen war, sagte mein Vater ausnahmsweise einmal etwas Positives. »Hat überhaupt keine Allüren. Im Gegensatz zu den hochnäsigen Pinkeln, die auf irgendeiner hochtrabenden Landwirtschaftsakademie waren und glauben, sie wüssten besser als jeder andere, wie man Ackerbau betreibt.«

»Ja, er scheint recht nett zu sein.« Mehr sagte meine Mutter nicht.

Im Laufe der nächsten Wochen sah ich Dave immer öfter. Wenn ich still in einer Ecke saß und mit gesenktem Kopf kleine Kleidungsstücke für meine Puppen strickte, belauschte ich heimlich die Gespräche der Erwachsenen und fand dadurch nach und nach ein wenig mehr über ihn heraus. Er war erst kürzlich in die Gegend gezogen, war verheiratet und hatte zwei kleine Mädchen, die auf dieselbe Schule gingen wie ich. Ich wusste, wer sie waren. Nicht, dass sie je mit mir sprachen, aber hin und wieder sah ich ihn zusammen mit einer hübschen dunkelhaarigen Frau am Schultor warten.

Er fing an, in die Stammkneipe meines Vaters zu gehen, schnallte oft Vaters Fahrrad hinten an seinen Wagen und fuhr ihn nach Hause.

Nach einer Weile fiel mir auf, dass er immer öfter auftauchte, wenn er wusste, dass mein Vater nicht da war. Aber ich war so sehr mit meinen eigenen Problemen beschäftigt, dass mir gar nicht der Gedanke kam, das könne in irgendeiner Weise seltsam sein.

Noch nicht einmal die besondere Sorgfalt, mit der meine Mutter plötzlich auf ihr Aussehen bedacht war, gab mir zu denken. Sie legte Make-up auf, wusch und bürstete sich das Haar und begann sogar, das Wohnzimmer aufzuräumen und zu putzen. Die ständige Unordnung, in der wir hausten, wurde durch das Wegräumen einiger Töpfe und Pfannen zwar nicht gleich wesentlich kleiner. Aber wenigstens waren nun die Arbeitsflächen sauber, und in dem Eimer unter der Spüle stapelten sich keine schmutzigen Windeln mehr.

Als sich Daves Besuche häuften, kam ich zu dem Schluss, dass ich ihn nicht mochte. Mir missfiel, wie sich meine Mutter veränderte, wenn er da war, wie sie ihr Haar zurückwarf und kicherte. Ich mochte die Art nicht, wie er sie ansah; es war, als ob jedes Wort, das sie sagte, für ihn von größter Wichtigkeit sei. Ohne zu wissen, warum, gab ich ihm die Schuld an den wieder häufiger werdenden Wutausbrüchen meines Vaters.

Weshalb musste Dave herkommen, wenn mein Vater nicht da war, und mir die Zeit mit meiner Mutter stehlen? Das fragte ich mich, als er anfing, samstagabends zu erscheinen. Mein Vater war dann immer beim Hunderennen. Vor Daves Besuchen hatte ich diese Abende genossen, denn wenn die jüngeren Kinder im Bett lagen, saßen meine Mutter und ich in kameradschaftliches Schweigen versunken nebeneinander auf dem Sofa und sahen uns im Fernsehen einen alten Film an. Das waren die seltenen Momente, in denen ich mich meiner Mutter nahe fühlte.

Daves Gegenwart in unserem Leben setzte dem ein Ende. Sobald mein Vater fort war, verschwand meine Mutter oben im Schlafzimmer. Eine halbe Stunde später kam sie in einem anderen Kleid zurück. Das Haar, das sie sich normalerweise im Nacken zusammenband, trug sie offen, und sie hatte Make-up aufgelegt. Ich sah, wie sie aus dem Fenster spähte. Wenn ein Lächeln sie dann in eine jüngere, weniger verhärmte Frau verwandelte, wusste ich, dass er da war.

»Schlafenszeit, Marianne. Ab ins Bett mit dir«, sagte sie fröhlich und ohne eine Erklärung, warum ich eine Stunde früher als sonst verschwinden sollte. Voller Groll starrte ich in Daves lächelndes Gesicht, bevor ich trotzig in mein Zimmer hinaufstapfte.

Nach und nach merkte ich, dass nicht nur mir Daves Gegenwart missfiel. Die anfänglich hohe Meinung meines Vaters über ihn verwandelte sich in heftige Abneigung.

»War dieser Dave schon wieder hier?«, fragte er mich nun oft. Beim Lügen wollte ich nicht ertappt werden, doch ich ahnte, dass meine Mutter Ärger bekommen würde, wenn ich Ja sagte. Deshalb murmelte ich nur, solange ich noch wach gewesen sei, sei er nicht hier gewesen. Ich hätte also keine Ahnung. Mit dieser Antwort fing ich mir nur einen langen, ungläubigen Blick von der Seite ein. Einmal sah ich, wie mein Vater den Kies der Einfahrt inspizierte. Er suchte dort nach Ölspuren von Daves Wagen.

»Wenn ich diesen Bastard erwische, wie er hier herumschleicht, bringe ich ihn um«, hörte ich ihn meine Mutter mehr als einmal anschreien.

Ich hoffte, dass mein Vater Dave tatsächlich eines Tages ertappen würde. Dabei glaubte ich nicht, dass er seine Drohung in die Tat umsetzen würde. Aber ich dachte, dann könnte er Dave aus unserem Leben vertreiben, und genau das wünschte ich mir.

Aber zu meiner Bestürzung verlief alles ganz anders, als Dave an einem Abend vorbeikam, an dem mein Vater zu Hause war. Anstelle der Auseinandersetzung, die ich erwartet hatte, bot mein Vater ihm mit einem freundlichen Lächeln eine Tasse Tee an. Damals kannte ich die Worte »Feigling« und »Alpha-Tier« noch nicht.

Kapitel 20

Meine Mutter erwartete wieder ein Kind.

Das zu verstecken, war zwecklos: Mein Vater kannte den Unterschied zwischen ein paar Speckröllchen und einem schwangeren Bauch.

An dem Abend, an dem er es bemerkte, hatte er sich gerade zum Essen hingesetzt. Mit dem Topf in der Hand beugte sich meine Mutter zu ihm, wollte Kartoffeln auf seinen Teller legen. Dabei spannte sich ihr Kleid, das an der Tischkante eingeklemmt war, straff über ihren Körper. In diesem Moment hob er den Blick und fixierte ihren Bauch.

Sein Kopf wurde rot, in seinen Augen glitzerte Wut, und er starrte sie ungläubig an.

»Du verdammte Hure. Das ist von ihm!«, brüllte er und schlug mit den Fäusten auf den Tisch. Der Hass in seiner Stimme erschreckte mich. Eiskalte Schauer liefen mir über den Rücken.

Alle Farbe wich aus dem Gesicht meiner Mutter. Mit zitternden Lippen wollte sie das Wort Nein bilden.

»Lüg mich nicht an, du Nutte! Sieh mich an.«

Aus den Augen meiner Mutter schossen Tränen. »Nein!«, schrie sie und versuchte, zur Tür zu laufen. »Es ist deins!«

Aber er war schneller als sie. Sein Stuhl knallte auf den Boden, das Essen flog hinterher. Er verfolgte sie um den Tisch, packte sie an den Haaren und riss sie herum.

Dann schwang er die Faust über seinen Kopf und schlug pfeilschnell zu. Das Knacken, mit dem sie auf Mutters Wange traf, ließ mich zusammenzucken. Sie hob die Hände, um ihr Gesicht vor weiteren Schlägen zu schützen. Ihre Knie gaben nach, doch seine Hand in ihrem Haar hielt sie aufrecht, während er weiter auf ihren Kopf und ihre Arme eindrosch.

Meine Geschwister schrien vor Angst.

Mein Vater warf meine Mutter zu Boden, beugte sich über sie und prügelte erbarmungslos weiter auf sie ein. Sie war nicht in der Lage, sich zu verteidigen, rollte sich nur zu einer Kugel zusammen, legte die Hände auf den Bauch und flehte ihn leise an, aufzuhören.

In diesem Augenblick zerbrach etwas in mir. Nichts wie weg aus diesem Haus, schoss es mir durch den Kopf. Weg von den brutalen Schlägen, von dem Streit. Nie sollten Kinder gezwungen sein, so etwas mit anzusehen oder zu hören. Ich zerrte meinen Bruder vom Tisch und wuchtete den stämmigen kleinen Jungen mit der Kraft der Verzweiflung in den Kinderwagen. Dann hob ich meine kleine Schwester von ihrem Stuhl und setzte sie zu ihm.

Ich öffnete die Haustür und schob den Kinderwagen hinaus. Nicht zum Nachbarhaus ging ich, wo ich vielleicht Hilfe gefunden hätte, sondern hinaus zur Landstraße. Ohne auf das Geheul der beiden Kinder zu achten, setzte ich entschlossen Fuß vor Fuß.

Es gab nichts, was ich tun konnte. Den Streit meiner Eltern zu beenden war unmöglich. Ich wollte so viel Abstand zwischen sie und mich bringen wie irgend möglich, wollte irgendwo hingehen, wo die Schreie mich nicht erreichten. In diesem Augenblick wünschte ich mir nichts mehr, als dass jemand mich hochhob und in einem Heim wieder absetzte, das vor Sauberkeit nur so blitzte, wo es eine Mutter gab, die mir zuhörte, einen Vater, der lächelte, aber keinen Dave und keinen Mann von nebenan. Wie anders würde mein Leben dann verlaufen! Ich wäre dann ein ganz normales, kleines Mädchen. Es begann zu regnen, aber ich ging trotzdem weiter. Bald rannen die Regentropfen mir zusammen mit den Tränen übers Gesicht.

Plötzlich hörte ich Vater meinen Namen rufen. Als ich mich umwandte, sah ich ihn auf dem Fahrrad wie wild hinter uns herstrampeln. Er hatte uns gesucht.

»Zurück ins Haus mit dir, Marianne.« Diesmal klang seine Stimme ruhig, so als hätte die Wut endlich all seine Kraft aufgezehrt. »Und bring die beiden da mit«, befahl er mir unnötigerweise. Ich bemerkte, dass sein Gesicht genau wie meines nass war von Tränen. Für einen kurzen Moment wollte ich die Hand nach ihm ausstrecken und ihn trösten. Doch dann fiel mein Blick auf seine Hände – die großen Arbeiterhände, die die Lenkstange umfassten. Viel zu oft hatte ich gesehen, wie sie zu Fäusten geballt auf meine Mutter niederprasselten. Mein Mitleid verflog.

Ich starrte ihn an. Dann wendete ich wortlos den Kinderwagen und schob ihn zurück zum Haus.

Die Gesichter der beiden Kinder waren zu tränenfleckigen Masken voller Verwirrung und Angst geworden. Als sie mich so flehentlich anstarrten, spürte ich eine Welle des Hasses. Wie konnten meine Eltern ihnen das antun? Warum hatten sie Kinder, wenn wir ihnen so wenig bedeuteten? Sie denken nur an sich selbst, dachte ich traurig. Die Wut ließ erst nach, als ich meine Mutter zusammengekrümmt auf dem Boden liegen sah.

Ich rannte durch den Garten zum Nachbarhaus und rief nach Dora. Von meinen Schreien alarmiert, riss sie die Tür auf. Verzweifelt krallte ich mich an ihren Arm und bat sie unter angstvollem Schluchzen, mitzukommen. Als der Nachbar den Kopf hob und mich anschaute, sah ich über Doras Schulter hinweg sein weißes Gesicht. Doch dieses eine Mal ignorierte ich ihn. Ich wollte nur zu Mutters Freundin Dora. Sie sollte helfen.

»Was hat dein Vater ihr nur diesmal angetan?«, entfuhr es ihr, als sie meine Mutter reglos auf dem Boden liegen sah. Aber ich konnte nichts tun und nichts sagen, ich stand nur hilflos an ihrer Seite. Dora half meiner Mutter, sich aufs Sofa zu setzen, flößte ihr heißen, süßen Tee ein und schleifte dann die Zinkwanne ins Zimmer. Sie füllte Töpfe mit Wasser, stellte sie auf den Herd und wartete darauf, dass das Wasser warm wurde. Nebenher fütterte sie die beiden verstörten Kinder und brachte sie ins Bett.

Erst als die Zinkwanne mit warmem Wasser gefüllt war, als sie meiner Mutter beim Ausziehen und beim Niedersetzen in der Wanne geholfen hatte, ging sie wieder. Sie erklärte mir genau, was ich tun sollte. Als sie die Tür hinter sich schloss, hatte ich das Gefühl, in die Rolle einer Erwachsenen gedrängt zu werden, die auf irgendeine Weise dabei helfen konnte, die Probleme ihrer Eltern zu lösen.

Ich wollte aus dem Zimmer rennen, um nicht den nackten Körper meiner Mutter in der Wanne sehen zu müssen, aber meine Liebe zu ihr war stärker als der Widerwille. So nahm ich einen Lappen und ließ damit vorsichtig Wasser über ihre Blutergüsse laufen, während sie nur dasaß, die Arme um den Bauch schlang und weinte und weinte.

Mein Vater kam erst nach drei Tagen zurück. Er war unrasiert, roch nach altem Schweiß und Bier. Doch der Zorn, der ihn sonst zu zerfressen schien, war verschwunden. Er wirkte wie gebrochen. Als meine Mutter ihn sah, weinte sie erneut. Große, schimmernde Tränen liefen ihr über die Wangen. Wortlos legte er ihr die Hand auf die Schulter. Und ihre Hand hob sich aus ihrem Schoß und legte sich auf seine.

Dave besuchte uns nie wieder. Manchmal fuhr sein Wagen draußen auf der Landstraße vorbei, und einmal sah ich ihn auf einem Traktor. Er winkte mir zu, aber ich tat, als bemerkte ich ihn nicht. Meine Mutter schaute nun nicht mehr aus dem Fenster. Und das Lächeln, das mir für kurze Zeit die junge, unbeschwerte Frau gezeigt hatte, die sie einmal gewesen war, verschwand und kam nicht wieder zum Vorschein.

Kapitel 21

Es war, als hätte ein Dämon vom Körper meiner Mutter Besitz ergriffen. Eine unirdische Macht, die sich nicht damit zufrieden gab, ihren Leib anschwellen zu lassen, sondern so, als wolle sie sie strafen, Tentakel in jeden anderen Teil ihres Körpers vorschob. Diese Macht saugte die Farbe aus ihrem Gesicht, verwandelte ihr lockiges Haar in glatte Strähnen, ließ ihren Rücken schmerzen und ihre Knöchel anschwellen. Aber noch viel schlimmer war die Übelkeit, die nicht nur am Morgen kam, sondern sie den ganzen Tag über immer wieder würgen ließ. Dieser Zustand änderte sich auch nach Wochen nicht. Sie musste ihn bis zum Tag der Geburt erdulden.

So wie das Näherrücken des Wochenbettes meiner Mutter alle Lebenskraft zu nehmen schien, veränderte es auch meinen Vater. Er wirkte schmaler und müder. Seine Schultern waren nun nicht mehr wütend hochgezogen, sondern hingen resigniert herab.

Nur einmal hörte ich ihn noch Zweifel an der Vaterschaft des Kindes äußern. Meine Mutter saß blass mit einem Kissen im Rücken auf dem Sofa.

»Ganz egal, wie oft du alles abstreitest. Ich glaube trotzdem nicht, dass das Kind von mir ist. So hast du noch nie ausgesehen.« Er seufzte. »Ich erinnere mich an den Tanzabend, an dem wir uns zum ersten Mal begegnet sind. Du warst das hübscheste Mädchen im Saal. Und jetzt sehe ich nur noch deinen dicken Bauch.« Was seine Worte so schmerzhaft machte, war die Traurigkeit, die darin lag.

»Vielleicht hättest du mir das sagen sollen – nur ein einziges Mal. Du hättest mir sagen sollen, dass du mich hübsch findest«, antwortete sie.

»Ja, vielleicht. Aber immerhin habe ich dich geheiratet.« Dann stand er auf und ging zur Tür. Ich wusste, dass er auf dem Weg zum Pub war.

Der Sommer, in dem wir darauf warteten, dass die fremde Macht den Körper meiner Mutter verließ, muss einer der heißesten aller Zeiten gewesen sein. Die brütende Hitze ließ das Gesicht meiner Mutter vor Feuchtigkeit glänzen. Ihr Atem ging stoßweise. Meinen Bruder und meine Schwester machte die Hitze quengelig, und auch mich hielt sie immer mehr im Haus, denn ich musste mich um die Kinder kümmern.

Als meine Mutter im sechsten Monat war, sagte sie, sie sei zu müde für die Samstagsausflüge mit Dora. So war ich ein paar Wochen lang sicher vor dem Nachbarn.

Im September wurde das Baby geboren. Diesmal brachte meine Mutter es im Krankenhaus zur Welt. Mein Vater begleitete sie hin, als die Wehen begannen, ließ sie dort jedoch allein und weigerte sich, sie zu besuchen.

Am nächsten Tag nahm Dora mich mit, und als ich in das Bettchen neben dem Bett meiner Mutter schaute, verschwanden all meine ablehnenden Gefühle dem ungewollten Baby gegenüber. Ich sah keine fremde Macht, ich sah einen zweiten Bruder. Er war so winzig, so hilflos – ich wollte ihn nur in die Arme nehmen. »Erst, wenn er ein bisschen älter ist«, sagte meine Mutter matt, als ich darum bat, ihn herausnehmen zu dürfen. Mehr als einmal hatte ich sie zu Dora sagen hören: »Hoffentlich hat das Baby braune Haare.« Ihr Wunsch hatte sich nicht erfüllt. Der Flaum, der den Kopf des Kleinen bedeckte, leuchtete in einem kräftigen Kupferrot.

»Na? Hast du den kleinen Bastard gesehen?«, fragte mein Vater mich bei meiner Rückkehr.

Ich wusste nicht, was ich darauf antworten sollte. Dass »Bastard« ein hässliches Wort für ein Baby war, konnte ich mir denken. Seine wirkliche Bedeutung kannte ich nicht.

Auf meine Verwirrung ging mein Vater nicht weiter ein. Ihn interessierte nur eines: »Welche Haarfarbe hat er?«

»Rot.«

Ein paar Tage später kam meine Mutter mit dem Baby nach Hause.

»Nenn den Bastard, wie du willst«, sagte er. »Aber gib ihm keinen Namen aus meiner Familie.«

Mutter nannte ihn Jack.

Jack war ein unkompliziertes Kind. Es schien, als spürte er, wie wichtig es war, so still wie möglich zu sein, wenn mein Vater zu Hause war. Er weinte fast nie. Und wenn er es doch einmal tat, hörte ich meinen Vater murmeln: »Halts Maul, du Bastard.« Dann nahm meine Mutter das Kind und hastete mit ihm aus dem Raum. Sein Bettchen wurde in mein Zimmer gestellt, und ich schlief zu seinen schnüffelnden Babygeräuschen ein. Oft wachte ich schon vor der Morgendämmerung auf, wenn meine Mutter hereinschlich und ihn fütterte.

»Ich will deinen Vater nicht stören«, sagte sie dann zu mir. Aber der wahre Grund war, dass mein Vater Jacks Anblick nicht ertrug. Das wusste ich.

Ich hatte beobachtet, wie er sich abwendete, wenn meine Mutter den Kleinen fütterte. Mir fiel auch auf, dass Jack, anders als mein Bruder und meine Schwester zuvor, das Fläschchen bekam und nicht die Brust.

Dass mein Vater den Familienzuwachs nicht ausstehen konnte, war kaum zu übersehen. Doch wie tief seine Abneigung war, erkannte ich erst, als meine Mutter das Baby einmal in meinem Zimmer in sein Bettchen legte, mir sagte, ich solle auf meinen Bruder achten, und fortging. Mein Vater kam früher als erwartet nach Hause.

Ich hörte seine Schritte auf der Treppe und dann ein Geräusch, das mir fremd war. Aus meinem Zimmer ertönte ein Scheppern, gefolgt vom Wimmern eines Babys.

Ich hetzte die Treppe hinauf und fand oben meinen Vater vor, wie er das Bettchen schüttelte. Das Baby war vor Angst rot angelaufen, und es schrie. Mein Vater brüllte: »Halts Maul, Halts Maul! Oder ich sorge dafür, dass dein hübsches Gesicht so blau anläuft wie deine verdammten Augen.«

»Dad«, flehte ich. »Lass ihn in Ruhe.« Plötzlich trat Scham auf die Züge meines Vaters. Er wandte sich ab.

»Du bist noch zu jung, um das zu verstehen, Marianne.«

Er hatte recht.

Ich nahm das weinende Kind aus dem Bettchen, bettete sein Köpfchen an meine Schulter und fixierte meinen Vater.

»Er ist doch nur ein Baby«, sagte ich.

Mein Vater sah zur Seite, dann wandte er sich um und verließ das Zimmer.

Seltsamerweise führte dieser Vorfall eine Veränderung herbei. Zwar machte Jacks Gegenwart meinen Vater nicht glücklich, aber er schien sich langsam mit dem Kind abzufinden.

Einer der seltenen Besuche seiner Mutter veränderte seine Einstellung zu dem Kind schließlich von Grund auf. War der Kleine zuvor allenfalls geduldet worden, so durfte er von jenem Tag an auf seinem Knie sitzen.

»Er sieht genauso aus wie du als Baby«, sagte seine Mutter mit dem Anflug eines nostalgischen Lächelns.

»Wie bitte? Red nicht so daher. Ich hatte niemals rotes Haar.«

»Nein. Aber dein Großvater, bevor er eine Glatze bekam«, sagte sie.

Später hörte ich ihn ein Wort sagen, das ich von ihm kaum kannte. »Entschuldige.«

Meine Mutter gab daraufhin zu, dass Daves Aufmerksamkeit ihr geschmeichelt habe, dass aber nie mehr zwischen ihnen gewesen sei als ein harmloser Flirt. Mein Vater schien sich damit zufrieden zu geben. Ein paar Monate später war sie wieder schwanger.

Kapitel 22

Wenn ich auf die Zeit zwischen meinem siebten und meinem dreizehnten Lebensjahr zurückblicke, sehe ich nur einen Wust aus Verletzungen und Verwirrung.

Der Mann von nebenan war mein Freund und mein Peiniger zugleich. Als ich älter wurde, tat er nicht mehr, als wäre ich etwas Besonderes für ihn. Auch die Zärtlichkeit und Fürsorge, mit der er mein siebenjähriges Herz für sich gewonnen hatte, verschwanden fast völlig. Er nannte mich nun nicht mehr seine kleine Dame. Ich war einfach nur Marianne.

Nur wenn er wieder einmal das Gefühl hatte, ihm entgleite die Kontrolle über mich und er müsse sie wiedererlangen, streichelte er mich sanft oder raunte mir zärtliche Worte ins Ohr. Doch das geschah immer erst, nachdem er mich dazu gebracht hatte, etwas zu tun, was ich nicht tun wollte.

Feenküsse gab es längst nicht mehr. Es gab nur mich, das dünne Kind mit hochgezogenem Kleid und heruntergezogener Unterhose, das sich hinlegte, wo immer der Mann von nebenan es befahl. Auf den Küchenboden, den Rücksitz seines Wagens und manchmal in ein Feld.

Ich bekam meine Periode. Gleichzeitig fingen meine Brüste an zu wachsen.

Er drückte sie gern, bis es wehtat.

»Süße kleine Knospen hast du da.« Dann lachte er schnaubend. Mir waren die Veränderungen meines Körpers peinlich. Mit einem ärgerlichen Ruck entzog ich mich seinem Griff.

Wann immer ich in das Gesicht sah, das mich früher so gewinnend angelächelt hatte, mich nun aber mit einem spöttischen Grinsen fixierte, sehnte ich mich nach jenen frühen Tagen, in denen er mir das Gefühl von Sicherheit und Geborgenheit gegeben hatte. Ich dachte, alles wäre meine Schuld. Irgendetwas, was ich getan hatte, hatte ihn verändert. Immer wieder fragte ich mich, was es sein könnte.

Im Laufe der Jahre wuchs meine Angst – die Angst, sein Missfallen zu erregen, und die Angst, wieder allein zu sein.

Plötzlich schien es mir, als ob seine Kinder, die früher nur Teil der Gruppe gewesen waren, die er als »die Kleinen« bezeichnete, zu Persönlichkeiten heranwuchsen, die seine Zeit und seine Zuneigung für sich beanspruchten. Als Erstes bemerkte ich diese Veränderung an seiner Tochter. Aus dem Kleinkind, das ich im Laufstall hatte sitzen sehen, war eine reizende kleine Vierjährige geworden, mit dichten dunklen Locken und samtbraunen Augen.

»Hochheben, Daddy«, hörte ich sie sagen, wenn sie ihm die kleinen Arme entgegenreckte. Mit dem strahlenden Lächeln, von dem ich einst geglaubt hatte, es sei für mich reserviert, beugte er sich dann hinab, hob sie mit Schwung auf seine Schultern und rannte mit ihr durch den Garten, bis sie vor Wonne lachte und quietschte.

»Daddys Mädchen«, nannte er sie. Oft sah ich ihnen vom Fenster aus zu, und es gab mir einen Stich, ihn so mit seiner Familie zu erleben.

Seine beiden Kinder wurden auf die Schaukel gesetzt, sanft angestoßen oder im Auto durch die Gegend gefahren, während ich zu Hause auf meine eigenen drei Geschwister aufpassen musste. Manchmal kam er mit Geschenken an, und ich beobachtete, wie seine Kinder das Papier abrissen. Seine Tochter bekam die sehnsüchtig erwartete blonde Barbiepuppe, der Sohn die neuesten Modellautos. Die beiden stopften sich die Wangen mit Süßigkeiten voll, und sie beschmierten sich die Kleider mit Eis am Stiel.

Manchmal, wenn er den Kindern zuschaute, stand Dora neben ihm. Dann legte er den Arm um ihre Taille und sah sich zu mir um, als hätte er mit einem sechsten Sinn gespürt, dass ich ihn beobachtete. Trafen sich unsere Blicke in solchen Momenten, so verzog er den Mund zu einem spöttischen Grinsen, bevor er mit einem leichten Schulterzucken wieder fortschaute, Dora die Hand auf das Hinterteil legte und es tätschelte.

Der Nachbar und Dora baten mich hin und wieder, auf ihre Kinder aufzupassen, denn Dora wurde ausgeführt. Zum Geburtstag, zum Hochzeitstag, manchmal auch ohne besonderen Grund. Er sagte, er wolle ihr einfach eine Freude bereiten. Dabei legte er den Arm um ihre Schultern und sah gleichzeitig mir in die Augen. »Hast du heute Abend schon etwas vor, Marianne?«, fragte er dann. Natürlich wusste er genau, dass dies mit Sicherheit nicht der Fall war. Wenn ich dann Nein sagte, antwortete er: »Könntest du vielleicht unser Babysitter sein?«

»Oh danke, Marianne. Ich weiß gar nicht, was wir ohne dich täten«, fügte Dora hinzu, bevor ich überhaupt mein Einverständnis gegeben hatte. »Nimm dir einfach zu essen, was du magst, und sieh fern.« Dann nannte sie mir die Uhrzeit, zu der ich herüberkommen sollte. Immer lag dieser Zeitpunkt weit vor ihrem Aufbruch.

An diesen Abenden schaute ich zu, wie Dora ihr Make-up auflegte, sich mit Parfüm einsprühte und ihren engen Rock zurechtzupfte. Das Haarteil, das in meinen Augen einem kleinen Nagetier ähnelte, wurde vom Ständer genommen und sorgfältig auf ihrem Kopf festgesteckt. Modisch gekleidet und adrett drehte sie sich vor dem Spiegel. Und immer fragte sie mich dann: »Na, Marianne, wie sehe ich aus?«

»Sehr hübsch«, sagte ich. Anschließend sah ich mit an, wie der Mann, der mich zwang, Geschlechtsverkehr mit ihm zu haben, seine Frau auf den Hals küsste, sie am Arm nahm und aus der Tür zum Wagen führte.

Kapitel 23

Gelegentlich war ich bei den Ausflügen dabei, die der Nachbar mit seinen Kindern unternahm. Aber wirklich genau erinnere ich mich nur an einen.

Er nahm den älteren meiner Brüder und mich zusammen mit seinen Kindern mit ans Meer. Dora und meine Mutter machten es sich bei ihm zu Hause gemütlich.

Es war einer jener windstillen, heißen Tage, an denen die Sonne tief am Himmel stand und nicht der kleinste Windhauch zu spüren war. Ein perfekter Tag für eine Fahrt ans Meer, meinte er.

Im Auto war es warm, die Jungen quengelten, und ich fühlte mich erbärmlich. Er hatte gesagt, wir sollten unsere Badesachen mitnehmen, doch mein Badeanzug war uralt und zu klein für meinen sich entwickelnden Körper. Er spannte über meinen winzigen Brüsten, und ich wollte nicht, dass alle Leute meine Brustwarzen sahen, wenn er nass wurde. Außerdem begannen an meinem Körper Haare zu sprießen, und ich fürchtete, dass sie seitlich aus dem Höschen des Badeanzugs lugen würden und dass jemand das bemerkte. Aber damit nicht genug. Zu allem Überfluss behandelte der Mann von nebenan mich auch noch so, als sei ich für ihn nicht mehr wichtig.

An diesem Tag saß an meiner Stelle seine Tochter auf dem Beifahrersitz. Ich musste mit den kleinen Jungen hinten Platz nehmen.

Was hatte ich getan? Warum benahm er sich mir gegenüber nun so anders? Seine Hand streichelte den Kopf der Vierjährigen. Auf das Geplapper ihrer kindlich hohen Stimme antwortete er mit einem tiefen, leisen Murmeln. Als er sie seine »kleine Prinzessin« nannte, spürte ich ein seltsames Kribbeln im Nacken.

Früher hatte er mir das Gefühl gegeben, etwas Besonderes zu sein, hatte mich neben sich sitzen lassen und sich mein Klein-Mädchen-Geschnatter angehört. Er hatte mir sanft übers Haar gestrichen und mich seine kleine Dame genannt. Aber jetzt saß seine Tochter da, wo ich immer gesessen hatte, und er schenkte ihr seine ganze Aufmerksamkeit.

Missmutig rutschte ich auf dem Rücksitz hin und her. Als ich aufschaute, trafen sich unsere Blicke im Rückspiegel. Spöttisch sah er mich an, und ich wusste, dass all meine Gedanken, jede Sorge, die ich geheimhalten wollte, gut sichtbar vor ihm ausgebreitet lag.

Ich wandte mich ab. Für den Rest der einstündigen Fahrt drückte ich mein erhitztes Gesicht an das kühle Fenster und tat, als interessiere ich mich brennend für die vorbeiziehende Landschaft. Dass er heimlich über mich lachte, wusste ich jetzt. Ich wusste nur nicht, warum.

Als das Meer in Sicht kam, packten mich die Jungen aufgeregt am Arm. Kaum stand der Wagen, schon drängten sie hinaus.

Wir zogen die Schuhe aus, spazierten durch den Sand und wateten in das klare, in der Sonne schillernde Wasser. Eine Zeit lang ließ mich die Wärme unter meinen Füßen und das Platschen der Wellen gegen meine Beine die Sorgen vergessen, die an mir nagten.

Am Strand gab es Esel, ein Ritt kostete Sixpence. Der Mann von nebenan fischte ein Zweischillingstück aus der Tasche, und wir drehten eine Runde.

Er kaufte uns riesige Eistüten, und die Kleinen bekleckerten sich fürchterlich. Die heiße Sonne schmolz das Eis und ließ es durch ihre Finger tropfen.

Irgendwann an diesem Nachmittag sah ich den Leierkastenmann. Das tragbare Instrument hing an einem breiten Lederriemen um seinen Hals. Er spielte gerade eine beliebte Melodie, erfüllte die Sommerluft mit ihrem beschwingten Klang.

Ich spürte die Hand des Nachbarn an meinem Ellbogen. »Sieh mal.« Er zeigte auf den kleinen Affen auf der Schulter des Musikanten. Um uns bildete sich eine Menschentraube, die von der Musik angelockt wurde, aber auch von dem kleinen Äffchen, das eine Blechbüchse schüttelte und für seinen Besitzer Münzen einsammelte.

Das Tierchen trug einen gelbroten Anzug. So fröhliche Farben für einen bemitleidenswerten kleinen Gefangenen, dachte ich bei mir.

Das Äffchen und ich schauten einander an. In der Tiefe seines Blicks erkannte ich eine Mischung aus Hoffnungslosigkeit und Resignation. Die anderen Menschen sahen nicht, was ich sah. Sie zeigten mit den Fingern auf das Tier, ließen Münzen in die Dose fallen und lachten. Ich wusste, dass außer mir niemand darüber nachdachte, warum das äußerlich glücklich scheinende Äffchen eine Kette um den Hals tragen musste, die es unbarmherzig an seinen Besitzer fesselte.

Der Griff des Nachbarn wurde fester. Sein Daumen rieb leicht über die weiche Innenseite meines Arms.

»Was fehlt dir denn, kleine Dame?«, fragte er.

»Nichts«, gab ich zurück. Er kannte die Antwort auf diese Frage besser als ich selbst.

»Auf dem Rückweg solltest du lieber vorn bei mir sitzen«, sagte er. »Dann geht es dir sicher bald besser.«

Das Traurige war, dass er recht hatte.

Die Zeit verging, ohne dass sich in meinem Leben viel veränderte.

Jack war erst ein paar Monate alt, als mein Vater uns informierte, dass Dave weggezogen sei. »Hat irgendwo oben im Norden eine neue Stelle.« Mehr sagte er nicht. Es war das letzte Mal, dass ich in unserem Haus Daves Namen hörte. Jack war nun als Familienmitglied voll akzeptiert. Mein Vater sagte hin und wieder sogar stolz »meine Söhne«.

Er trank nicht mehr ganz so oft und ganz so viel, was meine Mutter glücklicher scheinen ließ. Aber ich blieb dennoch misstrauisch, denn es gab Zeiten, in denen die Verlockungen des Pubs erneut übermächtig wurden. Dann hörte ich es wieder, das Wutgebrüll, gefolgt von den Schreien und dem Wimmern meiner Mutter. Meist zeigten ihre Schmerzlaute das Ende seiner Wutausbrüche an.

Aber als ich meiner Mutter einmal sagte, wie sehr mein Vater mich einerseits mit seinem Jähzorn und seiner Bitterkeit ängstigte und mich andererseits wütend machte, versuchte sie zu meinem Erstaunen, sein Verhalten zu rechtfertigen.

»Ach, sei nicht so streng mit ihm, Marianne«, sagte sie. »Eine so schwere Kindheit wie seine hätte jeden Menschen verbittert.«

»Wie bitte?« Ich konnte es nicht glauben. »Seine Schwestern scheinen doch recht nett zu sein, und Großmutter ist auch freundlich, obwohl sie eigentlich auf uns herabschaut.«

Bei dieser Bemerkung seufzte meine Mutter. Sie sagte, dass die Dinge nicht immer so gewesen waren, wie sie sich mir jetzt darstellten und dass es vieles gab, was ich nicht wusste. Dann erzählte sie mir von der Kindheit meines Vaters und davon, wie seine frühen Jahre verlaufen waren.

»Seine Mutter, deine freundliche alte Großmutter mit all ihrem vornehmen Getue, war nicht immer so wie heute«, sagte sie. »Es gab eine Zeit, Marianne, in der sich die ganze Stadt über sie das Maul zerriss. Als sie ihr erstes Kind bekam – deinen Vater – war sie noch ein blutjunges Mädchen. Ein Ehemann war weit und breit nicht in Sicht. Doch sie dachte nicht daran, die Stadt zu verlassen, wie anständige Mädchen es damals taten, wenn sie unversehens schwanger wurden. Sie lief ganz ungeniert mit ihrem dicken Bauch herum.«

Ich riss die Augen auf. Diesen Familientratsch hörte ich zum ersten Mal. Normalerweise behandelte meine Mutter mich immer noch wie ein kleines Mädchen und nicht wie jemanden, dem man skandalöse Geschichten erzählte. Aber dies war eine jener seltenen Gelegenheiten, bei denen sie mich wie eine Erwachsene ansah.

»Und was ist dann passiert, Mum?« Ich versuchte, mir die Aufregung nicht anmerken zu lassen. Diese ungeahnten Eröffnungen fand ich sehr interessant.

»Nicht viel. Aber zum allgemeinen Erstaunen erlaubte ihre Mutter, dass das Baby blieb. Man munkelte, es handle sich um das Kind eines reichen Mannes und dass Geld geflossen sei. Aber dein Vater weiß bis heute nichts Genaues. Kaum hatte deine Großmutter ihn zur Welt gebracht, war sie auch schon weg. Damals kümmerte sich seine Großmutter um ihn. Und sie war alles andere als liebevoll. Hat ihn immer spüren lassen, dass er für sie eine Schande war. Sie glaubte an die Redensart ‚Die Rute geschont, heißt das Kind verwöhnt'. Oft schlug sie ihn aus nichtigen Gründen grün und blau.«

Meine Mutter hielt inne. Sicher sah sie in diesem Augenblick meinen Vater als kleinen Jungen vor sich, wie er sich duckte und zusammenkauerte, um dem Zorn seiner Großmutter zu entgehen. Dann sprach sie weiter. »Jedenfalls lebte er bei dieser bösen alten Frau, bis seine Mutter schließlich heiratete. Aber der Schaden war bereits angerichtet. Er hat seiner Mutter nie wirklich verziehen, dass sie ihn so lange der Obhut der bösen alten Frau überließ. Aber eines muss man ihm lassen: Als ich mit dir schwanger war, hat er mich geheiratet. Seiner Mutter passte das überhaupt nicht. Aber er stand damals zu mir.«

So sehr meine Mutter sich auch mühte, eine Entschuldigung für den Jähzorn und die Gewalttätigkeit meines Vaters zu finden – mir selbst gelang das nicht. Das Bild, wie sie immer wieder mit geschwollenem Gesicht und blutendem Mund auf dem Fußboden lag, hatte sich in meine Erinnerung eingebrannt. Ich fand, wer das Gefühl kannte, unglücklich zu sein und in Angst und Schrecken versetzt zu werden, sollte nicht anderen Menschen dieselben Qualen zufügen.

Obwohl das Gespräch nicht bewirkte, dass ich meinen Vater in einem besseren Licht sah, bestätigte es doch, was ich immer vermutet hatte – ich war alles andere als ein Wunschkind gewesen.

Vielleicht war meine schwangere Mutter anfangs froh und erleichtert, als mein Vater ihr anbot, sie zu heiraten. Doch dieses Glück war von kurzer Dauer gewesen. Nur allzu bald hatte sie feststellen müssen, dass ihr Mann ihr vorwarf, ihm eine Falle gestellt zu haben, dass er sich in einer Ehe gefangen fühlte, die er nicht gewollt hatte.

Als meine Mutter erkennen musste, um wie viel verlockender ein Abend im Pub für ihn war als ein Abend mit ihr, gab sie wiederum mir die Schuld an ihrer Einsamkeit und an seiner ablehnenden Haltung ihr gegenüber. Das wurde mir nun bewusst.

Nach diesen Eröffnungen versuchte ich, meinen Vater mit anderen Augen zu sehen. Ich gab mir alle Mühe, mir den verängstigten kleinen Jungen vorzustellen, dem man die Schuld für die Verfehlungen seiner Mutter zuschob. Aber ich sah immer nur einen Mann mittleren Alters vor mir, der sein eigenes Heim wie ein Tyrann regierte und Angst und Schrecken verbreitete.

Meine Einstellung zu meinem Vater änderte sich zwar durch dieses Gespräch nicht. Aber es erfüllte einen anderen Zweck: Es zeigte mir deutlich, dass das, was der Mann von nebenan und ich taten, falsch war. War meine Großmutter nicht beinahe aus der Stadt gejagt worden, als sichtbar wurde, dass sie vor der Ehe mit einem Mann geschlafen hatte? Und selbst wenn sich die Einstellung zu diesen Dingen beinahe vierzig Jahre später doch deutlich verändert hatte, musste ich mir nur meine Mutter ansehen. Noch immer sprachen sie und viele andere über solche Vorkommnisse nur hinter vorgehaltener Hand.

Nachdem ich diese Skandalgeschichte gehört hatte, versuchte ich, dem Nachbarn zu sagen, dass ich das alles nicht mehr mitmachen wollte.

Er lachte, nahm mein Gesicht zwischen seine Hände und zwang mich, ihn anzusehen.

»Pass auf, Marianne. Willst du wirklich, dass ich mir eine andere suche?«, fragte er mich spöttisch. »Du weißt doch, was das für dich bedeuten würde.«

Ich wusste es nur zu gut. Ich würde wieder einsam sein.

Zu viele Jahre waren vergangen, als dass ich mich noch daran erinnert hätte, wie es sich anfühlte, frei zu sein und einen eigenen Willen zu haben.

»Wie auch immer«, fuhr er fort. Er spürte, dass er gewonnen hatte, wollte aber ein für alle Mal klarstellen, wer von uns beiden das Sagen hatte. »Ich glaube sowieso, du warst beim ersten Mal gar keine Jungfrau mehr. Eine richtige Jungfrau, die es noch nie zuvor gemacht hat, blutet ziemlich heftig. Aber das war bei dir nicht der Fall. Du hast nicht geblutet.«

Was das Wort »Jungfrau« bedeutete, wusste ich nicht genau. Aber an der Art, wie er es sagte, glaubte ich, ablesen zu können, dass es wichtig war, eine zu sein. Ich wich seinem Blick aus und murmelte, dass ich durchaus ein bisschen geblutet und Schmerzen gehabt hätte.

»Trotzdem, Marianne. Ich glaube, du hast schon vor mir mit Jungen herumgemacht.«

Tränen stiegen mir in die Augen. Ich schüttelte energisch den Kopf.

Nun sagte er plötzlich, er würde mir glauben, wischte mir die Tränen ab und nahm mich in den Arm. Wieder spürte ich die Wärme und Geborgenheit, die ich früher in seiner Gegenwart immer empfunden hatte. Dieses Gefühl umfing mich für den Rest des Tages, denn er zwang mich diesmal nicht, Dinge zu tun, die mir zuwider waren. Er fuhr mich nur nach Hause.

Als ich das nächste Mal versuchte, mich ihm zu verweigern, versuchte er nicht, mich in frotzelndem Ton umzustimmen. Stattdessen wich das Lächeln aus seinen Augen. Die Kälte in seiner Stimme verriet seinen Ärger und seine Ungeduld.

»Sei kein dummes kleines Mädchen.«

Mit geballten Fäusten nahm ich all meinen Mut zusammen. »Ich werde verraten, was du mit mir machst«, gab ich zurück.

In seinen Augen flackerte Zorn auf und seine Lippen wurden schmal. Dann packte er mich an den Schultern. Anstatt mich zu streicheln, schüttelte er mich, um damit seiner Drohung Nachdruck zu verleihen.

»Hast du die schöne Frau vergessen, deren Bild ich dir gezeigt habe? Vergessen, was mit ihr geschehen ist?«, zischte er. »Für so etwas hat man sie aufgehängt! Wie oft muss ich dir noch sagen, dass du bei mir sicher bist? Ich habe nie zugelassen, dass dir etwas zustößt, und das ist nun der Dank dafür.«

Die Tatsache, dass all diese Akte von ihm ausgegangen waren, kam mir damals weder in den Kopf, noch hätte ich dieses Wissen irgendwie in Worte fassen können. Eine Kombination aus Verzweiflung und Hilflosigkeit ließ mich verstummen. Ich drückte mich an die Wagentür, lehnte mein Gesicht an die Scheibe und wandte den Blick ab. Er schlang die Arme um mich. Aber diesmal gab es keine zärtlichen Worte, kein tröstendes Streicheln. Nur seine barschen geflüsterten Anweisungen. Ich landete auf seinem Schoß, meine Kindertränen benetzten seine Schulter, und ich ballte die Hände zu Fäusten, als er sich in mich drängte.

Ich wollte keine Flecken in der Unterhose und diesen Geruch nicht an meinem Körper haben. Er sah mir zu, wie ich mich abwischte. »Marianne«, sagte er. »Das machen Männer mit Mädchen, die sie mögen. Und sie tun es, wann immer sie wollen. Du möchtest doch nicht, dass ich aufhöre, dich gern zu haben?«

»Nein«, flüsterte ich. Ich hatte Angst davor, seinen Schutz zu verlieren, und Angst vor einer Welt, in der noch ein weiterer

Mensch mich als wertlos betrachtete – als jemanden, der keine Liebe verdiente.

Nach der Schule hörte ich immer wieder, wie sein Wagen sich näherte, hörte, wie seine Stimme mich rief. Im Handschuhfach lagen nun keine Süßigkeiten mehr für mich. Es gab nur ihn und mich in einem geparkten Wagen im Wald. Seine Hand drückte meinen Kopf nach unten in seinen Schoß. So zwang er mich jedes Mal aufs Neue, noch einen Akt zu begehen, den ich widerlich fand. Oft lag ich auf der langen Rückbank des Wagens, die Füße in den weißen Socken und Schulschuhen links und rechts von ihm, während er sich in mich drängte.

Wieder begannen die Sommerferien, doch die Picknicks am Teich hatten ihren Zauber verloren. Ich hatte im Frühjahr keinen Froschlaich gesammelt, konnte also jetzt nicht nach kleinen Schützlingen Ausschau halten. Auch hatte ich keine Geschichten über reizende, kleine tierische Kreaturen mehr im Kopf. Warme Tage bedeuteten für mich nur noch, dass ich auf dem Rücken lag. Er sah sich dann mit einem gehetzten Blick um, wollte sichergehen, dass uns niemand beobachtete. Dann schob er mein Kleid hoch, spuckte in seine Hände, um mich schlüpfrig zu machen, und drang schnell und brutal in mich ein. Meist spielten die anderen Kinder nur wenige Schritte entfernt.

An Tagen, an denen sich die Sonne hinter den Wolken verbarg, fragte er meine Mutter, ob ich ihm in der Werkstatt helfen könne. Ich sollte ihm die Schraubenschlüssel anreichen.

»Soll ich nicht lieber dabei helfen? Ich könnte das auch!«, scherzte sie immer, wenn sie lächelnd ihr Einverständnis gab. Und jedes Mal sagte sie, ich dürfe nicht zu lange wegbleiben, als spräche sie damit eine Drohung aus.

War ich erst einmal in der Werkstatt, wo der Übelkeit erregende Geruch von Motorenöl mir in die Nase stieg, drückte er mich an die Wand und drang in mich ein. »Standfick«, nannte er das, was wir da taten.

Die Monate vergingen. Im Schlaf sah ich sein Gesicht, hörte seine Stimme und erwachte mit dem Gedanken daran, wozu er mich wieder gezwungen hatte. Ich wollte, dass mein Leben sich änderte, wollte, dass das aufhörte. Doch das Gefühl der Machtlosigkeit machte mir die Glieder schwer und benebelte meinen Kopf.

Meine schulischen Leistungen litten. Die verstörenden Bilder verfolgten mich nicht nur im Schlaf, sondern auch in den Stunden, in denen ich wach war. Ich konnte mich nicht auf den Unterricht konzentrieren. Mein ganzer Kummer führte dazu, dass ich fast immer unaufmerksam war. Die Lehrerinnen ärgerten sich zunehmend über mich.

»Marianne, hörst du eigentlich ein einziges Wort, von dem, was ich sage?« Diese Frage stellten sie häufig, obwohl sie die Antwort eigentlich kannten.

»Ich höre Sie, Miss.«

Kopfschütteln war die Reaktion. Dann wurde mir zackig eine Frage gestellt, die ich natürlich nicht beantworten konnte.

Es folgte ein ungeduldiges Schnauben. Meine Klassenkameraden kicherten, und ich spürte, wie ich rot wurde. Aber so sehr ich auch versuchte, mich auf den Unterricht zu konzentrieren, immer wieder wanderten meine Gedanken zurück zu ihm.

»Ob er wohl nach der Schule auf mich wartet?«, überlegte ich jeden Tag. Die Vorfreude darauf, ihn zu sehen, wich stets dem Schrecken vor dem Moment, in dem er den Wagen in einen Waldweg steuerte.

Die Hausaufgaben zu erledigen wurde immer schwieriger. Nicht nur, dass ich von den Unterrichtsstunden fast nichts mitbekam, auch meine lärmenden Geschwister lenkten mich ab.

Doch weitere Veränderungen ließen nicht lange auf sich warten. Zunächst erklärte meine Mutter ein paar Monate vor meinem dreizehnten Geburtstag, sie sei wieder schwanger. Und dann blieb plötzlich meine Periode aus. Ich stellte mir vor, all das noch einmal durchzumachen, was ich gerade erst zu verarbeiten begann.

Kapitel 24

Ich schloss die Augen, kniff sie so fest zu, wie ich es als Kind getan hatte, wenn ich nicht in Tränen ausbrechen und gleichzeitig die Erwachsenenwelt aussperren wollte.

Ich wusste, dass ich mich jetzt mit meiner Geschichte auseinandersetzen musste. Aber noch immer wollte ich die Bilder lieber wegschieben.

Der Brief, der am Morgen gekommen war, lag geöffnet auf dem Couchtisch. Er hatte die alten, sorgsam vergrabenen Erinnerungen wieder geweckt. Vor langer Zeit hatte ich sie in einen Winkel meines Gedächtnisses verbannt, aber nun waren sie Stück für Stück wieder mitten in meine Gedanken gekrochen.

Als die Post kam, hatte ich mit einer Scheibe Toast in der Hand und einer Tasse frisch aufgebrühtem Kaffee am Frühstückstisch gesessen. Mein Mann war schon zur Arbeit gegangen. Er hatte unsere beiden Söhne mitgenommen, und ich genoss die friedvolle Stille im Haus.

Das Klappern des Briefschlitzes und ein gedämpfter Aufprall auf der Matte in der Diele hatten die Ankunft des Briefes angekündigt.

Wieder eine Rechnung oder lästige Reklamepost, dachte ich. Aber die Neugier ließ mich in die Diele gehen.

Ich hielt einen schlichten weißen Umschlag in der Hand, auf dem in einer mir unbekannten Handschrift mein Name stand.

Bedächtig schob ich den Finger unter die zugeklebte Umschlagklappe. Dann zog ich zwei Blätter Schreibpapier heraus.

Hätte ich diesen Brief, wenn ich seinen Inhalt gekannt hätte, auch so beiläufig geöffnet? Hätte ich ihn ungeduldig aufgerissen oder vielleicht feige für alle Zeiten verschlossen gelassen? Ich weiß es nicht. Aber ich faltete die Seiten ohne Hast auseinander, legte sie vor mich hin und las den ersten Satz.

Es waren nur sechs Worte; sechs Worte, die mir entgegensprangen und mir sprichwörtlich den Atem raubten. Ich musste mich hinsetzen.

»Ich glaube, du bist meine Mutter.«

Hatte ich eine Vorahnung gehabt, vielleicht sogar den stillen Wunsch, dass dies eines Tages geschehen würde?

Vielleicht. Trotzdem begannen meine Hände zu zittern, und während ich weiterlas, drehte sich die in hellen Farben gestrichene Küche um mich.

»Ich verstehe«, stand weiter in dem Brief, »warum du mich zur Adoption freigegeben hast.«

»Nein, tust du nicht«, flüsterte ich dem hübschen Schreibpapier zu. »Tust du nicht.«

Meine Augen überflogen hastig den Rest des Briefes, bis sie beim letzten Satz angelangten.

»Ich will dein Leben nicht durcheinanderbringen, aber ich hoffe, du erlaubst mir, dich zu besuchen.« Meine Tochter hatte mich gefunden und mir geschrieben.

Sanft strichen meine Finger über die Seiten, während ich versuchte, mir die Frau vorzustellen, die meine Tochter jetzt war. Durch den simplen Akt der Berührung dessen, was sie erst kürzlich in der Hand gehalten hatte, spürte ich, wie die Kluft der Jahre des Getrenntseins schmaler wurde.

»Wer bist du jetzt?«, fragte ich stumm. »Zu was für einem Menschen ist das kleine Baby herangewachsen, das ich fünfundzwanzig Jahre lang nicht gesehen habe?«

Eine weitere Frage schoss mir durch den Kopf: Wie lange wusste meine Tochter schon von mir?

»Ich verstehe besser als du, weshalb du mir geschrieben hast«, flüsterte ich ihrer Gegenwart zu, die ich beim Blick auf diese Seiten spüren konnte. »Du hast Fragen, auf die du gern eine Antwort haben möchtest. Und ich kann mir denken, wie sie lauten werden. Habe ich dich damals geliebt? Habe ich dich leichten Herzens weggegeben oder voller Sorge? Habe ich, als ich mein Leben ohne dich weiterführte, an dich gedacht? Das ist es doch, was du gerne wissen möchtest. Oh«, fuhr ich fort, »als ich merkte, dass ich schwanger war, wollte ich meinen Körper von seiner Bürde befreien. Wollte, dass er wieder mir gehörte, und wünschte mir, dass der Eindringling mich verließ, der sich darin eingenistet hatte. Aber als du dann in mir gewachsen bist, und immer wenn ich deine Bewegungen spürte, wenn dein winziger Fuß mich trat, empfand ich tiefe Liebe für dich. Aus irgendeinem Grund wusste ich von Anfang an, dass du ein Mädchen warst. Ich hatte sogar schon einen Namen für dich.

Als der Arzt wenige Augenblicke, bevor ich deinen ersten Schrei hörte, die Nabelschnur durchtrennte, wurde das unsichtbare Band, das doch so stark ist, als bestünde es aus gehärtetem Stahl, noch stärker und verknüpfte dich mit mir.

Als du zum ersten Mal sanft in meine Arme gelegt wurdest, waren alle Anstrengungen und Schmerzen vergessen, mit denen ich dich in die Welt gepresst hatte. Ich betrachtete hingerissen deinen flaumbedeckten Kopf, der in meiner Armbeuge lag. Ich bestaunte die Wölbung deiner runden Wangen und die pinkfarbenen Ohren – so zart, dass sie mich an winzige, vom Meer reingewaschene Muscheln erinnerten. Deine Augen waren geschlossen, versteckt unter den Lidern, die fast durchscheinend wirkten. Und die ersten Worte, die mir in den Kopf kamen, waren, ‚mein Baby'. Diese Worte blieben in meinem Gedächtnis haften, obwohl du für mich verloren warst. ‚Wie klein du bist', dachte ich. ‚Aber wie vollkommen.' Meine Finger malten Kreise auf deinen Rücken, erforschten deinen Körper. Ich spürte all die kleinen Erhebungen deines Rückgrats, atmete deinen Duft ein und lauschte dem leisen Seufzen deines Atems. Ich war überwältigt von einem grenzenlosen Gefühl der Liebe.

In den sechs Wochen, in denen du mir gehörtest, hielt ich jeden Tag deinen kleinen Körper, sog den warmen Babygeruch, diese Mischung aus Puder, Milch und aus dem Duft deiner Haut in mir auf. Ich spürte deinen Herzschlag nahe an meinem. Und jeden Tag fragte ich mich tausend Mal: ‚Wie kann ich sie je gehen lassen? Sie gehört mir.'

‚Du musst sie gehen lassen, damit sie ein besseres Leben hat, als du es ihr bieten kannst. Du weißt, es ist zu ihrem Besten', war die strenge Antwort der Schwestern, wenn ich ihnen Abend für Abend unter Tränen diese Frage stellte.

Die Tage vergingen viel zu schnell. Jeden Morgen, wenn ich aufwachte, wusste ich, dass meine Zeit mit dir sich dem Ende zuneigte. ‚Sie erkennt mich', dachte ich manchmal, wenn deine Augen, die ihr Gegenüber noch nicht fixieren konnten, meinen Blick erwiderten, wenn kleine rosafarbene Finger mit winzigen Nägeln sich um meine Finger schlossen.

Du hattest zugenommen. Ich sah, wie dein Bäuchlein von der Milch, die ich dir gab, runder wurde, betrachtete jedes Mal, wenn ich dich badete, die Grübchen in deinen Gliedern. Ich wollte dich den ganzen Tag lang nur festhalten. Und jeden Abend, wenn ich dich sanft in den Schlaf wiegte, flüsterte ich dir ins Ohr, wie sehr ich dich liebte. Diese Liebe wollte ich dir mitgeben, wo immer du hingehen würdest.

Am zweiundvierzigsten Tag gab ich dich fort.«

War das leicht?

Während ich über die Antwort auf diese Frage nachdachte, begannen die Tränen zu fließen. Ich war plötzlich nicht mehr Marianne, eine glücklich verheiratete Frau von fast vierzig Jahren, sondern der Teenager von früher – das Mädchen, das mit seinem Baby auf dem Arm in der Adoptionsagentur stand.

Ich hatte meiner Tochter schöne Kleider angezogen, denn ich wollte, dass sie hübsch aussah, wenn sie ihre neuen Eltern kennenlernte. Sie sollten sie gleich so sehr lieben, wie ich es tat.

An diesem Tag schmiegte sie sich so perfekt in meinen Arm, dass ich mich verzweifelt fragte, wie es sich anfühlen würde, wenn sie mir für immer genommen wurde.

Wer würde sie füttern? Wie war ihre neue Mutter? Diese Fragen drehten sich in meinem Kopf im Kreis. Die Leiterin der Adoptionsagentur trat mir entschlossen entgegen, wollte meine Tochter nehmen. Das musste sie schon viele Male getan haben, und sie muss die Qualen gekannt haben, die ich durchlitt. In diesem Augenblick spürte ich den überwältigenden Drang, dieses Kind festzuhalten und mit ihm wegzulaufen. Ich wollte es für immer bei mir behalten. Stattdessen hielt ich der Frau mein Baby hin und ließ zu, dass sie es nahm. Denn es gab keinen Ort, an den ich hätte fliehen können.

»An diesem Tag verlor ich einen Teil von mir selbst«, sagte ich dem Geist meiner Tochter. »Das war das Schwerste, was ich je im Leben tun musste. Aber ich traf diese Entscheidung aus Liebe und nicht, weil ich dich nicht haben wollte.

Ob ich an dich gedacht habe? An jedem einzelnen Tag. Ich habe mich gefragt, wo du bist, wie du dich entwickelt hast, und ich habe gebetet, dass du glücklich bist und es gut hast. Und jedes Jahr an deinem Geburtstag empfinde ich dieselbe überwältigende Trauer wie an dem Tag, an dem ich dich verlor.«

Es heißt, die Zeit heilt alle Wunden. Ich aber würde eher sagen, dass die Zeit lediglich die Vergangenheit verwischen lässt. Als ob Erinnerungen kleine Stoffstücke wären, färbte ich die glücklichen in den fröhlichen Farben des Frühjahrs und der Sonne und fügte sie zu einer großen Patchwork-Decke zusammen. Die anderen Stoffstücke, manche so dunkel wie Sturmwolken an einem Gewitterhimmel, steckte ich hinter die bunten, sodass sie fast nicht mehr zu sehen waren. Ohne zu merken, wann das geschah, liefen die Farben nach und nach ineinander und verwandelten meine Vergangenheit in ein Gemälde aus ruhigeren Tönen.

Dennoch gab es Tage, an denen ich die winzigen Pfeile nicht abwehren konnte, die in das Gift der Melancholie getaucht waren. Sie bohrten sich in meinen Geist. Die Traurigkeit und die Erinnerung an meinen Verlust wollten mich dann fast erdrücken. In dem Moment konnte ich auch die Fragen nicht beiseiteschieben, wo du warst und wie dein Leben wohl verlief.

Und ich weiß, dass es noch eine Frage gibt, auf die du gern eine Antwort hättest – eine Antwort, die du nicht auf deiner Geburtsurkunde findest. »Nein, es ist nicht mein Leben«, flüsterte ich und trank einen Schluck von dem inzwischen kalt gewordenen Kaffee. »Es ist deines, das Gefahr läuft, zerstört zu werden, wenn du die Wahrheit erfährst.«

»Und was ist mit dir?« Ich stellte die eine Frage, auf die ich mir eine Antwort wünschte. »Wirst du, wenn wir uns treffen, das Mädchen verstehen können, das ich damals war? Ein Mädchen aus einer anderen Zeit, das nicht dieselben Möglichkeiten hatte wie deine Generation heute? Oder wirst du mich so sehen, wie ich jetzt bin? Glücklich verheiratet, mit einer Familie und einem Leben, aus dem du ausgeschlossen wurdest?«

Gegen meinen Willen spürte ich, wie die Kraft der Vergangenheit mich beinahe drei Jahrzehnte zurückversetzte, bis ich das Bild einer verängstigten Dreizehnjährigen vor mir sah. Mein Bild.

Kapitel 25

Ich stand im Wohnzimmer meiner Eltern, wo die einst hübsch tapezierten Wände nun feuchte Flecken hatten, wo sich der Geruch von kalt gewordenem Essen und muffigem Schweiß mit dem scharfen Ammoniakgestank der schmutzigen Windeln mischte, die sich in einem Metalleimer stapelten.

Mein Bauch stand grotesk von meinem schmalen Körper ab, mein Rücken schmerzte, und in meinem Herzen wohnte in diesem Augenblick nur ein einziges Gefühl: Angst. Vor mir stand eine Sozialarbeiterin mit hartem Blick, eine Frau Anfang dreißig in einem marineblauen Trenchcoat und einem grauen Faltenrock. Die Schule hatte sie auf meinen Zustand aufmerksam gemacht. Vor ein paar Minuten hatte sie an die Tür geklopft.

Sie gab sich keine Mühe, die angewiderte Grimasse zu verbergen, die sich auf ihr ungeschminktes Gesicht stahl, während sie den Blick durch den Raum schweifen ließ.

Das Frühstücksgeschirr stand noch auf dem Tisch. Mit Ei bekleckste Teller und eine Zeitung voller Fettflecken waren noch nicht weggeräumt. Auf dem Boden lagen überall Brotkrümel.

Sämtliche Arbeitsflächen der Küche waren mit eingetrockneten Resten von Flüssigkeiten aller Art bedeckt. Klumpen von Teeblättern hingen an den Seiten des Spülsteins, während auf dem Abtropfbrett neben den Tassen mit den unzähligen Macken ein schmutziger pinkfarbener Plastikkamm voller dunkler Haare lag.

Mein größerer Bruder und meine Schwester waren in der Schule, während das jüngste Kind, ein rothaariger Junge von fast drei

Jahren, noch in dem Pyjama, in dem er immer schlief, auf dem Boden saß. Ohne unsere Besucherin zu beachten, beschäftigte er sich weiter mit den Gegenständen, die in diesem Haus als Spielsachen herhalten mussten: einem schmutzigen Lumpen, einer zerbrochenen Puppe und einem rostigen Spielzeugauto.

Der Bauch meiner Mutter war jetzt, beim fünften Kind, gewaltiger als meiner. Sie betrachtete die Sozialarbeiterin und mich mit Augen, denen die Jahre der Mühsal und der Enttäuschungen jeden Funken Leben genommen hatten. Die Schwangerschaften und eine gewisse Nachlässigkeit hatten ihren einstmals schlanken Körper in die Breite gehen lassen – den Körper, der ihr vor ihrer überstürzten Heirat viel männliche Bewunderung eingebracht hatte. Ihre schlaffen Brüste zeichneten sich unter einem fleckigen Pullover ab. Einen Büstenhalter trug sie nicht. Unter der weißen Haut ihrer Waden schlängelten sich verdickte blaue Venen; die geschwollenen Füße steckten in Filzpantoffeln.

Ich beobachtete, wie sich die Sozialarbeiterin stumm ein Bild von den erbärmlichen Zuständen in unserem Zuhause machte, und sah mit plötzlicher, schmerzhafter Klarheit, was auch sie sehen musste: ein verdrecktes Zimmer, eine schwangere Dreizehnjährige mit einer Schlampe von Mutter und einem Trunkenbold von Vater. Ein weiterer aussichtsloser und trauriger Fall – einer von vielen – in den Akten einer überarbeiteten Sachbearbeiterin.

Die vielen Blutergüsse am Körper meiner Mutter, die von einer neuerlichen Prügelattacke stammten, blieben ihr verborgen.

Niemals hatte sie die Verzweiflung meiner Mutter an den Tagen miterlebt, an denen mein Vater trank und das Haushaltsgeld verspielte. Dann konnte sie uns kein Essen auf den Tisch stellen. Auch die Schreie meiner Mutter hatte sie nie gehört, wenn mein Vater, vom Alkohol benebelt, die Kontrolle über sich verlor und keinen klaren Gedanken mehr fassen konnte.

Die Sozialarbeiterin mit ihrem vor der Tür geparkten Auto und einer Arbeitsstelle, die sie unabhängig machte, hätte kaum verstehen können, wie die Jahre voller bitterer Armut und Misshandlungen dieser ehemals attraktiven Frau jeden letzten Rest von Stolz genommen hatten. Sie sah nur die verwahrloste Schlampe mit den fettigen Haaren, die die Szene, die sich vor ihr abspielte, völlig gleichgültig betrachtete.

Auf dem Kaminsims stand ein Foto, das meine Eltern in jungen Jahren zeigte. Plötzlich wünschte ich mir, dass die Sozialarbeiterin es sich anschaute. Sie sollte wissen, dass meine Mutter einmal ganz anders ausgesehen hatte. Früher war sie hübsch gewesen. Mit einem strahlenden Lächeln und der Zuversicht, dass das Leben Gutes mit ihr vorhatte.

Stattdessen spürte ich vor allem die Ungeduld der Sozialarbeiterin. Sie wollte so schnell wie möglich wieder fort. Aber zuvor musste sie mir noch eine wichtige Frage stellen. Ich konnte nicht ahnen, dass die Maßnahmen, die sie bezüglich meiner Zukunft in die Wege leiten würde, von meiner Antwort abhingen. Ich spürte nur ihre missbilligende Ablehnung.

»Wer ist der Vater?«

Die Wahrheit blieb mir in der Kehle stecken. Die Angst verwandelte sich in einen harten Klumpen, der nicht nur meine Stimme erstickte, sondern mir auch den Atem nahm.

Mein Mund öffnete sich, schloss sich und öffnete sich wieder, bis ich schließlich dieselben vier Worte wiederholte, die ich der Rektorin gesagt hatte.

»Ich weiß es nicht.«

Damit wandte sich die Frau an meine Mutter und erklärte ihr in knappen Worten, dass sie mich in einem Heim für unverheiratete Mütter unterbringen würde.

»Außerdem leiten wir die Adoption des Kindes in die Wege«, sagte sie. Ich spürte, wie mir bei dieser unverblümten Ankündigung die Tränen in die Augen stiegen. Das Baby gehörte mir! Aber mir war klar, dass ich zu jung war, um irgendwelche Rechte einfordern zu können.

Zwei Monate später kam die Sozialarbeiterin wieder und brachte mich in das Heim.

Ich sah meine Mutter an, hoffte auf ein einziges Wort des Trostes – ein Wort, das in irgendeiner Weise Liebe ausdrückte, ein wenig Verständnis. Doch sie wich meinem Blick aus. Stattdessen klemmte sie sich ihre Zigarette in den Mundwinkel, bückte sich und hob den kleinen rothaarigen Jungen vom Fußboden auf.

»Ich muss ihn umziehen«, erklärte sie unnötigerweise. Damit wandte sie sich ab.

Ich griff nach dem abgewetzten Koffer mit einer Garnitur Kleider zum Wechseln und meinem ausgeleierten Nachthemd. Dann folgte ich der Frau im Trenchcoat zu ihrem Wagen.

Erst viel später fiel mir auf, was ich als Dreizehnjährige gar nicht bemerkt hatte: Nie hatte meine Mutter mir die eine Frage gestellt, die meine Rektorin und die Sozialarbeiterin für so wichtig hielten: »Wer ist der Vater?«

Kapitel 26

Ich blinzelte heftig. Das Bild des verschmutzten Raumes und das Gefühl, von der Sozialarbeiterin tief verachtet zu werden, verschwanden. Ich kehrte aus meinen Erinnerungen in die Gegenwart zurück, befand mich wieder in meiner schönen, sauberen Küche in Weiß und Edelstahl.

Ich nahm den Brief noch einmal zur Hand. Meine Tochter hatte nicht nur ihre Adresse, sondern auch ihre Telefonnummer daraufgeschrieben. Vermutlich wollte sie mich auf diese Weise wissen lassen, dass sie meinen Anruf erwartete.

Sie hatte geschrieben, mich aufzuspüren, hätte viele Jahre gedauert. Mit der Suche hatte sie begonnen, als sie ein Kind bekam, denn ihre Tochter sollte ihre biologische Großmutter kennenlernen. Die Schwangerschaft und die Geburt hatten ihr die vielen unbeantworteten Fragen über ihre eigene Herkunft wieder ins Bewusstsein gerufen.

Tief in Gedanken versunken faltete ich den Brief zusammen und steckte ihn wieder in den Umschlag. Aber die Worte auf den Seiten hallten unaufhörlich durch meinen Kopf. Hatte ich die Stille im Haus noch vor wenigen Augenblicken als friedvoll empfunden, so fand ich sie jetzt bedrückend. Ich wollte, dass sie sich mit dem Klang fröhlich plappernder Stimmen füllte.

»Wie wird sich der Inhalt dieses Briefes auf meine Ehe auswirken?«, fragte ich mich an jenem Morgen.

»Dein Mann liebt dich.« Das versicherte mir eine innere Stimme. Aber der Hauch des Zweifels, der in jedem von uns wohnt, ließ sich nicht unterdrücken. »Ja, er liebt mich. Er liebt seine Familie und diese Ehe. Aber hält seine Liebe auch das hier aus?«

Ich schaltete den Wasserkocher an, goss mir frischen Kaffee auf, nahm den tröstlich warmen Becher in beide Hände und trug ihn ins Wohnzimmer. Dann saß ich auf dem Sofa und überließ mich wieder den Gedanken an meine Vergangenheit. Seit dieser Brief gekommen war, war sie mir wieder sehr nahe gerückt.

In der Schule hatten wir die Entstehung des Lebens behandelt, und diese eine Unterrichtsstunde hatte ich von Anfang bis Ende mit großer Aufmerksamkeit verfolgt. Dabei wusste ich längst, wie Babys gemacht wurden. Als meine Periode einsetzte, hatte der Mann von nebenan gesagt, er würde sich um ‚die Sache' kümmern.

Er hatte behauptet, es gäbe nur eine ganz bestimmte Zeit im Monat, in der ein Mädchen schwanger werden könne. Damals hatte ich ihm geglaubt. Aber mir war klar, was es bedeutete, wenn zwei Perioden nacheinander ausblieben.

Ich sagte es ihm.

Inbrünstig hoffte ich auf Verständnis, eine Umarmung, gefolgt von dem Versprechen, dass er sich um mich kümmern würde. Ich hoffte auf zärtliche Worte, mit denen er mir sagte, alles würde gut. Aber kaum hatte ich meine Angst in Worte gefasst, schon lag diese Hoffnung in Scherben.

Seine Hände umfassten das Lenkrad so fest, dass die Knöchel weiß wurden. In seinen Augen flackerte Zorn.

»Woher willst du wissen, dass es von mir ist?«, fragte er gehässig.

Ich brach in Tränen aus, sagte, es hätte nie einen anderen gegeben. Aber er sah mich nur an, als wäre ich eine hassenswerte Kreatur.

»Halt bloß den Mund, Marianne. Verstanden? Und lass dir nicht einfallen, irgendwelche Lügen über mich zu verbreiten.«

»Mein Dad …«, fing ich an.

»Dein Dad? Was soll mit dem sein? Damals, als er deiner Mutter vorwarf, dein kleiner Bruder sei nicht von ihm – was hat er da gemacht? Dave spazierte seelenruhig durch die Gegend. Und wer kassierte die Prügel? Deine arme schwangere Mutter. Also überleg es dir gut, Marianne. Wenn du redest, machst du alles noch schlimmer, als es sowieso schon ist. Und wer wird wohl die Schläge einstecken? Ich sicher nicht.

Nein, falls deine Periode nicht doch noch kommt, sagst du einfach, du hättest mit den Jungs von der Schule rumgemacht und du wüsstest nicht, welcher dir das Balg angehängt hat.«

»Aber das habe ich doch gar nicht getan«, protestierte ich. Heiße Tränen strömten mir über die Wangen.

»Pass auf, dass du dir nicht ganz großen Ärger einhandelst. Laut Gesetz darfst du nämlich in deinem Alter keinen Sex mit jemandem über sechzehn haben. Aber genau das hast du getan. Deshalb sagst du einfach, du wüsstest nicht, von wem es ist. Aber nur für den Fall, dass deine Periode tatsächlich weiterhin ausbleibt. Wobei ich nicht einmal glaube, dass dich viele Leute danach fragen werden.«

Er sollte recht behalten.

Kapitel 27

Dora kam nur selten zu uns herüber. Ich hatte nie groß darüber nachgedacht und einfach nur vermutet, dass sie lieber in ihrem eigenen sauberen, aufgeräumten Haus war. Aber an dem Morgen, als meine Mutter beschloss, mich nach meiner Periode zu fragen, saß sie ebenfalls am Küchentisch.

Auf dem Tisch stand eine Kanne Tee. Die anderen Kinder spielten draußen mit den Spielsachen, die Dora für sie herübergebracht hatte, und Jack lag mit einem schmuddeligen Schnuller im Mund auf einer Decke auf dem Boden. Sprechen konnte er noch immer nicht. Er gluckste leise vor sich hin, während er versuchte, mit seinen Patschhändchen die Sonnenstrahlen einzufangen, die auf dem Fußboden tanzten.

»Komm, setz dich zu uns, Marianne«, sagte Dora. Mir rutschte das Herz in die Hose. Ich kannte den Unterschied zwischen einer Einladung und einer Aufforderung. Und der Ton, in dem sie mit mir sprach, deutete darauf hin, dass dies keine normale Unterhaltung werden würde.

Weil mir keine Ausrede einfiel, schob ich den üblichen unordentlichen Haufen aus Windeln, Gummihosen und einer Haarbürste von einem Stuhl, setzte mich stumm und wartete ab, was die beiden mir wohl sagen wollten.

Sie kamen schnell zur Sache.

»Sag mal, Marianne, wo hast du eigentlich in den letzten Wochen die Binden hingetan? Warum hast du sie mir nicht zum Verbrennen gegeben?«, fragte meine Mutter. Mir wurde noch viel übler, als es mir ohnehin schon war, und ich spürte die bohrenden Blicke von vier weiblichen Augen.

Ich wand mich unter ihrem Druck, blieb aber still.

»Antworte deiner Mutter, Marianne«, sagte Dora streng.

Was geht dich das eigentlich an?, protestierte eine leise Stimme in mir. In diesem Augenblick wurde mir klar, dass dieser Besuch mit der Absicht geplant worden war, mich zu befragen.

»Bei meiner letzten Periode habe ich sie dir gegeben«, antwortete ich. Die zwei Frauen sahen einander vielsagend an.

Ich wollte vom Tisch aufstehen und hinausrennen, irgendwohin – nur nicht mehr im selben Zimmer sein wie diese beiden Anklägerinnen. Ich wollte ihre Fragen nicht beantworten. Selbst als ich mit dem Mann von nebenan gesprochen hatte, hatte ich die Dinge nicht wirklich beim Namen genannt. Davor hatte ich zu große Angst. Ich hatte das Wort in den hintersten Winkel meiner Gedanken verbannt, und ich wusste, nun würde es hervorgezerrt werden: ‚schwanger'. Aber das war doch nicht möglich. Meine Hände wurden feucht, der Mund war trocken. Ich starrte auf die Tischplatte.

Mein Schweigen hing eine ganze Weile im Raum. Dora sprach schließlich als Erste.

»Deine Mutter hat gesagt, das sei bereits vor etlichen Wochen gewesen.« Wieder fragte die leise Stimme in meinem Kopf, warum sie das Wort führte und nicht meine Mutter. Aber ich blieb stumm.

»Weißt du was, Marianne«, sagte sie, als ihr klar wurde, dass sie aus mir nichts herausbekommen würde, »komm später zu mir herüber. Ich werde versuchen, dir zu helfen. So lange keine Periode zu haben, ist nicht gesund.«

Ich spürte eine Welle der Hoffnung. Wenn sie doch nur bewerkstelligen konnte, was sie andeutete, und mir eine Regelblutung verschaffen würde! Aber die quälende Sorge, die mich nie losließ, blieb auch jetzt.

Meine Mutter wich meinem Blick aus, und als Dora ging, stand sie sofort auf und räumte die Tassen ab. Sie wollte ganz eindeutig einem Gespräch aus dem Weg gehen. Dabei hätte ich gern etwas gesagt und wünschte mir sehnlich, dass sie mit mir sprach. Aber sie beschäftigte sich mit Jack, bückte sich zu ihm hinab, sodass ihr das Haar über die Wangen fiel und ich ihren Gesichtsausdruck nicht lesen konnte.

»Mum?« Das Schweigen hatte sich so lange hingezogen, dass ich davon nur noch nervöser wurde. »Ich gehe zu Dora. In Ordnung?«

Sie nickte nur, und ich konnte ihr Gesicht noch immer nicht sehen. Mir fiel auf, dass sie mich diesmal gar nicht fragte, wie lange ich wegbleiben würde, und dass sie mir meine beiden älteren Geschwister nicht mitgab.

Ich betrat Doras Wohnzimmer. Dora verhielt sich ganz und gar nicht so, dass mir unbehaglich zumute werden musste. Sie war dieselbe freundliche Person wie immer. Wie weggeblasen schien die Strenge, die sie am Küchentisch meiner Mutter gezeigt hatte. Sie lächelte breit und bat mich freundlich, mich aufs Sofa zu legen, damit sie meinen Bauch ‚ein wenig abtasten' konnte.

Überzeugt, dass sie nur mein Bestes wollte, legte ich mich gehorsam hin. Den Kopf stützte ich auf die eine Armlehne, die Füße auf die andere. Mein Kleid klemmte unter meinen Beinen fest.

»Komm schon, Mar«, schmeichelte sie. »So kann ich nicht feststellen, was dir fehlt. Lass uns deinen Rock hochziehen.« Ihre Hände zogen ihn mir rasch bis zur Taille hinauf. Sie ließ die Finger über meinen Bauch gleiten, betastete mich konzentriert. Zum ersten Mal fielen mir die dunklen Ansätze ihres blonden Haars auf, die Krähenfüße um ihre Augen und die Raucherfalten um ihren Mund. In ihren Zügen lag eine Härte, die ich vorher nie bemerkt hatte. Und plötzlich dachte ich, eine Fremde vor mir zu haben. Eine Person, die ich zwar vor Jahren zum ersten Mal gesehen, aber nie wirklich kennengelernt hatte.

»Also schön, Marianne«, sagte sie schließlich. »Ich glaube, ich weiß, was dein Problem ist. Ich habe etwas, das dir helfen wird.« Sie sagte, ich solle liegen bleiben, und ging in die Küche. Dort hörte ich Töpfe klappern. Ein Schrank wurde geöffnet und wieder geschlossen, und nach einer Zeitspanne, die mir unendlich schien, kam sie mit einem Tablett wieder zurück. Als ich sah, was darauf lag, fing ich an zu zittern. Nicht dass ich gewusst hätte, was sie vorhatte, ich fand nur die Gegenstände auf dem Tablett widerwärtig. Neben einem aufgerollten schwarzen Gummischlauch mit einem Trichter an einem Ende stand ein Krug, aus dem Dampf aufstieg. Daneben lag ein roter Ballon. Sie stellte das Tablett ab, zog eine Decke vom Sofa und breitete sie auf dem Fußboden aus.

»Damit das hier funktioniert, wirst du dich auf den Boden legen müssen«, sagte sie. Noch immer erklärte sie mir nicht, was sie vorhatte.

Ich tat, was sie sagte, sah sie dabei aber nervös an. »Einen Augenblick.« Sie ging zur Haustür, schloss sie ab, zog die Gardinen zu und löschte das Licht.

»Diesmal heißt es, Unterhose runter«, sagte sie so leichthin, als läge ich jeden Tag halbnackt auf ihrem Fußboden. Ich wand mich aus meiner Unterhose, versuchte aber verzweifelt, mit dem Rock meine Blöße zu bedecken.

»Nun sei doch nicht so albern und prüde«, sagte Dora lachend. Wieder zog sie mir den Rock bis zur Taille hoch.

»Herrje, Mar! Ich wusste gar nicht, dass du untenherum schon so erwachsen bist!«, rief sie. Sie schob mir ein Kissen unters Hinterteil und drückte meine Beine auseinander. Ich wand mich vor Verlegenheit und Scham.

»Es tut nicht weh. Lieg einfach ganz still.« Zu meinem grenzenlosen Entsetzen nahm sie den Schlauch zur Hand und führte ihn in mich ein. Und bevor ich wusste, wie mir geschah, goss sie das warme Seifenwasser aus dem Krug in den Trichter. Ich spürte, wie die Flüssigkeit in mich hineinlief.

In diesem Augenblick wich das Lächeln auf ihrem Gesicht grimmiger Entschlossenheit. Sie würde zu Ende führen, was sie begonnen hatte.

»Wir müssen das, was sich dort drin befindet, auswaschen.« Was dieses Etwas war, sagte sie nicht. »Es verhindert, dass du deine Periode bekommst.«

Unwillkürlich erschien vor meinem geistigen Auge ein Bild dessen, was vielleicht in mir war. Ich sah ein sehr kleines Baby – ein Baby, dessen winzige Gliedmaßen nun verzweifelt um sich schlugen, weil es in dem Wasser ertrank, das in meinen Körper gegossen wurde. Die kleinen Kätzchen in dem Sack fielen mir wieder ein, und ich bebte vor Angst und Entsetzen.

Ich wollte Dora sagen, sie solle aufhören. Aber es war schon zu spät. Der Krug war leer. Dora stopfte weitere Kissen unter meine Beine und befahl mir, so lange wie möglich still zu liegen.

»Je länger das Wasser in dir bleibt, desto größer ist die Chance, dass es funktioniert«, sagte sie nur.

Später half sie mir auf einen Eimer, in den ich mich entleerte.

»Falls du jetzt anfängst zu bluten, wird es ziemlich heftig werden«, warnte sie mich. »Halte also besser die Binden bereit. Möglicherweise bekommst du auch Krämpfe. Hier hast du Tabletten gegen die Schmerzen.« Sie drückte mir zwei Pillen in die Hand.

Ich verließ Doras Wohnzimmer und ging nach Hause. Meine Mutter stellte mir keine Fragen.

In einem sollte Dora Recht behalten. Krämpfe bekam ich tatsächlich. Sie waren so schmerzhaft und schneidend, dass ich mich zusammenkrümmte und nach Atem rang. Trotzdem fing ich nicht an zu bluten. Meine Periode weigerte sich zu kommen.

In den nächsten beiden Tagen fragten meine Mutter und Dora mich immer wieder, ob meine Tage nun eingesetzt hätten. Ich erzählte ihnen von den Krämpfen und davon, wie elend mir war. Aber sie interessierten sich nur dafür, ob ich blutete. Jedes Mal, wenn ich nein sagte, schauten sie einander vielsagend an.

Ich dachte an den Nachbarn. Wusste er von dem Gummischlauch und dem Seifenwasser? Und ich fragte mich, warum niemand das Wort ‚schwanger' in den Mund nahm.

Es war Dora und nicht meine Mutter, die mit mir im Zug zu der Londoner Klinik fuhr.

Die Füße auf metallenen Stützen lag ich auf dem Rücken, während ein Arzt, den ich noch nie zuvor gesehen hatte, mich mit einem in Latex gehüllten Finger betastete. Etwas Kaltes, Metallisches wurde mir eingeführt, und ich bekam abermals Krämpfe. Tränen liefen mir über die Wangen. Ich schluckte die Schluchzer hinunter und wandte den Blick ab. Die Krankenschwester, die meinen Arm festhielt, strich mir übers Haar, doch ihre Augen betrachteten mich mit Widerwillen.

Der Arzt sprach mit Dora, nicht mit mir. Ich hörte ihn die Worte »schon über drei Monate hinaus« sagen und wusste, was das bedeutete. In mir war ein Baby. Dora fragte ihn, ob er noch irgendetwas tun könnte. Mir war klar, dass sie ihn bat, es zu töten.

»Nein«, sagte er. »Sie ist schon zu weit.«

Ich hoffte, dass das Baby sie nicht hörte.

»Das wär's dann wohl«, sagte Dora, als wir die Klinik verließen. Das Wort ‚schwanger' sprach sie noch immer nicht aus.

Auf dem Heimweg sagte sie mir, sie müsse zu meiner Schule und mit der Rektorin sprechen. So lange sollte ich zu Hause bleiben.

Warum Dora und nicht meine Mutter?, fragte die Stimme in mir erneut. Aber ich befahl ihr zu schweigen. Dora brachte mich nach Hause. Sie raunte meiner Mutter etwas zu, was ich nicht verstand, woraufhin meine Mutter mich ausdruckslos ansah.

Was würde nun passieren? Wie sollte es weitergehen? Diese Fragen drehten sich in meinem Kopf im Kreis. Sicher werden sie jetzt wissen wollen, wer der Vater ist, dachte ich. Die Lügen, die ich mir zurechtgelegt hatte, lagen mir bereits auf der Zunge. Aber niemand fragte nach.

Am nächsten Tag ging ich zur Schule, weil keiner mir gesagt hatte, ich solle zu Hause bleiben. Aber ich kam nicht einmal bis zum Klassenzimmer. Kaum war ich durch das Tor, schon packte mich eine Hand am Arm, und die Stimme meiner Lehrerin sagte, ich solle mich im Büro der Rektorin melden. Warten musste ich nicht, die Rektorin rief mich sofort herein.

Ich wurde der Schule verwiesen. Phrasen wie ‚schlechter Einfluss', ‚nie dagewesen' und ‚riesige Enttäuschung' kamen zusammen mit einer ganzen Flut anderer Worte aus ihrem Mund. Ich war zu schockiert und schämte mich zu sehr, um alles Gesagte zu verstehen. Die Worte füllten meinen Kopf und versiegelten meine Lippen. Stumm verließ ich die Schule.

Als ich durch das Tor trat, betete ein Teil von mir, dass der Nachbar draußen in seinem Wagen auf mich warten würde. Aber er war nicht da.

Weil ich nicht wusste, was ich sonst tun sollte, ging ich heim.

Als meine Mutter hörte, dass ich jetzt nicht mehr zur Schule gehen durfte, sagte sie nur: »Nun ja, was hast du erwartet?« Bevor mir eine Erwiderung einfiel, trafen mich ihre nächsten Worte bereits mit voller Wucht. Sie eröffnete mir, wie die kommenden Monate für mich verlaufen würden.

»Es ist besser, wenn dich keiner sieht«, erklärte sie, »und wenn niemand etwas erfährt.«

Dann zählte sie auf, an welche Regeln ich mich von nun an zu halten hatte. Ich durfte mich weder auf der Landstraße noch auf den Feldern oder am Teich aufhalten. Aber das war noch nicht alles. Auch im Vorgarten hatte ich nichts zu suchen, denn dort konnten zufällig vorbeikommende Passanten mich sehen. Wenn ich frische Luft brauchte, sollte ich hinters Haus gehen, wo sich auch das Klo befand. Falls außer Dora jemand zu Besuch kam, musste ich in mein Zimmer gehen und dort bleiben. Die Vorstellung, nun monatelang im Haus gefangen zu sein, ließ mich meine Mutter entsetzt anstarren.

Ich suchte in ihrem Gesicht nach irgendeinem Anzeichen eines Gefühls für mich, nach einer Spur von Fürsorge, und glaubte einen Moment lang, so etwas wie Mitleid zu entdecken. Doch dann war dieser Augenblick vorbei, und sie hatte denselben Gesichtsausdruck wie Dora, als diese versucht hatte, das Baby aus mir herauszuspülen: hart und entschlossen. Da wusste ich, dass jeder Widerspruch zwecklos war. Nichts, was ich sagen konnte, würde ihre Entscheidung ändern.

»Ach ja, Marianne, dein Vater will mit dir sprechen, wenn er vom Feld nach Hause kommt. Bis dahin bleibst du in deinem Zimmer.«

»Aber warum denn?«, fragte ich verzweifelt. Die Wände des Hauses drohten schon jetzt, mich zu ersticken. »Warum muss ich in meinem Zimmer bleiben?«

Als Antwort fiel ihr nur ein, dass seine Laune vielleicht besser sein würde, nachdem er etwas gegessen hatte. Deshalb sollte er mich lieber erst nach dem Abendessen zu Gesicht bekommen.

Bis mein Vater von der Arbeit kam, musste ich noch etwa eine Stunde lang warten. Quälend langsam schlichen die Minuten dahin. Mein Magen drohte, sich vor Angst umzudrehen, und mir ging immer nur die eine Frage durch den Kopf: Wenn meine Mutter schon so sehr gegen mich eingenommen war, was würde dann erst meinem unberechenbaren Vater einfallen? Wozu war er in der Lage?

An die Gardine geklammert stand ich an meinem Fenster, schaute hinunter auf die Einfahrt und fragte mich, wo der Nachbar wohl blieb. An jenem Tag vergaß ich jeden Gedanken an die Dinge, die mir so zuwider waren und zu denen er mich gezwungen hatte. Stattdessen dachte ich nur daran, wie er mich vor dem Mann ohne Beine gerettet hatte. Ich hörte ihn sagen, dass mir nichts Schlimmes zustoßen würde; er sei für mich da und würde auf mich achten. Mein sehnlichster Wunsch war, dass er zu uns herüberkam und alles wieder in Ordnung brachte. Lange starrte ich aus dem Fenster, bis ich ihn endlich von der Arbeit nach Hause kommen sah. Doch er schaute nicht einmal zu mir herauf. Im Gegenteil: Er drehte den Kopf zur Seite.

Spürt er denn nicht, dass ich ihn ansehe?, fragte ich mich. Die Stimme in meinem Kopf begann wieder zu flüstern: Er weiß genau, dass du da bist. Aber er wird dir nicht helfen. Ich beobachtete, wie er ins Haus ging, ohne auch nur einen einzigen Blick in meine Richtung zu werfen. Endlos lange stand ich so hinter der Gardine. Sicher würde er noch einmal herauskommen, herschauen und mir das Lächeln schenken, das nur für mich reserviert war. Das Lächeln, welches mir sagte, dass ich etwas Besonderes war. Aber er blieb verschwunden. Ich sah nur meinen Vater, der auf dem Rad in die Einfahrt einbog.

Beim Absteigen schaute er zu mir herauf, und obwohl ich mich hinter den Vorhang verzog, wusste ich, dass er mich dennoch gesehen hatte.

Es dauerte noch mindestens eine weitere Stunde, bis er mich zu sich nach unten rief. Auf Beinen, die sich anfühlten wie aus Pudding, stieg ich ängstlich die Treppe hinab.

Mein Vater sah zu, wie ich langsam Stufe um Stufe nahm. Dann drehte er einen Küchenstuhl um, setzte sich rittlings darauf, stützte die Arme auf die Lehne und sah mir geradewegs in die Augen. Ich versuchte, seinem harten Blick auszuweichen, schlug die Augen nieder und studierte angelegentlich das Muster des Linoleums.

»In was für einen verdammten Schlamassel hast du dich da bloß reingeritten?«, fragte er. Ich wusste, dass er darauf keine Antwort erwartete. Er schob die zweite Frage gleich hinterher, und auch diese war rhetorisch gemeint. »Ich nehme an, du wirst mir nicht sagen, von wem es ist?«

In diesem Augenblick wurde mir klar, dass der Nachbar recht hatte. Kein Mensch würde darauf bestehen, dass ich verriet, wer der Vater war.

Niedergeschlagen schüttelte ich den Kopf. Langsam dämmerte mir, dass mein Vater den Namen eigentlich gar nicht hören wollte. Sie kennen ihn längst, flüsterte die Stimme in meinem Kopf. Sie wissen, dass es von ihm ist. Aber ich weigerte mich, die Stimme zu hören, denn die Ungeheuerlichkeit dieser Tatsache war einfach zu viel für mich.

Benommen wartete ich ab, was mein Vater sonst noch sagen würde. Lange musste ich mich nicht gedulden.

»Also, solange du noch zu Hause bist, lässt du dich nicht draußen blicken. Verstanden, Marianne?«

»Ja, Dad«, flüsterte ich niedergeschlagen.

»Du hilfst deiner Mutter mit den Kleinen. Aber lass dich nicht auf der Straße erwischen. Oder noch besser, steck nicht mal den Kopf aus der Haustür. Ist das klar, Marianne?«

»Ja, Dad. Das hat Mum auch schon gesagt.«

»Ach, und noch etwas.«

Ich fragte mich, womit er die Sache noch schlimmer machen konnte.

»Ich will dich auch nicht mehr aus dem Fenster spähen sehen.«

Er hatte mich also ertappt. Sicher wusste er, nach wem ich Ausschau hielt.

Ich wartete darauf, dass er noch etwas hinzusetzen würde. Aber er sagte nur: »Und nun setz dich hin und iss dein Abendessen.«

Ich bemühte mich, mir meine Beklemmung nicht anmerken zu lassen. Gleichzeitig war ich erleichtert, dass mir eine Tracht Prügel erspart geblieben war. So schlich ich an ihm vorbei, setzte mich stumm an den Tisch und versuchte, etwas von dem Eintopf hinunterzuwürgen, der vor mir stand.

Ein Teil der Vorhersage des Nachbarn war eingetroffen: Was wirklich mit mir passiert war, schien allen gleichgültig zu sein. Aber wenigstens war ich nicht geschlagen worden.

Kapitel 28

Meine Mutter stattete Dora gelegentlich einen Besuch ab, aber Dora kam nie mehr zu uns herüber. In den Wochen nach dem Rauswurf aus der Schule, in der Zeit meiner Verbannung ins Innere des Hauses, sah ich nur meine Eltern und Geschwister. Ich konnte weder diesen vier Wänden noch der Kälte meiner Mutter, der Gleichgültigkeit meines Vaters oder dem Verrat durch den Nachbarn entrinnen. Ich konnte nur an einem speziellen Ort in meinem Kopf Zuflucht suchen. Inzwischen dachte ich mir wieder Geschichten aus. Nur handelten sie diesmal nicht von knuddeligen kleinen Tieren oder Kindern aus einer anderen Ära, sondern von einem süß duftenden kleinen Baby, einem Mädchen, das in meinem Zimmer schlief und hübsche pinkfarbene Wollsachen trug, die ich ihm strickte. Ich stellte mir das Mädchen mit blondem Haar und blauen Augen vor, fast so wie meine Puppe Belinda. In meiner Fantasie wuchs es zu einem Kleinkind heran, das die Ärmchen nach mir ausstreckte, mich Mum nannte und mich mehr liebte, als irgendjemand je zuvor. Ich gab der Kleinen einen Namen – Sonia – und lächelte beim Gedanken an ihre Ankunft. In den nächsten vierzehn Tagen, in denen ich unzählige Male die Hände auf meinen Bauch legte und mir vorstellte, wie das Baby in mir wuchs, war ich völlig arg- und ahnungslos. Ich wusste nicht, was meine Eltern für mich planten.

Ahnte meine Mutter, dass ich so gelassen war, weil ich glaubte, das Schlimmste läge bereits hinter mir? Falls dem so war, tat sie nichts, um mir meine Illusionen zu nehmen.

Das überließ sie der Sozialarbeiterin, die am fünfzehnten Tag erschien. Ein Klopfen an der Haustür kündigte ihre Ankunft an. Ich dachte an die Anweisung meiner Mutter, dass ich in mein Zimmer zu gehen hatte, wenn jemand kam. Deshalb machte ich mich auf den Weg zur Treppe.

»Du bleibst hier, Marianne«, sagte meine Mutter streng. Verwundert blieb ich stehen. Wer war gekommen? Bei wem war es meiner Mutter gleichgültig, ob er mich sah? Ich fand es schnell heraus.

Meine Mutter öffnete einer ordentlich gekleideten Frau Mitte dreißig die Tür, deren ziemlich unscheinbares Gesicht mir unbekannt war. Sie stellte sich als Miss Cooper vor und erklärte mir, sie sei die mir zugeteilte Sozialarbeiterin. Sie sagte, mein Fall sei ihr übergeben worden, als die Schule meine Schwangerschaft den Behörden gemeldet hatte. Sie würde also alles Notwendige in die Wege leiten, wie sie es taktvoll ausdrückte, und wiederkommen, wenn sich die Zeit der Niederkunft näherte.

Dann fragte sie mich, wer der Vater sei, und ich antwortete wie üblich »Ich weiß es nicht.«

»Ja«, sagte sie mit blassen Lippen. »Das hat mir deine Rektorin auch schon gesagt.«

Sie mag dich nicht, flüsterte die kritische Stimme in meinem Kopf. Sie will nur ihre Arbeit erledigen und so schnell wie möglich wieder fort. Ich wusste, dass die Stimme die Wahrheit sagte.

Ohne hörbare Anteilnahme erklärte mir die Frau, welche Vorkehrungen für meine Zukunft bereits getroffen waren.

Im sechsten Schwangerschaftsmonat würde ich in ein Heim für ledige Mütter ziehen.

»Warum?«, fragte ich, denn die Stadt, deren Namen sie mir nannte, lag mehr als zwanzig Meilen entfernt. »Warum kann ich mein Kind nicht hier zu Hause bekommen? So wie Mum?«

»Das ist unmöglich, Marianne«, sagte sie. Dann hörte ich zum ersten Mal das Wort ‚Adoption‘. Während mir langsam aufging, was es bedeutete, verstand ich auch, was meine Eltern und die Fürsorge beschlossen hatten. Ich sollte mein Baby weggeben. Ein passendes Elternpaar war bereits ausgesucht worden. Ich würde nur sechs Wochen mit meiner Tochter zusammen sein. Dann wäre unsere gemeinsame Zeit vorbei, und ich sollte nach Hause zurückkehren.

Ungläubig wandte ich mich an meine Mutter. Das konnte doch nicht wahr sein? Aber ein Blick in ihr verschlossenes Gesicht und die Art, wie sie sich demonstrativ wegdrehte, sagten mir alles.

»Du bist erst dreizehn Jahre alt, Marianne. Du bist selbst noch ein Kind«, hörte ich die Sozialarbeiterin mit ihrer kühlen, emotionslosen Stimme sagen. »Du musst wieder in die Schule gehen und kannst dich unmöglich um ein Baby kümmern. Und seien wir ehrlich – dein bisheriges Verhalten erweckt nicht den Eindruck, als wärest du ein verantwortungsbewusstes Mädchen. Du weißt ja noch nicht einmal, wer der Vater ist. Oder?«

Darauf konnte ich nicht antworten, was sicher weder sie noch meine Mutter verwunderte – wenn auch aus verschiedenen Gründen.

»In den letzten drei Schwangerschaftsmonaten wohnst du also in dem Heim«, fuhr die Sozialarbeiterin fort. Meine offensichtliche Bestürzung ignorierte sie. »Deine Mutter will das so haben, damit die anderen Kinder nichts von deiner Schwangerschaft bemerken. Wenn das Baby auf der Welt ist, bleibst du für weitere sechs Wochen dort.«

Eine lähmende Angst, die das Atmen schwermacht, die die Knie vor plötzlicher Schwäche zittern lässt und den Magen mit Säure füllt, erfasste mich. Sie erstickte meine Stimme und hielt mich davon ab, den Mund zu öffnen und etwas zu sagen. Stattdessen fühlte ich mich schlapp. Wellen der Verzweiflung rollten über mich hinweg. Nicht nur, dass meine Eltern hinter meinem Rücken dafür gesorgt hatten, dass das Baby zur Adoption freigegeben wurde – sie schickten mich auch noch fort. Außer damals vor langer

Zeit, als ich ein Brautmädchen gewesen war, war ich noch keine einzige Nacht von meiner Familie getrennt gewesen. Der Gedanke daran, so lange fortzumüssen, erfüllte mich mit Schrecken.

Doch der Termin wurde festgelegt, und man kam überein, dass die Sozialarbeiterin in zwei Monaten wiederkommen und mich in das Heim für ledige Mütter bringen würde. Damit war ihre Arbeit vorerst erledigt. Sie schloss den Aktenordner, klemmte ihn sich unter den Arm und verließ das Haus.

»Nein!« Als sie weg war, brach ich in Tränen aus.

»Es ist am besten so«, sagte meine Mutter matt.

»Für wen?«

»Für das Baby, Marianne.« Mit streng zusammengekniffenen Lippen wandte sich meine Mutter ab. Damit war das Gespräch beendet.

Ich konnte nur in mein Zimmer hinaufgehen und versuchen, mich so weit als möglich von meiner Mutter fernzuhalten, bis ich irgendwann wieder in der Lage war, sie anzusehen. Vielleicht wusste sie das. Denn sie rief mich nicht wie sonst herunter, damit ich ihr mit den Vorbereitungen fürs Abendessen half.

Oben setzte ich mich auf die Kante meines ungemachten Bettes, starrte die Wand an und krallte die Finger in mein Gesicht. An den Stellen, wo sich meine Fingerspitzen fest in die Wangen bohrten, hinterließen sie weiße Abdrücke. Ich spürte, wie die Tränen in meine Kehle rannen, wie sie dort zu einem kleinen festen Ball wurden, an dem ich zu ersticken drohte. Während ich über das Gespräch mit der Sozialarbeiterin und meiner Mutter nachdachte, wiegte ich voller Verzweiflung meinen Oberkörper hin und her.

»Was habe ich getan? Was habe ich getan?« Immer wieder hallte diese Frage durch meinen Kopf. Und die innere Stimme flüsterte: Was kannst du jetzt tun? Beide Fragen jagten einander in meinem Gehirn im Kreis. Dabei stand ich unter einer Art Schock, war benommen und verstört.

Eine dritte Frage gesellte sich bald noch zu den anderen: Warum wollten meine Eltern in Wahrheit nicht wissen, wer der Vater war?

Kapitel 29

An dem Morgen, an dem ich in das Heim umziehen sollte, schreckte ich plötzlich aus dem Schlaf. Das schummrige Licht hinter der Gardine sagte mir, dass es eigentlich noch viel zu früh war, um aufzuwachen. Aber irgendetwas hatte mich geweckt. Ein Geräusch, das nicht in mein Zimmer gehörte. Mein Herz schlug schneller, und meine Ohren gaben sich alle Mühe, die Laute zuzuordnen. Ich stieg aus dem Bett und ging zum Fenster, von wo das Geräusch zu kommen schien. Als ich genauer hinschaute, entdeckte ich eine Motte. Sie war zwischen der Gardine und dem Glas gefangen. Ihr Flügelschlagen hatte mich hochschrecken lassen. Verzweifelt versuchte sie, ihrem Gefängnis zu entkommen.

Ich öffnete das Fenster, ließ sie hinaus und sah zu, wie die blassen Flügel flatterten und die Motte davonflog, um ihre Freiheit zu genießen. Dabei wünschte ich mir von ganzem Herzen, ich könnte ihr folgen.

Seit dem Besuch der Sozialarbeiterin waren acht Wochen vergangen. Dies war der Tag, an dem ich meine Familie verlassen würde, aber ich musste noch packen. Niedergeschlagen betrachtete ich meine bescheidene Auswahl an Kleidern. Viele Sachen besaß ich sowieso nicht, und der wachsende Umfang meines Bauches schränkte die Auswahl noch weiter ein. Gereizt warf ich die Kleider aufs Bett. Selbst die kleinste Entscheidung fiel mir schwer.

Aus dem fleckigen Glas des Spiegels sah mir ein ganz anderes Mädchen entgegen, als ich es beim ersten Besuch der Sozialarbeiterin gewesen war. Die Wochen, die sich seither zäh dahingeschleppt hatten, hatten aus mir jemanden gemacht, den ich kaum noch erkannte. An meinem ansonsten schmalen Körper wölbte sich der Bauch. Längst ließ er sich nicht mehr verstecken. Dass ich schwanger war, erkannte man auf den ersten Blick. Meine normalerweise eher kleinen Brüste waren größer geworden und inzwischen sehr druckempfindlich. Dafür wirkte mein Gesicht plötzlich viel zerbrechlicher. Die kindlich runden Formen waren verschwunden, hatten mich mit kantigen Wangenknochen und einem spitzen Kinn zurückgelassen.

Das Mädchen, das mir jetzt mit trüben, vom ständigen Weinen rot geränderten Augen entgegenstarrte, war blass. Es hatte trockenes, brüchig wirkendes Haar, und der Mund sah aus, als hätte er schon vor langer Zeit vergessen, wie man lachte.

Ich fühlte mich tonnenschwer; mein Rücken schmerzte. Aber am schlimmsten war die ständige Traurigkeit, die mich zerfraß. Sie verfolgte mich in jeder wachen Stunde, stahl sich in meine Träume, und ließ mich auf einem Kopfkissen erwachen, das feucht war von meinen Tränen. Der bevorstehende Verlust des Babys, das ich bereits so sehr liebte, rückte unaufhaltsam näher. Als ich an den Tag in ein paar Wochen dachte, an dem ich es hergeben musste, spürte ich, wie sich meine Tochter in mir bewegte – an dem Platz, der ausschließlich ihr gehörte, gleich unter meinem Herzen.

Ich stellte mir vor, wie sie zusammengerollt in meinem Bauch lag, denn ich wusste, dass sie mit ihren sechs Monaten bereits vollkommen ausgeformt war, dass sie nun eigentlich nur noch ein bisschen wachsen musste, bevor sie zur Welt kommen konnte.

Jeden Abend vor dem Schlafengehen und jeden Morgen, wenn ich aufwachte, sprach ich leise mit ihr. Denn ich spürte instinktiv, dass das Baby ein Mädchen war. Ich sagte ihr, wie sehr ich sie liebte, wie sehr ich mich darauf freute, sie kennenzulernen. Aber das Wort ‚Adoption' zu denken, geschweige denn auszusprechen, brachte ich nicht über mich.

An diesem Morgen legte ich die Hand auf meinen Bauch und staunte darüber, wie rund er schon war.

»Spürst du das, Sonia?«, fragte ich. »Spürst du, wie meine Hand dich berührt?«

Ihre deutlich wahrnehmbaren Bewegungen und die Schwere meiner jungen Brüste, die sich auf Sonias Ankunft vorbereiteten, verstärkten meine Trauer über die Leere, die sich in meinem Leben breitmachen würde, wenn ich mein Baby weggab.

»Wie können sie mir das antun? Ihr das antun?«, fragte ich verzweifelt. Ich dachte an das unbekannte Paar, das ebenfalls auf ihre Geburt wartete. Wie diese Leute wohl waren?

Ich stellte sie mir in einem geräumigen Haus vor, einem Haus, das ohne den Klang von Kinderlachen verlassen wirkte. Dort gab es ein frisch hergerichtetes, in Pastellfarben ausgestattetes Kinderzimmer, in dem alles für die Ankunft meines Babys vorbereitet war. Ein Zimmer voller weicher, kuscheliger Spielsachen, mit einem weiß gestrichenen Bettchen, einem klimpernden Mobile und einem Schaukelstuhl am Fenster. In dem Schaukelstuhl würde die neue Mutter meine Tochter im Arm halten, wenn sie ihr das Fläschchen gab. An der Wand stand eine Kommode voller spitzenbesetzter Babykleidung; auf dem Boden lag ein Teppich. Kein handgemachter Flickenteppich wie bei uns zu Hause, sondern einer aus echter weicher Wolle mit einem dezenten Rosenmuster. In diesem Haus gab es ein Badezimmer, eine Veranda und eine dreiteilige Sitzgruppe mit farblich passenden Kissen. Ich stellte mir vor, dass sich das Paar das Baby wirklich sehnlichst wünschte, dass meine Tochter vom ersten Augenblick in ihrem neuen Zuhause an sehr geliebt werden würde. Dann brach die Trauer mit tiefem Schluchzern aus mir heraus, denn sie würde mich nie kennenlernen und ich sie auch nicht.

Kapitel 30

»Es wird Zeit, Marianne«, sagte die Sozialarbeiterin mit einem Blick auf meinen kleinen Koffer. »Ist das alles, was du mitnimmst?«

Sie ergriff den Koffer. »Wir können dich doch nicht mehr so schwer tragen lassen«, sagte sie auf dem Weg aus der Tür und verzog den Mund zu einem pflichtschuldigen Lächeln.

Ich sah meine Mutter an. Müdigkeit und Erschöpfung hatten sich als dunkle Schatten unter ihre Augen gelegt. Ihr Bauch, der noch dicker war als meiner, drückte gegen den abgewetzten Stoff ihres einzigen Umstandskleides.

Wenn ich wiederkomme, ist ein Baby da. Aber es wird nicht meines sein, dachte ich traurig.

Meine Mutter stand an der Tür. Ich wollte, dass sie etwas Nettes zu mir sagte, ein paar Worte, die ich in meiner Erinnerung heraufbeschwören konnte, wenn ich nachts allein war.

»Umarme mich«, wollte ich sie bitten. »Sag mir, dass ihr mich vermissen werdet, oder sag mir einfach, dass du mich lieb hast.« Aber die Worte blieben in meinem Kopf; sie fanden nicht den Weg zu meinen Lippen. Und meine Mutter sagte nichts von alledem. Ich solle auf mich aufpassen, murmelte sie nur. Dann trat sie beiseite und schaute zu, wie ich das Haus verließ.

Ich warf einen Blick zum Nachbarhaus hinüber, doch die Tür war geschlossen. Keine Spur von dem Mann von nebenan oder von seiner Familie.

Die Sozialarbeiterin legte meinen Koffer in den Kofferraum und sagte, ich solle es mir im Auto bequem machen. Dann fuhren wir los. Die Fahrt ging über kurvige, von Bäumen gesäumte Straßen. Es gab kaum Verkehr. Nur hin und wieder sah ich einen Traktor und ein paar Autos. Trotzdem fuhr die Frau sehr vorsichtig. Sie sah häufig in den Rückspiegel, ihre Hände umklammerten fast krampfhaft das Lenkrad.

Ich lehnte den Kopf an das kühle Glas des Fensters, betrachtete im Vorbeifahren die kahlen Felder. Der Anblick des Farmhauses, für dessen Besitzer mein Vater arbeitete, ließ mich an den Mann von nebenan denken. Ich wusste, dass er irgendwo dort draußen die Traktoren des Farmers wartete oder Autos reparierte und fragte mich, wo genau.

Denkt er manchmal an mich?, überlegte ich. Interessiert es ihn, was mit mir passiert oder wie es mir geht? Er muss doch von dem Baby wissen. Aber weiß er auch, dass es weggegeben wird wie ein überzähliger Welpe?

Natürlich weiß er das!, schrie die Stimme in meinem Kopf. Als ich sie hörte, spürte ich, wie eine Welle brennenden Zorns über seinen Verrat über mich hinwegrollte. Mein Gesicht wurde heiß, meine Hände waren klamm.

Nach ein paar Meilen fuhren wir durch das Wäldchen, in das der Nachbar mich oft gebracht hatte. Ich erschauerte. Es war erst Mittag, aber es schien, als würde es bereits dunkel. Die schwache Wintersonne verschwand hinter den Zweigen der überhängenden Bäume.

Erst als wir die Stadtgrenze mit den eintönigen Siedlungen aus immer gleichen Häusern erreichten, brach die Sozialarbeiterin das Schweigen. Bislang hatte sie ihren Gedanken nachgehangen; vielleicht hatte sie sich aber auch nur aufs Fahren konzentrieren und auf den Weg achten müssen. Sie erklärte mir, dass ich mich in dem Heim wieder mit meinem Schulstoff beschäftigen musste. Eine Lehrerin würde mir Aufgaben bringen. Wenn ich das Heim in ein paar Wochen wieder verließ, sollte für mich das Frühjahrstrimester an einer neuen Schule beginnen.

»Dort weiß keiner etwas über dich. Du kannst von vorn anfangen und das alles hier hinter dir lassen.«

Ihre Worte trafen auf uninteressierte Ohren. Wie kam sie auf den Gedanken, ich könne mein Baby einfach ‚hinter mir lassen'?

Als wir uns dem Stadtkern näherten, wichen die neuen Siedlungen mit den rechteckigen Gärten nach und nach imposanten viktorianischen Reihenhäusern. Wir fuhren daran vorbei und erreichten schließlich eine Gegend, in der noch größere, herrschaftliche Häuser aus grauem Backstein standen. Sie waren vor dem Ersten Weltkrieg in der viktorianischen und eduardischen Ära gebaut worden. Damals hatten hier von früh bis spät Butler, Küchenmägde, Köche und jede Menge andere Dienstboten gearbeitet. Für wohlhabende Familien. Geschlafen hatten sie in den Räumen unter dem Dach. Inzwischen war das Personal nicht mehr bereit, für wenig mehr als Kost und Logis zu schuften, und die Erbschaftsteuer hatte den geerbten Reichtum dezimiert. Deshalb waren die meisten dieser großen Häuser in ein Labyrinth von kleinen Wohnungen aufgeteilt worden.

Vor einem dieser imposanten Gebäude hielt der Wagen nun an. Eine hölzerne Doppeltür und eine einzelne Türglocke deuteten darauf hin, dass es, anders als seine Nachbarn, nicht mehrere Mietwohnungen beherbergte.

»Da wären wir.« So fröhlich, wie die Sozialarbeiterin das verkündete, hätte man glauben können, wir machten einen Ausflug und seien soeben bei einem besonderen und unerwarteten Höhepunkt angelangt.

Ich schaute aus dem Fenster. Aufwendige Schnitzereien zierten den oberen Rand der Doppeltür aus dunklem Holz und die Rahmen der Fenster im Erdgeschoss. Alle Anzeichen von Leben im Inneren des Hauses blieben hinter schweren Gardinen verborgen. Inseln von winterbraunen Sträuchern standen über den Rasen verteilt, der sich vom Haus bis zur Straße erstreckte. Ich kannte nur unseren Garten voller kaputter Spielsachen und struppigem Unkraut und fand das Grundstück seltsam kahl. Hinter dem Haus lag ein großer Obstgarten. Die Bäume darin hatten ihre Blätter bereits abgeworfen. Ich stellte mir vor, wie sie im Sommer den Neugeborenen aus dem Heim Schatten spendeten, wenn sie dort im Garten in ihren Kinderwagen lagen.

Während ich noch die neue Umgebung betrachtete, nahm die Sozialarbeiterin meinen Koffer aus dem Wagen und forderte mich dann auf, ihr zu folgen. Sie drückte beherzt auf die Klingel. Der Klang hallte in dem imposanten Haus wider. Binnen Sekunden wurde die Tür geöffnet.

Ich betrat eine riesige Eingangshalle mit der höchsten Decke, die ich je gesehen hatte. Der Boden bestand aus poliertem dunklen Holz, an den tapezierten Wänden hingen altertümliche große Landschaftsgemälde. Auch strenge viktorianische Portraits blickten auf uns herab.

»Ich bringe Marianne«, sagte die Sozialarbeiterin zu der Frau, die mit ihrer strengen grauen Kleidung und dem grauen Haar recht gut zu den Steinen passte, aus denen das Haus gebaut war. In meinem etwas benommenen Zustand stellte ich mir vor, dass nur ihr rundes Gesicht mit dem Doppelkinn sichtbar sein würde, wenn sie sich an die äußere Hauswand lehnte.

Die Frau, die mir später erklärte, sie sei die Hausmutter, nickte der Sozialarbeiterin zu und sagte, sie würde nun übernehmen.

Mit einem hastigen Gruß verließ mich meine Begleiterin, die – so desinteressiert sie auch gewesen sein mochte – die letzte Verbindung zu meiner Familie darstellte. Sie ließ mich mit meinem abgeschabten Koffer in der Halle zurück. Voller Unbehagen und mit einem Klumpen im Magen stand ich der Frau gegenüber, in deren strenger Obhut ich mich in den nächsten Monaten befinden würde.

Kapitel 31

So viele Jahre später habe ich kaum noch Erinnerungen an das Haus und an die Mädchen, die ich dort kennenlernte. Nur das Gesicht der Hausmutter und ein einziges weiteres stehen mir noch klar vor Augen. Wenn ich an jene Zeit denke, fallen mir weder die Angestellten des Hauses ein noch die Geschichten der anderen Bewohnerinnen. Ich denke nur daran, dass ich damals erst dreizehn war, denke an die Liebe, die ich für das Kind empfand, das in mir heranwuchs, die Angst vor den Schmerzen bei der Geburt und die Trauer über die bevorstehende Adoption.

Nur verschwommen sehe ich hingegen die drei Mädchen vor mir, die ich am ersten Tag kennenlernte. Ihre Namen sind längst im Nebel der Vergangenheit untergegangen. Die erste – ihr Gesicht habe ich mir noch am besten gemerkt – war hochgewachsen und abgesehen von der verräterischen Wölbung ihres Bauches sehr dünn. Sie war um die zwanzig, was mir damals sehr alt vorkam. Ihre ersten Worte hallen mir noch in den Ohren.

»Herrje, bist du dafür nicht viel zu jung? Wer hat dir denn das Balg angehängt?«

Ich höre heute wie damals ihr ungläubiges Schnauben, als ich ihr meine Standardantwort gab. »Ich weiß es nicht.«

»Aber klar doch, meine Liebe.« Sie feixte. »Ich wette, es war ein fetter alter Onkel, der dir gesagt hat, du sollst den Mund halten. Womit hat er dich denn eingeschüchtert? Wie hat er dich dazu bekommen, nichts zu sagen? Sicher hat er behauptet, alle würden dann dir die Schuld geben. Oder?«

Ich sah sie mit wachsendem Erstaunen an, sah Boshaftigkeit und Häme in ihren braunen Augen aufflackern, die durch dick aufgetragene Wimperntusche und Eyeliner noch größer wirkten. Ich ahnte dunkel, dass sie mich schlicht als jemanden betrachtete, bei dem sie ihre Wut auf die Welt abladen konnte. Zudem war mir unbehaglich zumute, denn ich hatte das Gefühl, dass sie mich durchschaute.

»Oder mochtest du ihn zu sehr, um ihn zu verraten?«, fuhr sie fort. »Ich wette, das war keine Vergewaltigung.«

Sie hatte mit ihrer Spitze ins Schwarze getroffen. Ich zuckte zusammen – und sie lachte.

Was hätte ich ihr sagen können? Ich hatte nicht das Gefühl, dass der Mann von nebenan mich vergewaltigt hatte. Aber was genau man unter einer Vergewaltigung verstand, wusste ich nicht. Deshalb blieb ich stumm.

Sie lachte noch einmal ihr grausames, helles Lachen. Anscheinend betrachtete sie mein Schweigen als eine Art Eingeständnis. Dabei wusste ich nicht recht, was ich damit eingestanden haben sollte. Aber ich hatte das ungute Gefühl, dass sie mich mit ihrem spöttischen Lachen einerseits aburteilte und andererseits beschmutzte.

Die anderen Mädchen, denen meine Scham und mein Unbehagen nicht entgingen, sagten ihr, sie solle mich in Frieden lassen. Daran erinnere ich mich gut. Was sie sonst noch sagten, weiß ich nicht mehr. Nur dass sie freundlich zu mir waren.

Der Tagesablauf im Heim war immer gleich. Morgens mussten wir um sieben Uhr dreißig aufstehen und unsere Betten machen. Dann gab es im Speisesaal Frühstück. Mit dem anschließenden Abwasch wechselten wir uns ab.

Bei den Vorbereitungen fürs Mittagessen musste ich im Gegensatz zu den anderen Mädchen genauso wenig helfen wie beim Putzen der Fußböden, denn ich war die Einzige, die noch schulpflichtig war. Fünf Tage die Woche saß ich im Aufenthaltsraum.

Dort versuchte ich, die Aufgaben zu lösen, die eine Lehrerin mehrmals wöchentlich für mich vorbeibrachte. In den Stunden, nachdem ich meine abendlichen Pflichten erledigt hatte, saß ich wieder mit einem Schulbuch an meinem Schreibtisch und versuchte, mich auf die Aufgaben zu konzentrieren.

Ich nehme an, die anderen Mädchen dachten, ich hätte es recht gemütlich. Dabei hätte ich viel lieber zusammen mit ihnen gearbeitet, als allein über Schulbüchern zu brüten, deren Inhalt mich kaum interessierte.

An den Wochenenden musste ich die Treppen fegen und nass wischen, die Bäder und Toiletten putzen. Das waren die unbeliebtesten Arbeiten. Die anderen Mädchen hielten das aber sicher für den gerechten Ausgleich für das Wenige, was ich unter der Woche tat.

Um die gemeinsam genutzten Räume mussten wir uns alle kümmern. Falls jemand irgendwo auch nur die kleinste Kleinigkeit liegen ließ, kostete das einen Penny. Weil ich kein Geld hatte, lernte ich schnell, ausgesprochen ordentlich zu sein. Wir Mädchen wuschen unsere Wäsche selbst und bügelten sie auch. Das gefiel mir, denn ich hatte gern jeden Tag frische, saubere Kleider an.

Während ich in dem Heim mit den polierten Böden, den sauberen Bädern und makellosen Küchen wohnte, wurde mir erst richtig bewusst, wie widerlich ich ungeputzte Böden, klebrige Arbeitsflächen und knittrige, schmuddelige Kleidung fand. Bei dem Gedanken daran, wie meine Mutter den Haushalt führte, erschauerte ich.

Abends brachten mir die älteren Mädchen bei, einfache Mahlzeiten zu kochen. Sie zeigten mir auch, wie ich alte Pullover aus dem Wohlfahrtsladen auftrennen und aus der Wolle Babysachen stricken konnte. Weil ich selbst kein Geld hatte, etwas zu kaufen, gab ich mich damit zufrieden, den anderen Mädchen dabei zu helfen, die Wolle zu großen Knäueln aufzuwickeln, und sah dann zu, wie daraus Kinderkleider entstanden.

Außer dem Aufenthaltsraum gab es noch einen sehr förmlichen Salon, in dem samtbezogene Stühle mit hohen geraden Lehnen, ein Sofa mit Blumenmuster und diverse kleine Tischchen standen. Der Raum wurde nur alle zwei Wochen für den Geburtsvorbereitungskurs genutzt. Dann kam eine Schwester aus einer Entbindungsklinik ins Haus und erklärte uns, wie wir während der Wehen atmen sollten und wie man sich anschließend um das Neugeborene kümmerte.

Während wir übten, machten sich meine Gedanken selbstständig. Ich dachte an die Paare, die genau wie wir darauf warteten, dass ihre Kinder zur Welt kamen. Ihre Erfahrungen würden sich von den unseren gewaltig unterscheiden, denn sie durften die Babys behalten. Sie hatten einander, und dann kam das Kind noch dazu. Zusammen würden sie eine liebende Familie sein.

Nach der Geburt zogen die Mütter im Heim auf die Kinderstation um, die ebenfalls der Hausmutter unterstand. Sie lag in demselben Stockwerk wie unsere Zimmer, war aber durch zwei Türen abgetrennt. Dort kümmerten sich die jungen Mütter unter dem gestrengen Blick der Hebamme, die den Kindern auf die Welt geholfen hatte, um die Säuglinge.

Nach ein paar Tagen im Heim überfiel mich die Angst vor den Schmerzen der Geburt, aber auch die Angst vor der Abhängigkeit von der Hausmutter – denn nur sie konnte diese Schmerzen lindern. In den Blicken, mit denen sie uns maß, lagen Kälte und Unerbittlichkeit. Ich wusste, dass sie uns für Mädchen hielt, die schwer gesündigt hatten, und sie brachte uns ganz eindeutig keinerlei Sympathie entgegen.

Oft hörte ich in diesem Haus jemanden weinen. Manchmal brachen die Schluchzer urplötzlich ab, so als drücke jemand das Gesicht in ein Kissen. An anderen Tagen, wenn eine junge Mutter ihr Baby zur Adoption hergeben musste, gab es herzzerreißende Schreie und hemmungsloses, verzweifeltes Weinen. Ich sah traurige junge Mädchen mit blassen Gesichtern das Heim verlassen.

Aus ihren Brüsten sickerte die Milch, die nie einen Säugling nähren würde. Den Koffer in der Hand traten sie mit hängenden Schultern und unsicheren Schritten aus der Tür und schlugen den Weg zur Bushaltestelle ein. Ich fragte mich, wohin sie wollten, jene Mädchen, die nicht von ihren unversöhnlichen Familien abgeholt wurden und denen der Mann, von dem sie geglaubt hatten, er liebe sie, nie geschrieben hatte. Ich stellte mir die einsamen Einzimmerwohnungen und die heruntergekommenen möblierten Zimmer vor, in denen sie künftig ihr Dasein fristeten.

So viele Jahre später sehe ich meine Schicksalsgenossinnen aus dem Heim nur noch als verwischte Gestalten mit dicken Bäuchen vor mir. Manche waren wütend, andere traurig, die meisten aber nur voller Resignation. Alle wussten traurige Geschichten zu erzählen: von Freunden, die sie verlassen hatten, von Familien, die nichts mehr von ihnen wissen wollten. Die eine oder andere berichtete sogar von einem Mann, dem sie vertraut hatte und von dem sie dann zum Sex gezwungen worden war. Aber genau wie ihre Gesichter sind auch die vielen bedrückenden Geschichten nach und nach ineinander verschwommen.

Ein paar Mädchen gab es auch, die am Ende mit glücklichen Gesichtern fortgingen. Das waren diejenigen Mädchen, die ein kleines, liebevoll eingewickeltes Bündel aus dem Haus trugen. Sie wurden von ihrer Familie abgeholt, die eingelenkt oder beschlossen hatte, sie beide zu Hause willkommen zu heißen. Es gab sogar die seltenen Fälle, in denen ein junger Mann erschien und Freundin und Kind mitnahm. Er hatte einen Brief voller Reue geschrieben und mitgeteilt, dass er das Mädchen heiraten wollte.

Eine solche junge Mutter verließ das Heim mit dem strahlendsten Lächeln, das man sich denken konnte.

Kapitel 32

Ich war das jüngste Mädchen im Heim. Am Tag meiner Ankunft zeigte man mir mein Zimmer. Weil ich Schularbeiten machen musste, wohnte ich allein darin. Ein schmales Bett stand an der Wand, daneben ein Spind für meine wenigen Besitztümer und ein Schreibtisch mit einem hölzernen Stuhl, an dem ich an den Abenden arbeiten konnte, wenn der Aufenthaltsraum belegt war. Beim Anblick des Zimmers verließ mich fast der Mut, denn mir wurde klar, dass dieser kahle Raum ohne persönliche Gegenstände, ohne Erinnerungen an meine Kindheit nun für einige Monate mein Zuhause sein würde. Eine Welle der Einsamkeit schwappte über mich hinweg. Schon jetzt vermisste ich meine Familie und mein Zimmer, in dem ich in den letzten Wochen so viel Zeit mit mir allein verbracht hatte.

In der ersten Nacht weckten mich die Geräusche der Stadt immer wieder auf: das Rumpeln der Vorortzüge, Autos, die ständig die Straße auf und ab fuhren, das Gelächter und Geplapper der Leute, der Nachtschwärmer, die zu ihren Wohnungen und Zimmern in der Straße zurückkehrten. Kaum hatte ich mich an die Geräusche gewöhnt, schon begann in der Dunkelheit der Nacht der überlastete Wasserkessel der Zentralheizung zu vibrieren und zu ächzen. In einem so großen, alten Haus war ich noch nie zuvor gewesen. Es seufzte und stöhnte fast wie ein Mensch, bis es endlich einschlafen konnte.

Ganz oben, am Ende der zweiten Treppe, hatten früher die Dachbodenkammern gelegen, die die Dienstboten beherbergten.

Sie waren zu einer kleinen Kapelle umgebaut worden. Jeden Sonntag wurden alle Mädchen, außer denen, die gerade erst ihr Kind zur Welt gebracht hatten, dort hinaufgeschickt und hörten die Messe, die Priester aus der Nachbarschaft lasen.

In der Kapelle herrschte eine ganz besondere Atmosphäre. Vielleicht waren es die schlichten cremefarbenen Wände und die einfachen Holzbänke, die mir ein Gefühl von Trost vermittelten. Die Worte der wechselnden Priester, die stets die Schwere unserer Sünden herausstrichen und betonten, wie inständig wir um Vergebung bitten müssten, waren es jedenfalls nicht.

Nach der Predigt hielt die Hausmutter immer eine kurze Ansprache, die sich von Woche zu Woche nur wenig veränderte. Das Thema blieb immer dasselbe: Wir waren alle Sünderinnen, und sie hoffte, dass wir die Zeit im Heim nutzen würden, um über unsere Fehltritte nachzudenken, damit wir, wenn wir wieder in die Welt hinauszogen, ein besseres und tugendhafteres Leben führen konnten.

Ich ließ ihre Worte und die monotonen Stimmen der Priester über mich hinwegziehen. Anstatt aufmerksam zuzuhören und Buße zu tun, konzentrierte ich mich auf die Schönheit des Buntglasfensters, das bei dem Umbau in die Wand eingesetzt worden war, um der Kapelle eine religiöse Atmosphäre zu verleihen.

Durch das Fenster konnte ich ein Stück Himmel sehen – manchmal dunkel, manchmal blau – und dorthin richtete ich meine stummen Gebete.

Ich weiß, dass ich etwas Schlimmes getan habe, sagte ich im Stillen. Aber bitte glaube mir, es tut mir sehr leid. Es tut mir leid, dass ich gesündigt habe.

Ich bat um Vergebung und Beistand. Nicht für mich, sondern für mein Kind. »Bitte«, betete ich, »mach, dass sie es gut haben wird.«

Unversehens war die Weihnachtswoche da, und selbst die traurigsten Mädchen ließen sich von der festlichen Stimmung anstecken. Wir erfuhren, dass wir am Weihnachtstag ein richtiges, festliches Weihnachtsessen mit allem Drum und Dran bekommen würden, dass wir den vornehmen Salon benutzen konnten und dass sogar die Babys, die normalerweise nicht im Aufenthaltsraum geduldet wurden, mit ihren Müttern dort sein durften.

An Heiligabend wurden zwei riesige, von ortsansässigen Geschäftsleuten gespendete Tannenbäume gebracht – einer für die Eingangshalle, einer für den Aufenthaltsraum. Man stellte uns große Kisten mit Weihnachtsschmuck hin und sagte – ausnahmsweise mit einem Lächeln –, dass wir den Morgen damit verbringen durften, die Bäume zu schmücken. Im Radio liefen Weihnachtslieder, und wir sangen mit. Mädchen in unterschiedlichen Stadien der Schwangerschaft versammelten sich um die Bäume. Unter hellem Lachen stiegen diejenigen, die noch beweglicher waren, auf Stühle, die von anderen sorgsam festgehalten wurden, und hängten bunte Lichter und Girlanden an jeden Ast. Als die Kleinste von allen sollte ich die unteren Äste schmücken. Ich war gerade dabei, glitzernde silberne und purpurrote Kugeln aufzuhängen, da kam die Hausmutter und sagte, ich hätte Besuch.

»Der Mann von nebenan ist gekommen«, war der erste Gedanke, der mir durch den Kopf schoss. Doch als ich der Hausmutter in die Eingangshalle folgte, stand dort zu meinem Erstaunen meine Tante. Diejenige, deren Brautmädchen ich vor Jahren gewesen war.

»Hallo, Marianne«, sagte sie. Ich spürte, wie mir Tränen in die Augen stiegen.

Am liebsten hätte ich mich in ihre Arme geworfen, so froh war ich, jemanden aus der Familie zu sehen. Doch weil ich mich für meinen Zustand schämte, ließ ich es bleiben.

Man führte uns in eines der kleinen Büros. Dort waren wir ungestört. Schweigend wartete ich darauf, dass meine Tante mir sagte, warum sie gekommen war, aber auch, woher sie wusste, dass ich im Augenblick hier wohnte.

»Dein Vater hat es mir gesagt.« Sie beantwortete meine unausgesprochene Frage. »Marianne, ich weiß nicht, was passiert ist, aber dein Vater ist sehr wütend. Trotzdem bat er mich, zu dir zu kommen.«

Ein wenig sarkastisch dachte ich, mein Bauch, der nun so kugelig war und so weit abstand wie überhaupt vorstellbar, sei doch ein eindeutiger Hinweis darauf, was passiert war. Aber was sie sagte – dass mein Vater sie gebeten hatte, zu mir zu fahren –, brachte mich so durcheinander, dass es mir die Sprache verschlug. Ich hätte geglaubt, er wäre der Letzte, der auch nur ein Quäntchen Mitgefühl für mich aufbringen würde.

»Ich bezweifle, dass alles allein deine Schuld ist.« Meine Tante betrachtete meinen Bauch. »Mein Bruder sieht das übrigens auch so, was immer er zu dir gesagt haben mag. Und bevor du fragst – er hat nur mit mir gesprochen, mit niemand anderem. Nicht einmal deine Mutter weiß, dass ich hier bin.«

Sie zog ein in Goldpapier eingeschlagenes Päckchen aus der Tasche und legte es vor mir auf den Tisch.

»Aber erst morgen aufmachen«, sagte sie. »Wir wollten nicht, dass du an Weihnachten ohne ein einziges Geschenk dasitzt.«

Sie gab mir einen kleinen Kuss auf die Wange. Dann ging sie in einer Wolke aus Parfum wieder davon. Das warme Gefühl, das ihr Besuch in mir auslöste, blieb die Nacht und den ganzen nächsten Tag über bei mir. Ich konnte nur immer wieder denken, dass meine Familie mich nicht vergessen hatte.

War ich über das plötzliche Erscheinen meiner Tante noch erstaunt gewesen, so versetzte mich der nächste Besuch geradezu in einen Schockzustand.

Als die Hausmutter zum zweiten Mal an diesem Tag erklärte, es sei jemand für mich gekommen, machte mein Herz einen Sprung.

Wieder fragte ich mich, ob es der Nachbar sein konnte. Aber es war Dora.

Sie hielt sich an einem Päckchen fest. Ihr Lächeln wirkte ungewohnt nervös. Zur Begrüßung umarmte sie mich kurz.

Sie wirkte verändert – nicht so selbstbewusst wie sonst. In den wenigen Wochen, seit ich sie zum letzten Mal gesehen hatte, war sie sichtlich gealtert. Um ihre Augen hatten sich neue Fältchen gebildet, und selbst das großzügig aufgetragene Make-up konnte die gräuliche Blässe ihrer Wangen nur teilweise kaschieren.

»Gut siehst du aus, Mar.« Sie kürzte meinen Namen gern ab. Bislang hatte das für mich immer liebevoll geklungen. Aber ich sah nun nicht mehr die Frau in ihr, die sechs Jahre lang eine Art Ersatztante für mich gewesen war. Seit ich im Heim lebte, waren meine Erinnerungen an das, was ich für Freundschaft gehalten hatte, an ihre Geschenke und gelegentlichen Aufmerksamkeiten hinter ein viel eindrücklicheres Bild zurückgetreten: Ich sah sie vor mir, wie sie den Schlauch in mich einführte, wie sie versuchte, mein Baby aus mir herauszuspülen.

Gern hätte ich sie gefragt, was sie von mir wollte und weshalb sie gekommen sei. Stattdessen führte ich sie in das Büro, das ich nun schon zum zweiten Mal an diesem Tag benutzen durfte. Dort wartete ich darauf, dass sie mir erklärte, warum sie hier war. Meine gefasste Distanziertheit, wenn man davon überhaupt sprechen konnte, schien sie nervös zu machen. Ihre Blicke wichen meinen aus, und ihre Finger, die es nicht gewohnt waren, keine Zigarette halten zu können, spielten unruhig mit ihrem Ehering. Sie legte das Päckchen vor mich hin. Es war in einfacheres Papier eingeschlagen als das Geschenk meiner Tante, war groß und unförmig. Wieder wurde ich angewiesen, es erst am nächsten Tag zu öffnen. Von wem es war, blieb unerklärt. Und ich fragte nicht nach.

»Deine Mutter hat das Baby bekommen. Es ist wieder ein Junge«, sagte sie.

Bei dem Gedanken daran, wie meine Mutter mit einem Neugeborenen im Arm in unserem Haus am Feuer saß, musste ich schlucken. Denn gleichzeitig hockte ich einsam in diesem Heim und wartete darauf, mein eigenes Kind zur Welt zu bringen, während die Adoption als drohender Schatten über mir hing.

»Deshalb konnte sie nicht mitkommen«, fuhr Dora fort. »Aber sie lässt dir ausrichten, wenn das Kind kommt, ist sie hier. Dein Vater wird sich ein Auto borgen, damit er sie herfahren kann. Das Baby lässt sie dann so lange bei mir.«

Und der Nachbar?, dachte ich. Mir fiel auf, dass sein Name nicht einmal erwähnt wurde, dass sie nicht einmal die Worte »wir« oder »uns« in den Mund nahm.

Ich nahm an, dass er derjenige war, der meinem Vater das Auto leihen würde, sagte aber nichts. Der Mann von nebenan hatte sich so weit wie nur möglich aus meinem Leben zurückgezogen. Wieder spürte ich kalte Stiche, weil er mich verraten hatte.

Ob er wohl weiß, dass seine Frau hier ist?, ging mir durch den Kopf. Die innere Stimme, die mir gerne immer wieder schonungslos die Wahrheit vor Augen hielt, flüsterte: Natürlich weiß er es. Er weiß alles. Genau wie sie.

Dora bemühte sich weiterhin, ein Gespräch in Gang zu bringen. Doch bald endeten ihre Versuche in einem nervösen Monolog, denn sämtliche Antworten blieben mir im Hals stecken. Dabei formulierte ich im Kopf zahllose Fragen: Wie ist das neue Baby? Wie geht es meinen Brüdern und meiner Schwester? Fragen sie meine Mutter, wo ich bin? Vermisst mich irgendjemand?

Eine ganz andere Frage hatte sich aber bereits seit dem Tag in meinen Gedanken festgesetzt, an dem sie und meine Mutter hatten wissen wollen, was ich mit meinen Binden gemacht hatte: Wie lange weißt du es schon? Weil ich nicht den Mut fand, ihr diese Frage zu stellen, schluckte ich auch alle anderen hinunter.

Irgendwann spürte sie, dass sie keinen Zugang zu mir fand. Sie schloss den Mund. Augenscheinlich erleichtert, dass sie nunmehr ihre Pflicht erfüllt hatte, erhob sie sich.

»Es wird sicher schön, wenn du wieder zu Hause bist«, sagte sie. Aber ich wusste, dass sie es nicht so meinte. »Lange dauert es ja nicht mehr.« Zum ersten Mal huschte ihr Blick zu meinem Bauch.

Sie sammelte ihre Habseligkeiten ein – den Wollschal, den sie achtlos über eine Stuhllehne geworfen hatte, ein paar viel getragene Lederhandschuhe und schließlich auch ihre Handtasche. Bei dem flüchtigen Kuss, den sie mir auf die Wange hauchte, fühlten sich ihre Lippen kalt und trocken an. Danach ging sie. Ich schaute ihr nach, bis sie verschwunden war. Dann schloss ich leise die Haustür, ging zurück in den Aufenthaltsraum, nahm eine Silberkugel und suchte ihr einen Platz am Baum.

Kapitel 33

Später am Heiligabend, nachdem wir gegessen und den Abwasch gemacht hatten, stiegen wir alle hinauf zur Kapelle, wo der Priester von Vergebung und über die Geburt Jesu sprach. Zur allseitigen Erleichterung verzichtete die Hausmutter dieses Mal auf ihre übliche Ansprache. Durch das bunt schimmernde Fenster konnte ich den Mond sehen. Ich legte die Hand auf den Bauch und dachte an das Baby.

In dieser Nacht fiel mir das Einschlafen schwer. Unablässig musste ich an meine Familie denken und daran, wie sehr ich sie vermisste. Gern hätte ich gewusst, wie sie den Weihnachtstag verbrachten und ob ich ihnen ebenfalls fehlte. Dass sie mich nicht vergessen hatten, ließ mich zufrieden lächeln. Trotzdem wurde mir beim Gedanken an meine Geschwister das Herz schwer. Ich wollte bei ihnen sein. Ich stellte mir meine Mutter mit dem neugeborenen Baby vor, erinnerte mich daran, wie stolz mein Vater gelächelt hatte, als mein ältester Bruder geboren worden war. War er auch diesmal wieder so stolz? Wahrscheinlich.

Als ich endlich einschlief, mischten sich die Geräusche vorbeifahrender Züge in meine Träume. Während ich mich unruhig hin und her warf, verwandelte sich ihr Klappern und Scheppern in Wutschreie, die meine Einsamkeit nur noch schlimmer machten.

Früh am nächsten Morgen weckten mich die Geräusche, mit denen das Heim zum Leben erwachte. »Es ist Weihnachten«, sagte ich mir, als ich die Augen aufschlug. Ich griff nach den beiden Päckchen. Als Erstes öffnete ich das Geschenk meiner Tante. Eine Flasche Parfum mit der passenden Körpermilch und einer Seife kam zum Vorschein. Beglückt sog ich den Duft ein. Dann war Doras unförmiges Paket an der Reihe. Das Paar braune Lederstiefel mit weichem Pelzfutter, das ich auspackte, war das schönste Geschenk, das ich je bekommen hatte. In einem der Stiefel steckte eine Karte mit der Handschrift meiner Mutter. »Damit deine Füße auf dem Heimweg warm bleiben«, hatte sie geschrieben. Schon diese wenigen Worte sagten mir, dass sie ein wenig verstand, was derzeit in mir vorging. Ich legte beide Geschenke in meinen Spind, zog mich an und ging hinunter zu den anderen Mädchen.

Am deutlichsten ist mir von diesem Tag noch in Erinnerung, dass die Mütter mit ihren Babys auf dem Schoß im Aufenthaltsraum saßen und dass wir für ein paar Stunden so taten, als wären wir eine ganz gewöhnliche Schar Mädchen. Und vielleicht waren wir das tatsächlich. Das übliche Gezänk über irgendwelche Kleinigkeiten blieb aus; die schwangeren Mädchen bewunderten die winzigen Bündel, die die frischgebackenen Mütter stolz in den Armen hielten. Die Hausmutter schenkte jedem Baby ein kleines Kuscheltier. Im Radio liefen Weihnachtslieder, und für eine Weile versetzte die Musik uns in Feierstimmung.

Später gab es das Weihnachtsessen. Es schmeckte hervorragend, wahrscheinlich sogar besser als das, was die meisten von uns zu Hause bekommen hätten. Alle bemühten sich, fröhlich zu sein, ließen Weihnachtskracher knallen, lasen die Witze auf den kleinen Zettelchen aus den Knallkörpern vor und setzten sich Papierkronen auf. Dennoch hing eine bedrückte Atmosphäre über dem langen, festlich gedeckten Tisch. Wir alle wussten nur zu gut, dass wir die Geburt eines Kindes feierten, und dieser Gedanke tat weh. Denn keine von uns konnte völlig verdrängen, worauf wir uns alle vorbereiteten: darauf, unser eigenes Kind wegzugeben, sobald es sechs Wochen alt war.

Nach dem Essen hörten wir uns im Radio die Weihnachtsansprache der Königin an. Dann wurde zur Feier des Tages der große Fernseher im Aufenthaltsraum angestellt. Gemeinsam sahen wir uns den Bing Crosby Film Musik, Musik an. Und dann war Weihnachten schon wieder vorbei.

Die wenigen Weihnachtskarten, die die Mädchen bekommen hatten, standen auf dem Kaminsims. Auf allen waren Bilder von Bäumen und Büschen unter prachtvollen Schneehauben zu sehen. Bei ihrem Anblick fragte ich mich, aus welchem Land der Künstler stammte. Vor den Fenstern des Heimes erstreckte sich nämlich ganz und gar kein weißes Winterwunderland. Stattdessen trieb ein böiger Wind eisigen Regen vor sich her. Selbst die unternehmungslustigsten Mädchen blieben bei diesem Wetter lieber im Haus.

Aber ich war ein Kind vom Land, gewohnt, auch bei übelster Witterung zu Fuß zur Schule zu gehen. Ich vermisste die frische Luft und die Stille außerhalb der Stadt, die nur selten von einem vorbeifahrenden Auto gestört wurde.

»Kann ich einen Spaziergang machen?«, fragte ich die Hausmutter, nur um mir anhören zu müssen, das Gras sei rutschig vom Regen und damit gefährlich für ein Mädchen, das kurz vor der Niederkunft stünde.

Jeden Morgen erwachte ich mit der Hoffnung, dass der Wind die Wolken vertrieben hatte und dass die Strahlen der Wintersonne in den Garten fielen. Aber wenn ich dann den aschfahlen Himmel sah und den Regen an die Fenster schlagen hörte, begrub ich meine Hoffnungen.

Seit einer Woche kündigte mein Baby nun an, dass es bald zur Welt kommen wollte. Es war tiefer in mein Becken gesunken. Ich fühlte mich schwer und unbeholfen; die Müdigkeit wurde mein ständiger Begleiter. Meine Brüste taten weh, mein Rücken schmerzte, und beim Gehen spürte ich, wie mein Körper von einer Seite zur anderen wankte. Es fiel mir immer schwerer, die ungewohnte Last auszubalancieren und mich an meine breite Statur zu gewöhnen.

Doch ich erwartete dieses Kind mit solcher Sehnsucht, dass mir all diese Unannehmlichkeiten fast nichts ausmachten. Seit ich vor Monaten den ersten Tritt des Babys in meinem Bauch gespürt hatte, war es für mich zu einer realen Person geworden, und in den letzten Tagen des Wartens konnte ich nur daran denken, dass ich meine Tochter nun bald kennenlernen würde. Sah ich meine unförmige Gestalt im Spiegel, so freute sich ein Teil von mir darüber, wie dick der Bauch war, der meine sonst so zierliche Figur verunstaltete. Denn das bedeutete, dass das Baby ordentlich wuchs.

Doch die Kleine schien mit ihrem Eintritt in die Welt noch zu zögern. Der errechnete Geburtstermin war bereits überschritten, und bald sehnte ich mich danach, dass mein Körper endlich wieder mir allein gehörte. Gleichzeitig wuchs die Angst vor der Geburt.

Nur zu gut erinnerte ich mich an die Schreie meiner Mutter, wenn sie ein Kind zur Welt gebracht hatte, und an das verschwörerische Geflüster verheirateter Frauen über die unvorstellbaren Schmerzen. Immer fragte ich mich dann, weshalb diese Schmerzen von einem Augenblick zum anderen vergessen schienen, wenn sich eines Tages der Wunsch nach einem weiteren Baby regte.

Zu meinem Erstaunen musste ich feststellen, dass ich meine Mutter sehr vermisste. Es tat geradezu körperlich weh. Erfolglos versuchte ich außerdem, jeden Gedanken an den Mann von nebenan zu verbannen. Nicht einmal eine Weihnachtskarte oder einen Brief, der mir ein wenig Mut machte, hatte ich von ihm bekommen. Dabei war allein er der Grund, warum ich von meiner Familie getrennt war. Ich begann, ihn deswegen zu hassen.

Meine Tochter kam morgens zur Welt. Genau wie meine Mutter dreizehn Jahre zuvor, erwachte ich durch einen ziehenden Schmerz und in einem feuchten Bett. Aber anders als bei ihr lag neben mir kein warmer, wenn auch schlecht gelaunter Mensch, den ich anstoßen und aufwecken konnte. Ich hatte nur eine Klingel über dem Bett, mit der ich Hilfe rufen konnte. Auch eine erfahrene Hebamme, die mir sagte, ich müsse mir keine Sorgen machen, sie würde sich um alles kümmern, stand nicht an meiner Seite. Stattdessen erschien die grimmig dreinschauende Hausmutter. Sie warf einen kurzen Blick auf mich, dann ließ sie mich in den Kreißsaal schieben.

Und nun begannen die Schmerzen, unvorstellbare Schmerzen. Mit ihnen kamen die Schreie, die aus meiner Kehle entwichen, wenn meine Muskeln sich spannten, um dem Baby auf die Welt zu helfen. Undeutlich erinnere ich mich noch an das Gefühl, wie meine Tochter schließlich aus mir hinausglitt, wie ich ihren ersten Schrei hörte. Dann war alles dunkel, und ich schlief.

Am späten Nachmittag schlug ich die Augen auf. Neben meinem Bett saß eine Krankenschwester. Sie erklärte, weil ich noch so jung sei, hätte ich viel Blut verloren. Außerdem hätte man mich nähen müssen. Sie sagte mir auch, was ich bereits wusste: dass ich ein Mädchen geboren hatte.

»Ich will sie sehen. Bitte.« Sie wurde mir gebracht – ein winziges, sechs Pfund schweres Bündel. Ich streckte die Arme nach ihr aus und nahm sie in Empfang. Nicht einmal jetzt kann ich mit Worten die tiefe Liebe beschreiben, die ich empfand, als ich sie zum ersten Mal sah, ihren wunderbaren Duft aufsog.

Ein Blick in das winzige Gesicht, noch rot und zerknautscht von den Mühen der Reise, ein Blick auf die zarten Gliedmaßen, den dunkelblonden Flaum auf ihrem Kopf, und ich wollte dieses hilflose Wesen für alle Zeiten in den Armen halten. Ich studierte ihre Züge genau, konnte aber keinerlei Ähnlichkeit mit dem Mann von nebenan feststellen. Für mich sah meine Tochter aus wie eine Miniaturausgabe meiner selbst.

Die Hausmutter kam und erklärte, ich sei sehr geschwächt. »Du musst dich ausruhen. Das war eine schwere Geburt, Marianne.«

Zum Protestieren fehlte mir die Kraft. Das Baby wurde mir aus den Armen genommen, die Augen fielen mir zu. Erst am nächsten Morgen wurde ich wieder wach.

Die Schwester half mir aus dem Bett und nahm mich mit ins Kinderzimmer. Sie zeigte mir, wie ich meinem Kind das Fläschchen geben und seine Windeln wechseln sollte. Beides hatte ich schon vor langer Zeit gelernt.

Als ich an jenem ersten Morgen meine Tochter fest in den Armen hielt, befand ich mich in einer eigenen kleinen Welt – einer Welt, in der nur wir beide existierten. Leise summte ich ihr ein Lied ins Ohr und betrachtete sie verträumt. Ihr Kopf ruhte an meiner Brust. Ich staunte über die Kraft, mit der der kleine Mund am Schnuller des Fläschchens sog.

Als meine Tochter satt war, legte ich sie sanft an meine Schulter, atmete ihren berauschenden Babyduft ein und tätschelte ihren Rücken. Eine winzige Faust ruhte an meinem Hals, ein leises Aufstoßen. Ein wenig Milch sabberte auf meine Schulter; sanfter, warmer Atem kitzelte mein Ohr. Mein Baby war eingeschlafen.

Ich küsste Sonia noch einmal, legte sie in ihr Bettchen und deckte sie mit einer gehäkelten Decke zu. Dann saß ich neben ihr und sah ihr selig beim Schlafen zu, bis mich schließlich eine Schwester am Arm nahm und zu meinem Bett zurückführte.

Und dann kam meine Mutter. Sie setzte sich zu mir. »Geht es dir gut, Marianne?«

Was für eine dumme Frage, dachte ich. Wie sollte es mir gut gehen, wenn man mir doch in sechs Wochen mein Baby wegnehmen würde?

In diesem Augenblick spürte ich Bitterkeit. Warum konnte sie mein Baby nicht zu Hause willkommen heißen? Mein Vater hatte sie doch auch bleiben lassen, als Jack geboren war. Diese Gedanken machten es mir unmöglich, mit ihr zu sprechen.

Das spürte sie. Sie seufzte und erhob sich.

»Ich weiß, was du denkst«, sagte sie. »Aber glaub mir, es ist besser so. Dein ganzes Leben liegt noch vor dir. Eines Tages wirst du heiraten und weitere Kinder bekommen. Aber jetzt bist du dafür einfach noch zu jung.«

Meine Augen ruhten auf ihren Brüsten, die von der Milch für meinen jüngsten Bruder prall waren, und meine Bitterkeit wuchs. Ich wandte den Kopf ab, damit sie meine Tränen nicht sah. Sie ging ohne ein weiteres Wort.

Kapitel 34

In den Tagen, in denen ich wegen meines geschwächten Zustandes noch im Krankenzimmer bleiben musste, genoss ich jede Minute mit meinem Kind. Ich liebte das warme Gefühl, das mich durchrieselte, wenn ich Sonia fütterte, badete oder in den Armen hielt. Ich empfand den unbändigen Drang, sie zu beschützen. Den Namen Sonia hatte ich an jenem Tag für sie ausgesucht, an dem ich sie zum ersten Mal in mir gespürt hatte. Schon damals war ich sicher gewesen, dass das Kind ein Mädchen war.

Noch viel schöner hätte ich es gefunden, mich allein um mein Baby kümmern zu können, anstatt mich unter den wachsamen Augen der Hausmutter oder einer Schwester mit ihm zu beschäftigen. Wenn es nur Sommer wäre, dachte ich. Dann könnte ich meine Kleine in einem Kinderwagen draußen umherschieben und mit ihr in den Obstgarten hinter dem Haus gehen. Dort hätte ich mich dann unter einen Baum gesetzt, dessen Blätter uns Schatten spendeten, und sie einfach nur angesehen. Aber die Wintertage waren zu kalt, als dass man mit einem Neugeborenen ins Freie hätte gehen können. Ich musste mich damit zufriedengeben, meine gemeinsame Zeit mit Sonia in den Wänden der Kinderstation zu verbringen.

Dabei war sie ein echtes Sonnenkind. Vom ersten Tag an schlief sie zufrieden und weinte nur selten. Das tröstete mich ein wenig in meinem Kummer. Denn wäre sie ein schwieriges Kind gewesen, dachte ich, müsste es ihren neuen Eltern dann nicht schwerfallen, sie zu lieben?

In solchen Augenblicken tat ich, was ich immer tat, wenn sich die Worte »neue Eltern«, in meinen Kopf schlichen: Ich schob sie energisch beiseite.

Als ich mich ein wenig erholt hatte, durfte ich in mein Zimmer zurück. Sonia schlief neben mir in einem Kinderbettchen.

»Hör zu, Marianne. Lass sie wirklich in ihrem Bett liegen«, sagte die Hausmutter in einem etwas gütigeren Ton als gewöhnlich. »Ich weiß doch, wie ihr Mädchen seid. Holt die Babys in euer Bett. Aber ihr tut euch damit keinen Gefallen. Wenn die Zeit kommt, ist dadurch alles noch viel schlimmer.« Welche Zeit sie damit meinte, musste sie mir nicht lange erklären.

Weil sie merkte, dass ich die Bedeutung ihrer Worte nicht verstehen wollte, setzte sie sich entgegen all ihren Gewohnheiten ans Ende meines Bettes. »Ach, Marianne, ich merke doch, wie sehr du an ihr hängst. Und denk nicht, dass ich dich nicht verstehe. Das ist natürlich. Aber du weißt, dass sie nicht mit dir nach Hause gehen wird. Also mach es dir selbst nicht noch schwerer, als es schon ist. Mehr kann ich dir nicht raten.« Dann stand sie seufzend auf und ließ mich mit dem Baby allein.

Natürlich hielt ich mich nicht an den Rat der Hausmutter. Ich drückte und herzte Sonia bei jeder Gelegenheit, legte sie neben mich aufs Bett und lauschte ihrem Atem. Ich flüsterte und raunte ihr Koseworte zu, sang ihr Lieder vor und sagte ihr, wie sehr ich sie liebte.

Unsere gemeinsamen Tage wurden zu Wochen, bis mir klar wurde, dass die Zeit der Trennung, die ich so energisch aus meinen Gedanken verbannt hatte, unaufhaltsam näherrückte.

»Marianne, hast du spezielle Kleider für deine Tochter mitgebracht, die sie tragen soll, wenn ihre neuen Eltern sie zum ersten Mal sehen?« Die Frage der Hausmutter holte mich schonungslos auf den Boden der Tatsachen zurück.

Verständnislos sah ich sie an. Ich hatte doch kein Geld! Wie also hätte ich Kleider für mein Baby kaufen sollen?

»Keine Sorge.« Die Hausmutter sah in mein betretenes Gesicht. »Wir finden schon etwas Hübsches für sie. Sie werden sie auf jeden Fall sehr lieb haben, gleichgültig wie wir sie anziehen. Sie ist eine gute kleine Seele.«

In jenen letzten Tagen mit meiner Tochter betete ich unablässig, dass meine Eltern einlenken und mich Sonia mit nach Hause bringen lassen würden. Sie war so wunderschön, so brav, sie würde niemanden stören. Und außerdem – wen kümmerte es schon, wenn ein weiteres Baby in unserem Haus war? Doch mein Wunsch blieb unerfüllt. Keine Großmutter kam in letzter Sekunde angerannt, um zu erklären, sie hätte es sich anders überlegt – sie wolle ihre Enkelin nach Hause holen und sie in die Familie aufnehmen. Der schlimmste Tag meines Lebens rückte näher.

Als ich Sonia an diesem Morgen badete und abtrocknete, streichelte ich jeden Zentimeter ihres vollkommenen kleinen Körpers. Ich wollte, dass sich die Art, wie sich ihre Haut anfühlte, tief in meine Erinnerung grub. Ich konnte gar nicht aufhören, sie anzuschauen, denn immer, wenn ich von nun an die Augen schloss, wollte ich ein Bild von ihr vor mir sehen. Ich besaß ja noch nicht einmal ein Foto von ihr, das ich mit nach Hause nehmen konnte. Nachdem ich sie zum letzten Mal gefüttert hatte, kam die Hausmutter und brachte mir etwas zum Anziehen für sie. Es war ein blauer Strampelanzug.

»Gibt es denn keinen rosafarbenen?«, fragte ich verzweifelt. Der Gedanke, meine Tochter in blauen Jungenbabykleidern abgeben zu müssen, war mir unerträglich. Ich dachte, das Mindeste, was ich für sie tun könnte, wäre, dafür zu sorgen, dass sie hinreißend aussah. Ich wollte, dass »sie« sahen, wie gut ich mich um sie gekümmert hatte. Sie sollten wissen, dass ich Sonia liebte. Denn das sollten sie meiner – unserer – Tochter eines Tages sagen.

»Einen anderen haben wir leider nicht«, sagte die Hausmutter. »Es tut mir leid, Marianne.« Ich spürte, dass sie meinen verzweifelten Protest verstand.

»Ihren neuen Eltern macht das sicher nichts aus, Marianne. Wie ich schon sagte – sie werden sie sehr lieb haben.«

Aber mir machte es etwas aus.

Ich gab mir Mühe, nicht loszuweinen. Sonia sollte sich später nicht an Tränen erinnern. Wie ein gefrorener Block lag die Trauer darüber, sie zu verlieren, in mir. Das Unglück, das ich empfand, weil meine Tochter ihr neues Leben nun in einem blauen Strampelanzug beginnen musste, war fast mehr, als ich ertragen konnte.

Später am Vormittag kam die Sozialarbeiterin. Ihre Pflicht war es, das Baby zu seinen neuen Eltern zu bringen. Ich weiß nicht mehr, was sie sagte, als sie mir meine Tochter aus den Armen nahm. Ich weiß nur noch, dass ich wie in Trance am Fenster stand und zusah, wie mein Kind hinausgetragen und ins Auto der Sozialarbeiterin gelegt wurde.

Das war meine letzte Erinnerung an sie, bevor sie aus meinem Blick verschwand: ein winziges Bündel in blauen Jungenbabykleidern.

Ich stellte mir ihre Angst vor, weil sie plötzlich von allem getrennt war, was sie kannte, weil sie in einem Auto lag, mit fremden Gerüchen und abrupten Bewegungen.

Würde sie sich fragen, wo ich war? Würde sie sich danach sehnen, dass meine Hände sie streichelten und dass meine Stimme ihr meine Liebe versicherte? Würde sie weinen? Diese Gedanken ließen mich nicht los. Mussten die neuen Eltern meine Tochter mit einem verweinten Gesicht entgegennehmen?

Und noch eine Frage quälte mich: Wie lange würde es dauern, bis sie mich vergessen hatte?

Kapitel 35

Am Nachmittag holte mich mein Vater im Auto des Mannes von nebenan ab. Die Fahrt, worüber wir sprachen oder ob wir überhaupt etwas sagten, ist mir nicht mehr in Erinnerung. Von irgendjemandem muss ich mich verabschiedet haben. Sicher habe ich mich bei der Hausmutter bedankt. Auch an die Tage, die ich zu Hause verbrachte, bevor ich wieder zur Schule ging, erinnere ich mich kaum. Meine Trauer war überwältigend, ich bewegte mich wie im Traum – einem Traum, in dem man nichts fühlt außer dem Schmerz und nichts sieht außer dem Gesicht eines Babys.

Vermutlich fuhr meine Mutter mit mir in die Stadt, wo wir eine Schuluniform kauften. Anders kann es nicht gewesen sein, denn an dem Tag, als ich zum ersten Mal in die neue Schule ging, hing die Uniform an der Tür meines Zimmers.

Sie bestand aus einem grauen Rock, einer gestärkten weißen Bluse und einem blauen Blazer. Auf dem Fußboden stand ein Paar neue schwarze Schuhe, in denen ein Paar neue weiße Socken steckte. Diesmal legten meine Eltern anscheinend Wert darauf, dass ich mich äußerlich nicht von den anderen Mädchen unterschied.

Zu meiner unendlichen Verwunderung fuhr mein Vater mich am ersten Tag zur Schule.

»Du musst heute sehr früh dort sein«, lautete seine Erklärung. »Deine Rektorin will vor dem Unterricht noch mit dir sprechen.«

Mir wurde bange. Was wusste sie über mich? Dass ich vor fast neun Monaten aus meiner alten Schule geworfen worden war?

Kannte sie – was noch schlimmer gewesen wäre – vielleicht sogar den Grund? Ich wollte nachfragen, doch meine Fragen konnte ich nicht stellen, denn die Worte »schwanger«, »Baby«, »Adoption« und »Marianne« wurden von meinen Eltern nie im selben Satz verwendet. Es war, als wäre alles nie passiert.

Die Fahrt zur Schule verging viel zu schnell. Mein Vater hielt vor dem Schultor an und wartete ohne ein einziges Wort der Ermutigung darauf, dass ich ausstieg. Mit vor Nervosität zitternden Beinen stakste ich durch das Tor.

Die Schule war größer als meine frühere, hatte Tennisplätze und grüne Rasenflächen. Aber nichts konnte mich von den Befürchtungen ablenken, die meinen Magen flattern ließen. Ich warf mir den Ranzen über die Schulter, betrat zögernd das Gebäude und machte mich auf die Suche nach dem Büro der Schulleiterin.

Zu meiner Erleichterung begrüßte mich anstatt der strengen, unnahbaren Frau, die ich erwartet hatte, eine kleine rundliche Dame. Lächelnd bat sie mich herein. Von meiner Schwangerschaft wusste sie zwar, doch sie erklärte mir, das hätte keine Auswirkungen auf ihr Urteil über mich.

»Hallo Marianne, komm, setz dich«, waren ihre ersten Worte. »Du hast eine schlimme Zeit hinter dir, und ich hoffe, du wirst hier glücklich.« Angesichts dieser unerwarteten Freundlichkeit drohten die Tränen, die ich seit der Rückkehr aus dem Heim zurückgedrängt hatte, aus meinen Augen zu laufen. Doch die Rektorin ignorierte diesen offensichtlichen Gefühlstumult.

»Jetzt ist es Zeit, nach vorn zu blicken, Marianne«, sagte sie schlicht. Dann fragte sie mich, ob ich schon darüber nachgedacht hätte, was ich nach der Schule machen wollte, wenn ich sie mit fünfzehn Jahren verlassen durfte. Auf ihrem Schreibtisch lagen gut sichtbar meine Akten aus der alten Schule. Ich nahm an, dass sie nicht nur meine Noten und Beurteilungen enthielten, sondern auch alle Unterlagen, die mit meinem Schulausschluss zu tun hatten.

Noch nie hatte ich intensiv über einen Berufswunsch nachgedacht, aber plötzlich wusste ich, wie ich mir meine Zukunft vorstellte: Ich wollte Kinderkrankenschwester werden.

Ich platzte mit diesem ganz neuen Gedanken heraus, war aber bereits darauf gefasst, dass die Rektorin mir sagen würde, was ich schon wusste – dass meine Noten zu schlecht waren und ich in der Schule zu viel verpasst hatte. Doch sie hörte mir zu, ohne mich zu unterbrechen. Am Ende lächelte sie sogar ermutigend.

Dass ich mich in der Schule erst einmal deutlich verbessern musste, erklärte sie mir zwar ohne Umschweife, aber sie sah keinen Grund, weshalb ich das mit Fleiß und harter Arbeit nicht schaffen sollte. Sie sagte mir auch, es gäbe die Möglichkeit, in einem Lehrkrankenhaus anzufangen, dort im Schwesternheim zu wohnen und zunächst eine Ausbildung zur Schwesternhelferin zu machen. Mit Ehrgeiz und einiger praktischer Erfahrung konnte ich mich dann vielleicht zur Krankenschwester hocharbeiten. Die Rektorin meinte, gute Schulleistungen führten zwar schneller zum Ziel, aber es gäbe auch andere Wege für Mädchen wie mich.

Während der ersten Wochen in der neuen Schule sorgte ich mich, dass außer der Rektorin noch jemand über meine Vergangenheit Bescheid wusste. Ich fürchtete mich vor Fragen nach meiner früheren Schule und weshalb ich nicht mehr dort war. Aber zu meiner Erleichterung schien niemand wirklich neugierig zu sein.

Nach und nach legte sich meine Anspannung. Die adrette Uniform machte es mir leicht, zwischen den anderen Schülerinnen nicht aufzufallen; sie trug dazu bei, dass ich mehr Selbstvertrauen gewann. Ich fing an, konzentrierter für die Schule zu arbeiten, denn zum ersten Mal hatte ich ein Ziel, das ich nur durch bessere Noten erreichen konnte. Ich fragte sogar die anderen Mädchen nach ihren Zukunftsplänen. Manche von ihnen wollten gern aufs College, aber die meisten freuten sich auf die Unabhängigkeit, die ihnen ein eigenes Einkommen verschaffen würde.

Sie wollten keine Hausaufgaben mehr machen und nicht mehr lernen müssen, sondern sich Make-up und Kleider kaufen, einen Freund finden, arbeiten gehen oder zu Hause bleiben, bis sie heirateten. Im Gegensatz zu ihnen wusste ich schon jetzt, dass ich mein Elternhaus so bald wie möglich verlassen und mit meinem Leben etwas Sinnvolles anfangen wollte. Dass die Ausbildung zur Krankenschwester viele Jahre dauerte und ich hart arbeiten musste, um voranzukommen, war mir ein Ansporn. Mein Baby vermisste ich immer noch von ganzem Herzen. Aber diesen dumpfen Schmerz verschloss ich in einem entfernten Winkel meiner Seele. Ihn hervorzuholen und zuzulassen tat einfach zu weh.

Es gab noch ein anderes Mädchen, das Krankenschwester werden wollte. »Vielleicht lerne ich dabei einen gutaussehenden Arzt kennen.« Sie grinste. »Das wäre dann der Hauptgewinn. Aber Krankenschwestern heiraten auch oft Polizisten oder Feuerwehrmänner, sagt meine Mum.« Unwillkürlich erwiderte ich ihr Lächeln. Nicht weil ich dieselben Träume hatte, sondern weil ich zum ersten Mal das Gefühl hatte, ich könnte eine Freundin finden.

Ihr Name war Susan. Sie hatte eine jüngere Schwester, hatte sich aber immer einen Bruder gewünscht. Ich hätte großes Glück, drei Brüder und eine Schwester zu haben, sagte sie. Glück? So hatte ich das bislang nicht empfunden. Niemals auch nur eine ruhige Minute zu haben, immer von Lärm und Chaos umgeben zu sein, endlose Pflichten und ständige Störungen – das bedeuteten Geschwister für mich, auch wenn ich sie gleichzeitig liebte.

Susan hatte langes blondes Haar, war hochgewachsen und schlank. Sie sah damit genauso aus, wie ich mit meinen nicht einmal eins fünfzig aussehen wollte. Die Blicke der Jungen folgten ihr, wo immer sie hinging, aber sie warf nur ihr Haar zurück und zeigte wenig Interesse. Sie sagte, sie könne sich nicht vorstellen, dass je einer von ihnen Arzt werden würde. Andere Mädchen wollten sie ebenfalls gern zur Freundin haben, aber sie hatte sich mich ausgesucht. Wir saßen im Klassenzimmer nebeneinander, standen in der Morgenversammlung und auf dem Pausenhof zusammen und aßen das Schulmittagessen am selben Tisch.

Sie begleitete mich sogar zur Bushaltestelle, bevor sie zu Fuß nach Hause ging. Und nach ein paar Wochen lud sie mich zum Abendessen zu sich ein.

»Komm doch morgen zu uns«, sagte sie. »Ich habe meiner Mutter erzählt, ich hätte mich mit einem Mädchen aus der Klasse angefreundet, und sie sagte, ich darf dich mitbringen.«

Meine erste Einladung zum Abendessen, dachte ich. Ein wenig von der Trauer, die ich mit mir herumschleppte, fiel von mir ab.

»Gefällt dir diese neue Band?«, fragte Susan mich. »Die Beatles?«

Ich wollte, dass sie mich mag, deshalb nickte ich eifrig, obwohl ich von der Musik der Beatles noch nie gehört hatte.

»Prima. Ich habe die neue Single, ‚Please Please Me'. Die können wir uns nach dem Essen anhören.«

»Ich bin zum Abendessen nicht zu Hause«, sagte ich wie nebenher am nächsten Morgen zu meiner Mutter.

Sie warf mir einen forschenden Blick zu.

»Ich gehe zu Susan, einer Klassenkameradin. Ich habe dir schon von ihr erzählt. Sie hat mich eingeladen.«

»In Ordnung«, sagte meine Mutter. »Aber komm nicht zu spät. Um halb acht bist du wieder hier, keine Minute später. Du darfst den letzten Bus nicht verpassen und musst außerdem noch deine Hausaufgaben machen.«

An diesem Tag spürte ich ein aufgeregtes Kribbeln. Endlich hatte ich eine Freundin in meinem Alter. Sobald die Schulglocke das Unterrichtsende verkündete, schnappte ich meinen Ranzen und folgte Susan aus dem Klassenzimmer.

Ihr Haus, eine Doppelhaushälfte mit einem Erkerfenster und einer soliden hölzernen Eingangstür, lag nicht weit von der Schule entfernt. Bald stand ich im Wohnzimmer und wurde ihrer Mutter als Marianne, das neue Mädchen in der Klasse, vorgestellt.

Doch schon als wir uns zum Essen hinsetzten, merkte ich, dass etwas nicht stimmte.

Susans Mutter fragte mich, was mein Vater beruflich mache, und ich spürte sofort, dass die Erklärung, er arbeite auf einer Farm, nicht auf Begeisterung stieß. Zwar lächelte Susans Mutter weiterhin tapfer, doch meine nächste Antwort ließ dieses Lächeln gefrieren.

»Wo wohnst du denn, Marianne?« Von der Frage überrascht, nannte ich ihr den Straßennamen und hoffte, dass sie dort niemanden kannte. Meine Hoffnung erfüllte sich nicht. »Und wie lautet dein Nachname?«, fragte sie bedächtig. Mit einem unguten Gefühl nannte ich ihn ihr.

Die Platte mit Essen, die gerade auf dem Weg zu mir gewesen war, landete mit einem Knall auf dem Tisch. »Susan«, sagte die Frau zu ihrer Tochter, »komm mit in die Küche. Sofort!« Meine Freundin gehorchte mit verdutztem Gesicht.

Ihre jüngere Schwester sah mich mit großen Augen an. Sie hatte gespürt, wie sich die Atmosphäre im Raum veränderte, und wusste, dass das etwas mit mir zu tun haben musste. Einen Moment lang saß ich einfach nur stumm auf dem Stuhl und wollte mich unsichtbar machen.

Durch die Tür hörte ich gedämpft die Worte »Schlampe«, »nicht in meinem Haus« und »will nicht, dass du mit solchen Leuten verkehrst«. Ich schob den Teller fort, nahm meinen Ranzen, ging in die Diele, öffnete die Haustür so leise wie möglich und schlich davon.

Susan rannte mir nach. Sie begleitete mich zur Bushaltestelle, versuchte, sich für das Verhalten ihrer Mutter zu entschuldigen, und sagte, sie sei immer noch meine Freundin.

Morgen sicher nicht mehr, dachte ich bei mir, und ich behielt recht.

Es stellte sich heraus, dass Susans Mutter Dora kannte. Und sie kannte Doras verzerrte Version der tatsächlichen Ereignisse.

Immer sei sie nett zu mir gewesen und hatte mich unterstützt. Und wie hatte ich es ihr gedankt? Ich hatte mit ihrem Mann geschlafen, war schwanger geworden und hatte das Baby zur Adoption freigegeben.

Als Susans Mutter ihrer Tochter Doras Lügengeschichte erzählt hatte, musste sie ihr gar nicht mehr verbieten, mit mir befreundet zu sein. Diese Entscheidung ergab sich wie von selbst. Schlimmer als der Verlust von Susans Freundschaft war aber, dass sie in der ganzen Klasse herumerzählte, warum sie nichts mehr mit mir zu tun haben wollte.

Sie setzte sich von mir fort. Von nun an saß ich wieder allein. Ich versuchte, auf dem Schulhof mit ihr zu sprechen, doch sie warf mir einen Blick voller Verachtung und Mitleid zu. »Meine Mutter sagt, du seiest eine billige kleine Nutte«, erklärte sie so laut, dass die Mädchen in der Nähe es hören mussten. »Ich soll mich nicht mehr mit dir abgeben.« Dabei hakte sie sich bei einem stets besonders unterwürfigen Mädchen mit mausfarbenem Haar unter und stolzierte davon. Ihre neue beste Freundin warf mir einen triumphierenden Blick zu, und ich hörte die beiden lachen. Mein Gesicht wurde heiß vor Scham, denn ich wusste, dass ich der Grund für ihre Erheiterung war. In diesem Augenblick wünschte ich mir, der Erdboden möge sich auftun und mich verschlucken.

Immer wieder sah ich in den nächsten Tagen, wie die Mädchen in Gruppen zusammenstanden und sich flüsternd über den Skandal unterhielten, während die Jungen feixten und schmutzige Bemerkungen machten.

»Hey Marianne«, rief mir ein Kerl hinterher, der etwas forscher war als die anderen. »Wie ist es denn so, wenn ein Baby in einem herumzappelt?«

»Vorher hat aber etwas anderes in dir herumgezappelt, oder?«, grölte ein anderer. Die Gruppe bog sich vor Lachen.

Ein halbes Jahr dauerte es, bis ihnen die Boshaftigkeiten langweilig wurden. Sechs lange Monate, in denen ich mich bemühte, den zweideutigen Spott und das gehässige Zischen mit erhobenem Kopf zu ignorieren. Sechs Monate, in denen ich jede Nacht in mein Kopfkissen weinte. Ich hatte so gehofft, dass ich diesmal dazugehören würde. Aber wieder war ich allein.

Kapitel 36

Mein neues und glücklicheres Leben in der Schule war von einem Tag zum anderen völlig aus den Fugen geraten. Und fast gleichzeitig endete auch der Waffenstillstand mit meinem Vater. Seit ich nach den strengen Heimregeln gelebt hatte, war ich aus Sicht meiner Eltern geradezu zwanghaft ordentlich geworden. Wenn ich am Wochenende die Stapel schmutzigen Geschirrs und den Eimer voller verdreckter Windeln sah, rümpfte ich angewidert die Nase und beschloss, etwas dagegen zu unternehmen.

Sobald meine Mutter samstags mit dem Baby im Kinderwagen einkaufen ging und sobald mein Vater bei der Arbeit war, schickte ich meine Geschwister zum Spielen in den Garten, krempelte die Ärmel hoch und fing an zu schrubben und zu putzen.

Einerseits wollte ich, dass das Haus so sauber und schön war wie möglich. Andererseits hielt das Putzen mich auch davon ab, über Susan und die verächtlichen Blicke nachzugrübeln, die sie mir zuwarf, wann immer wir uns sahen.

Erst wurden in unserem größten Topf die Windeln gekocht, dann machte ich mich über den Abwasch her, wischte jeden einzelnen Fettfleck von den Arbeitsflächen und putzte schließlich auf Händen und Knien den Fußboden. Wenn meine Mutter zurückkam, blitzte die ganze Küche. Leider hielt dieser Zustand nie lange an. Auch am folgenden Wochenende war der Boden wieder voller Krümel, am Tisch und am Herd klebten erneut eingetrocknete Essensreste und wieder füllte ein schmutziger Windelberg den Eimer. Jeden Samstag fing ich von vorn an.

Beim Putzen dachte ich über mein Leben nach der Schule nach. Ich träumte davon, zu Hause auszuziehen, die Schwesternausbildung anzufangen und eine adrette, gestärkte, blauweiße Uniform zu tragen. Bettpfannen leeren und Fußböden schrubben spielte in diesen Träumen keine Rolle. Stattdessen stellte ich mir die kleinen Gesichter vor, die vertrauensvoll zu mir aufblickten, die dankbaren Eltern, die beteuerten, wie froh sie waren, dass gerade ich mich um ihr Liebstes kümmerte.

Ach, wie anders mein Leben dann sein würde, dachte ich. Jetzt musste ich mein Zimmer noch mit meiner Schwester teilen, die überall ihr Spielzeug herumliegen ließ. Im Schwesternwohnheim würde ich ein eigenes Zimmer haben. Mein Bett würde mit sauberen weißen Laken bezogen sein, und anstelle der alten Kleider, unter denen wir jetzt schliefen, würde eine Wolldecke mich wärmen. Meine Kleidung konnte ich ordentlich in einen Schrank hängen, meine Unterwäsche wäre neu und sauber, und was am allerbesten war: Es würde keine kleinen Finger geben, die sich an meinen Toilettenartikeln vergriffen.

Diese Gedanken gaben mir Hoffnung, und die Hoffnung führte dazu, dass ich mich intensiv mit meinem Lernstoff beschäftigte. Abends lagen meine Schulbücher auf dem Küchentisch; ich gab mir alle Mühe, meine Wissenslücken zu schließen und den Abstand zu meinen Klassenkameraden zu verringern. Mein Vater quittierte diese Anstrengungen mit einem höhnischen Grinsen, das nur noch abfälliger wurde, wenn er mich putzen sah.

Ich hatte geglaubt, die Mühe, die ich mir mit der Hausarbeit machte, würde meine Eltern freuen. Aber das erwies sich als Irrtum. Stattdessen fühlten sie sich angegriffen, als kritisierte ich sie jedes Mal, wenn ich einen Besen oder Lappen zur Hand nahm.

»Hältst du dich jetzt für etwas Besseres?«, schnaubte mein Vater, wenn ich meine Schuluniform bügelte. »Aus dir ist eine richtige kleine Madam geworden.« Ich sah ihn nur an und ignorierte seine Worte. Meine ungnädigen Gedanken vergingen davon nicht.

Ihr könnt gerne wie Schweine leben, wenn es euch gefällt. Aber ich will das nicht, hätte ich am liebsten erklärt. Der gesunde Menschenverstand hielt mich davon ab, die Worte laut auszusprechen. Doch vermutlich sagte ihm mein Gesicht nur allzu deutlich, was in mir vorging, denn die Flut hämischer Bemerkungen über meine Bemühungen riss nicht mehr ab.

»Nun putzt du sogar schon das Klo«, sagte er verächtlich. Er hatte die Außentoilette nicht nur sauber vorgefunden, sie roch außerdem nach Desinfektionsmittel. »Als Nächstes wirst du uns selbst auch noch schrubben wollen.«

»Hör einfach nicht hin, Marianne«, sagte meine Mutter matt, wenn er nach diesen Sprüchen davonstapfte. Aber mir fiel auf, dass sie mir nie für meine Mühe dankte.

Es dauerte nur ein paar Wochen, bis mein Vater mir noch unmissverständlicher zeigte, was er von meinen Anstrengungen hielt, unser Haus sauber zu halten. Ich schrubbte gerade auf Händen und Knien den Boden, als er früher als sonst von der Arbeit nach Hause kam. Er wollte schnell in den Garten hinter dem Haus, deshalb stapfte er in seinen lehmverschmierten Stiefeln durchs Zimmer und hinterließ dabei eine Dreckspur.

Damit brachte er das Fass zum Überlaufen. Das konnte ich nicht schweigend hinnehmen. Ich stand auf und starrte ihn an.

»Bitte, Dad«, sagte ich. »Ich habe den Boden eine ganze Stunde lang geputzt. Kannst du nicht einfach die Stiefel ausziehen?«

Sein Gesicht wurde knallrot vor Wut. Ich hatte einen Augenblick lang vergessen, wie jähzornig mein Vater war.

»Was glaubst du eigentlich, wer du bist?« Beim Anblick seiner Miene und seiner erhobenen Hand zuckte ich ängstlich zurück. Aber ich war nicht schnell genug. Der Schlag traf mich so heftig an der Schulter, dass ich das Gleichgewicht verlor, ausrutschte und auf den noch nassen Boden plumpste. Mein Vater wiederum blieb mit dem Fuß im Putzkübel stecken. Das Schmutzwasser schwappte über.

»Jetzt kannst du hier gleich noch mal putzen!«, schrie er. »Anscheinend gefällt dir das ja so gut.« In diesem Augenblick hasste ich ihn wieder einmal. Verstört und vor Schmerzen schniefend, ließ ich mich auf Hände und Knie nieder und wischte den Dreck auf, den er hereingeschleppt hatte.

Als ich fertig war, ging ich in mein Zimmer. Die Kinder müssen heute ausnahmsweise einmal allein zurechtkommen, dachte ich, als ich mich auf mein Bett warf. Dann flüchtete ich mich in meinen Traum von einem eigenständigen Leben – davon, diese Familie zu verlassen, zu der ich mich von Tag zu Tag weniger zugehörig fühlte, und davon, die grausamen Hänseleien in der Schule nicht mehr ertragen zu müssen. Ich wollte irgendwo hingehen, wo niemand mich kannte, wo niemand meine Eltern kannte und keiner von meinem Baby wusste.

Kapitel 37

An dem Tag, an dem ich mit dem kleinen Stapel Fotos und dem Umschlag am Tisch saß, empfand ich das Bedürfnis, zum Telefon zu greifen und meine eigene Mutter anzurufen. Ich wünschte mir Antworten auf einige derselben Fragen, die mir nun meine Tochter stellte.

Hast du mich je geliebt, Mum? Und als du mit mir schwanger warst – wolltest du mich da? Oder war ich nur der Grund, weshalb du heiraten musstest?

Und es gab noch eine Frage, die mir mehr als alle anderen auf den Nägeln brannte: Falls du anfangs nichts empfunden hast, hast du doch irgendwann mütterliche Gefühle für mich, deine älteste Tochter, entwickelt? Dass du meine Brüder und meine Schwester geliebt hast, weiß ich. Aber was ist mit mir?

Stumm in meinem Kopf hatte ich alle diese Fragen so oft gestellt. Den Mut, sie auszusprechen, hatte ich nie gefunden. Und nun verfolgten sie mich wieder.

Aber es war zu spät. Denn schon seit einigen Jahren war meine Mutter nicht mehr in der Lage, sich an die Zeit meiner Kindheit zu erinnern.

Ich stellte mir vor, wie sie zusammengesunken und mit leerem Blick in ihrer Welt gefangen war, wie sie mich verständnislos ansah. Ich war nicht einmal mehr eine Ahnung im Kopf meiner Mutter: Die Demenz hatte ihr gnädig jede Erinnerung an ein Leben genommen, in dem es kaum glückliche Momente gegeben hatte. Nur eine Erinnerung war ihr geblieben – die an ihren Mann.

»Ach, er sah so gut aus«, seufzte sie, wenn der Nebel, in dem sie lebte, sich ein wenig lichtete. Sie das auf diese Art sagen zu hören, erklärte mir, weshalb sie all die Jahre bei ihm geblieben war. Dann lächelte ich sie an, breitete eine Decke über ihre arthritischen Knie, tätschelte ihre zitternde Schulter, bürstete das dünne Haar oder streichelte sanft ihr Gesicht. Kleine Gesten, die ihr zeigen sollten, dass ein Rest der Liebe, die ich als Kind für sie empfunden hatte, noch vorhanden war.

Als ich erwachsen wurde und selbst heiratete, verzieh ich meiner Mutter, dass sie sich zu wenig um mich gekümmert hatte. Mit dem Verständnis, das mit zunehmender Reife einsetzt, war es mir möglich, nicht mehr nur das wütende, verletzte, vernachlässigte Kind zu sein, nicht mehr nur die Dunkelheit in meinem Leben zu sehen, sondern auch die Dunkelheit in ihrem.

Fast alle Liebe, die meine Mutter geben konnte, richtete sich auf ihren Ehemann. Einen kleinen Rest teilte sie unter den Kindern auf, die sie gewollt hatte. Für mich war kaum etwas übrig geblieben und noch weniger für sie selbst.

Meine Gedanken wanderten flüchtig zu meinem Vater, der, vom Alter und vom Alkohol gezeichnet, schon etliche Jahre vor dem Tag gestorben war, an dem die fortschreitende Demenz es nötig machte, dass meine Mutter in ein Heim zog. Ich erinnerte mich an seinen Jähzorn, seine Gewalttätigkeit aber auch an die sehr seltenen Momente, in denen er mir gezeigt hatte, dass zwischen all der Düsterkeit noch ein anderer, angenehmerer Mensch existierte.

Ich selbst hatte mit den Fragen an meine Eltern zu lange gewartet. Doch meine Tochter hatte nicht denselben Fehler begangen. Ich war ihr einige Antworten schuldig.

Ich dachte an meine Vergangenheit zurück und überlegte, ob ich etwas hätte anders machen können. Mit dem Wissensstand einer reifen Frau wäre das vielleicht möglich gewesen. Doch ich war nur ein hilfloses Kind gewesen. »Wenn ich etwas anders gemacht hätte«, sagte ich zu dem Brief, als spräche ich mit meiner Tochter, »hättest du mir nie geschrieben, denn du wärest nie geboren worden.«

Ich dachte an die Lüge, die ich der Sozialarbeiterin und der Hausmutter erzählt hatte. Die Lüge, mit der ich mit dreizehn Jahren die Weichen für so vieles gestellt hatte.

Selbst an dem Tag, an dem fast ein Vierteljahrhundert später plötzlich der Brief vor mir lag, fiel es mir schwer, die Jahre als Teil meines Lebens anzunehmen, in denen ich nicht eine, sondern zwei Töchter empfangen, sie neun Monate lang in mir getragen und schon geliebt hatte, bevor sie überhaupt auf die Welt gekommen waren. Beide Babys hatte ich schon nach wenigen Wochen hergeben müssen.

In zahllosen Nächten verfolgten mich Bilder aus dieser anderen Zeit. Wenn ich schlief, konnten sie sich frei in meinen Träumen bewegen und forderten, dass ich mich nach dem Aufwachen an sie erinnerte. Wie oft hatte ich versucht, diese Forderung zu überhören …

Kapitel 38

In der Zeit, in der ich mich zu Hause langsam wieder eingewöhnte, erschien mir der Nachbar immer mehr wie ein Phantom. Nur hin und wieder sah ich für einen kurzen Moment sein Profil oder seinen Hinterkopf, wenn er aus seinem Wagen stieg. Bevor meine Augen ihn richtig wahrnahmen oder meine Lippen seinen Namen sagen konnten, war er schon wieder verschwunden. Bald fragte ich mich, ob er vielleicht nur in meiner Vorstellung existiert hatte.

Manchmal hörte ich seine Kinder »Daddy« rufen; hin und wieder sah ich Dora am Fenster nach ihm Ausschau halten. Einmal glaubte ich sogar, er ginge auf der Straße vor mir her. Doch als ich meine Schritte beschleunigte, um zu ihm aufzuschließen, sah ich, dass ich einem Fremden gefolgt war. Es war, als wäre er für immer aus meinem Leben verschwunden. Ich fühlte mich erleichtert. So war es doch? Ich mochte ihn nicht mehr. Oder?

Irgendwann musste ich mir eingestehen, dass ich mich hin und wieder durchaus fragte, ob er an mich dachte.

Eines Tages bekam ich die Antwort auf diese Frage. Ich stand um vier Uhr nachmittags an der Bushaltestelle und hörte plötzlich, wie hinter mir ein Auto seine Fahrt verlangsamte.

»Hallo, kleine Dame«, sagte eine Stimme. Ich sah in das Gesicht des Mannes von nebenan.

Zu meinem Erstaunen beugte er sich herüber und öffnete die Beifahrertür. »Steig ein.« Ich starrte ihn nur ungläubig an. All die Kränkungen und der Schmerz vieler Monate stiegen in mir auf.

Dann wandte ich mich ab und ging davon.

»Verschwinde«, sagte ich. »Ich will nicht mit dir reden.«

»Aber ich habe dir etwas zu sagen.« Er warf mir ein Lächeln zu, das er offenbar für einnehmend hielt. »Komm schon. Steig ein.«

Diesmal tat ich es nicht. Und auch nicht am nächsten Tag und am Tag darauf.

Erst beim vierten Mal stieg ich in seinen Wagen.

»Es tut mir leid«, sagte er. »Ich hatte keine andere Wahl. Aber ich habe oft an dich gedacht.« Ich versuchte, nicht hinzuhören. Doch dann sprach er von Gefühlen – von den Gefühlen, nach denen ich mich so sehnte. Und einen Moment lang und nur an diesem ersten Tag glaubte ich ihm sogar. Die Erinnerung daran, wie er am Anfang gewesen war, als er sich meine Geschichten angehört und mir das Gefühl gegeben hatte, etwas Besonderes zu sein, überlagerte die jüngeren und schmerzhafteren Erfahrungen. Als er an diesem Tag zum ersten Mal nach so vielen Monaten wieder mit mir sprach, waren die Gedanken an seine Drohungen, an die Erpressung zwar nicht vergessen, aber ich verbannte sie in den hintersten Winkel meines Gedächtnisses.

Er machte mir ein Geschenk – ein wunderschönes silbernes Medaillon. »Trag es unter deiner Bluse«, sagte er.

Ganz langsam schwand im Laufe einiger Treffen Stück für Stück das Misstrauen der letzten Jahre, bis er wieder der Freund aus meinen Kindertagen zu sein schien. Derjenige, mit dem ich meine Träume und Ängste teilen konnte.

Er hörte mir zu und schien sich anders als meine Eltern für alles zu interessieren, was ich ihm sagte. Mit sorgenvoller Miene ließ er sich berichten, wie Susan und ihre Mutter mich genannt hatten. Als ich ihm von der Distanz erzählte, die ich zu meiner Familie empfand, und davon, wie sehr der letzte große Streit mit meinem Vater mir zugesetzt hatte, legte er für einen kurzen Moment den Arm um meine Schulter. Aber über das Mädchenheim oder über unser Baby sprach ich nie.

Und er fragte mich auch nie danach.

Ich vertraute ihm meinen Wunsch an, Krankenschwester zu werden – sagte ihm, wie lange mir die Monate noch schienen, bis ich endlich mit der Ausbildung beginnen konnte.

»Ich werde dich vermissen, Marianne«, sagte er. Damals glaubte ich, dass er wohl der Einzige war, dem es so erging. Aber später, als ich allein war und er keine Macht über mich hatte, dachte ich wieder daran, was er mir angetan hatte und wie er mich, als ich schwanger geworden war, im Stich gelassen hatte.

»Du hast mich angelogen«, sagte ich einmal. »Mädchen werden nicht gehängt, nur weil sie mit Männern schlafen. Das habe ich im Heim erfahren.«

Er erklärte mir, er habe damals nur mein Bestes gewollt. Sicher war mir doch längst klar, wie viele Schwierigkeiten, wie viel Ärger ich bekommen hätte, wenn ich geredet hätte? Inzwischen musste ich doch wissen, was dann passierte.

Das wusste ich nur zu gut. Mit mir sprach dann niemand mehr, man sprach nur noch über mich.

Noch immer war ich naiv genug, ihm zu glauben. Ich glaubte ihm, weil ich es wollte. Die Tatsache, dass er deutlich mehr Ärger bekommen hätte als ich, kam mir damals nicht in den Sinn.

Ich bemerkte auch nicht, dass der Mann von nebenan mich wieder umgarnte. Wieder spielte er mit Geduld und Geschick dasselbe Spiel. Er kannte mich und meine Schwächen gut, wusste von meiner Einsamkeit und wie isoliert ich mich zu Hause und in der Schule fühlte. Hatte ich mich ihm nicht freiwillig immer wieder anvertraut? Damals ahnte ich nicht, dass ich ihm jedes Mal, wenn ich ihm ein kleines Stück meiner Seele offenbarte, ein Werkzeug in die Hand legte, mit dem er mich kontrollieren konnte.

Zur Eröffnung des Spieles gehörte es, mich dazu zu bringen, dass ich mich freute, ihn zu sehen. Das war nicht schwer – manchmal kam er, manchmal nicht. Schon bald wartete ich darauf, dass sein Auto erschien, was er natürlich wusste.

Auch der zweite Schritt war leicht zu bewerkstelligen. Er musste mich nur glauben lassen, dass er die einzige Person war, der ich etwas bedeutete. Dieses Gefühl verstärkte er bei jedem unserer Treffen auf schlaue Art. Er bedrängte mich nicht. Noch nicht. Doch während ich nach und nach wieder Vertrauen zu ihm fasste, leitete er den letzten entscheidenden Spielzug ein.

Kapitel 39

Endlich näherte sich mein fünfzehnter Geburtstag. Auf diesen Tag hatte ich mich lange gefreut, denn damit begann vermeintlich die große Freiheit. Was ich dabei nicht bedacht hatte, war, dass ich nun zwar vor dem Gesetz alt genug war, die Schule zu verlassen und zu arbeiten, dass ich aber die Erlaubnis meiner Eltern brauchte, um von zu Hause ausziehen zu können.

Ein paar Tage vor dem Geburtstag, den ich als einen so bedeutenden Meilenstein in meinem Leben betrachtete, rief die Rektorin mich zu sich in ihr Büro. Sie sagte, es sähe aus, als würde sich mein Ziel verwirklichen lassen. Ein Krankenhaus im Norden Englands sei bereit, mich in sein Ausbildungsprogramm aufzunehmen. Zwar würde ich nur einen sehr kleinen Verdienst haben, doch ich konnte dort wohnen, und das Krankenhaus würde für Kost und Logis aufkommen. Aber das Beste daran war – auch wenn meine Rektorin es nicht direkt aussprach –, dass kein anderes Mädchen aus meiner Schule sich dorthin beworben hatte. Zusammen mit der Tatsache, dass das Krankenhaus so weit von Zuhause entfernt lag, bedeutete dies, dass ich dort wohl kaum auf jemanden treffen würde, der mich kannte.

»Das wird ein echter Neuanfang für dich, Marianne. Den hast du dir redlich verdient«, sagte sie freundlich. »Du hast dieses Jahr sehr hart gearbeitet, deine Noten sind viel besser geworden. Ich freue mich für dich.« An ihrem Gesichtsausdruck konnte ich ablesen, dass sie durchaus mitbekommen hatte, wie die anderen Schülerinnen mich geschnitten und gequält hatten.

Was sie dann sagte, holte mich allerdings mit einem Schlag auf den Boden der Tatsachen zurück.

»Deine Eltern müssen einen Brief schreiben. Sie müssen dir die Erlaubnis erteilen, zu gehen.«

»Und wenn sie es nicht tun?«, fragte ich ängstlich.

»In diesem Fall, Marianne, würde das Krankenhaus dich nicht nehmen. Sicher hast du das doch alles längst mit deiner Familie besprochen?«

»Ja, natürlich«, log ich.

Ich wartete bis zum Abendessen, dann erzählte ich meinen Eltern von meinen Plänen.

»Wie bitte? Und so etwas fädelst du hinter unserem Rücken ein?« Mein Vater war wütend. »Du dachtest, du könntest hier mir nichts, dir nichts verschwinden, ohne vorher mit deiner Mutter oder mir darüber zu reden? Aber vermutlich sind wir nicht wichtig. Wir sind ja nur die Leute, die dir ein Dach über dem Kopf und etwas zu essen geben. Wenn du glaubst, dass ich dir diesen Schwachsinn erlaube, hast du dich getäuscht.«

Meine Mutter betrachtete angelegentlich ihre Hände, drehte an ihrem schmalen Ehering und schwieg.

»Es ist Zeit, dass du endlich Geld nach Hause bringst, Mädchen!«, fuhr er fort. »Du suchst dir hier in der Gegend eine Stelle und fängst an, für deinen Unterhalt aufzukommen. Zeig endlich ein bisschen Dankbarkeit für alles, was wir für dich getan haben. Und für das, was wir wegen dir aushalten mussten. Das ist das Mindeste, was du tun kannst.«

Ich wandte ein, dass ich meine Eltern ja nichts kosten würde, wenn ich nicht zu Hause wohnte. Aber er hörte mir nicht zu.

Ich bettelte, ich weinte. Doch es hatte keinen Sinn. Hilfesuchend sah ich meine Mutter an. »Deine Mutter brauchst du nicht zu fragen, Marianne. Sie ist ganz meiner Meinung. Oder?« Sein Blick war so drohend, dass ich wusste, sie würde nicht versuchen, ihm zu widersprechen.

»Ohne unsere schriftliche Erlaubnis kannst du nicht gehen. So ist es doch?« Ich nickte niedergeschlagen. »Schön. Von mir bekommst du die Erlaubnis nicht!« Seine Stimme klang triumphierend.

Einen Moment lang schwieg er, stopfte sich eine Gabel voll Essen in den Mund. Dann sah er wieder in mein schockiertes und unglückliches Gesicht. »Weißt du, was du gleich morgen früh machst? Du kümmerst dich um eine Stelle in der neuen Fabrik. Dort hängt ein Schild, auf dem steht, dass sie Leute suchen. Die bezahlen gutes Geld. Also sieh zu, dass du in der Fabrik unterkommst. Und jetzt Schluss mit dem ganzen Gerede.«

Bevor ich den Mund aufmachen und noch einmal protestieren konnte, versetzte er mir noch einen letzten verbalen Tiefschlag. »Du hast uns schon genug Kummer gemacht, Marianne. Du wirst auf keinen Fall mit fünfzehn Jahren von zu Hause ausziehen und dir schon wieder Ärger einhandeln.«

Am nächsten Morgen ging ich nicht in die Schule. Stattdessen lief ich zur Fabrik und fragte dort nach der Person, die die Bewerbungsgespräche mit den Schulabgängern führte. Man sagte mir, ich könne gleich am nächsten Montag anfangen. Man würde mir beibringen, Spulen zu wickeln.

Mein Vater hatte recht. Die Arbeit war gut bezahlt.

Aber kein Geld der Welt konnte mich für meine zerbrochenen Träume entschädigen.

Kapitel 40

Die Fabrik war ein riesiges modernes Gebäude in einem Industriegebiet, wie sie in großer Zahl in unserer Gegend entstanden. Der Vorarbeiter, ein schmaler Mann mit mausfarbenem Haar und einer Brille mit Metallgestell, erklärte in einem ausgeprägten Londoner Akzent, was von mir erwartet wurde.

Am kommenden Montagmorgen sollte ich um sieben Uhr fünfundvierzig in sein Büro kommen. Dann wollte er mir zeigen, wo ich meine zweiwöchige Einarbeitungszeit verbringen würde. Ich sollte lernen, wie man Spulen für die wachsende Telekommunikationsbranche wickelte. Man würde mir beibringen, wie man einen Lötkolben benutzte und die verschiedenen Stärken der Drähte erkannte, die zu verarbeiten waren. Ich zermarterte mir den Kopf, was ich anziehen sollte. Aber mir fiel nur der Rock meiner Schuluniform ein und ein handgestrickter Pullover aus dem Gebrauchtwarenladen.

Am Vorabend meines ersten Arbeitstages wusch und bügelte ich die Sachen. So wirkten sie vielleicht kindlich und altmodisch, waren aber wenigstens sauber. Nervös meldete ich mich am Montagmorgen zur Arbeit und fand mich in einer Gruppe von Frauen wieder, die ebenfalls an diesem Tag in der Fabrik anfingen. Sie waren alle deutlich älter als ich. In einem etwas abseits gelegenen Gebäude erhielten wir eine kurze Einführung, dann begann unsere erste Übungsstunde. Zu meinem Erstaunen fiel mir die im Grunde langweilige und öde Tätigkeit nicht schwer: Meine kleinen Hände erwiesen sich als Vorteil. An diesem ersten Tag wurde ich viel gelobt, und plötzlich erschien mir die Arbeit in der Fabrik gar nicht mehr so schrecklich, wie ich befürchtet hatte.

Ich war mindestens fünf Jahre jünger als die anderen Arbeiterinnen. Die meisten dieser Frauen hatten Ehemänner, die ebenfalls in einer der nahegelegenen Fabriken ihr Geld verdienten. Einige waren aus London hergezogen – angelockt von besseren Schulen für ihre Kinder und von der Möglichkeit, in einer der Siedlungen, die langsam ganz Essex zu bedecken schienen, günstig eine Doppelhaushälfte zu erwerben. Sie waren sehr umgänglich und freundlich, und als die Fabriksirene eine fünfzehnminütige Teepause ankündigte, saß ich plötzlich mitten in einer Gruppe, die entschlossen schien, mich unter ihre Fittiche zu nehmen. Die meisten Frauen waren schon länger erwerbstätig.

»Du bist unser Nesthäkchen! Seit wann bist du denn überhaupt mit der Schule fertig, Liebes?« Eine dunkelhaarige Frau mit braunen Augen und Sommersprossen auf der Stupsnase lächelte mich an. Sie sagte, ihr Name sei Bev.

»Erst seit ein paar Tagen«, antwortete ich. Die Enttäuschung, dass ich nun nicht auf dem Weg zu der ersehnten Schwesternausbildung war, versetzte mir wieder einmal einen Stich.

Bevs Freundin Jean sagte keinesfalls unfreundlich: »Das erklärt dann auch, wie du angezogen bist.«

Verlegen rutschte ich hin und her. Diese Frauen mit den Dauerwellen und den geschminkten Gesichtern gaben ein ganz anderes Bild ab als ich mit meinem brav im Nacken zusammengebundenen Haar und ohne auch nur einen Hauch von Make-up. Obwohl wir alle Kittelschürzen übergezogen hatten, sah ich, dass Bev und Jean Sachen trugen, die viel schöner waren als alles, was mein halbleerer Kleiderschrank hergab. Wieder sank mir der Mut. Langsam glaubte ich wirklich, dass ich nie irgendwo dazugehören würde. Außer meiner Schuluniform besaß ich nur ein paar Kleider aus dem Gebrauchtwarenladen. Und weil ich so klein war, waren sie alle entweder zu groß oder zu kindlich.

Was Kleidung kostete, wusste ich. Schon zu oft hatte ich sehnsüchtig in Schaufenster gestarrt, mir etwas Neues und Modisches zum Anziehen gewünscht. Deshalb war mir auch klar, dass ich eine Ewigkeit würde sparen müssen, um mir so schöne Sachen leisten zu können, wie meine Kolleginnen sie trugen. Mein Vater hatte schon kundgetan, wie viel Geld ich jede Woche bei meiner Mutter für Kost und Logis abzuliefern hatte. Wenn ich diesen Betrag von meinem Lohn abzog, blieb nicht viel für mich übrig.

»Weiß du was, Liebes?« Bev war mein beschämter Gesichtsausdruck nicht entgangen. »Ich nähe fast alle meine Kleider selbst. Ich habe eine elektrische Nähmaschine. Dir Sachen zu schneidern, ist gar kein Problem. Du musst nur den Stoff besorgen.«

Während ich noch rätselte, ob sie das wirklich ernst meinte, sprach sie schon weiter, als wäre, was sie vorschlug, in meinem Leben ganz alltäglich.

»Am Freitag bekommst du deinen ersten Lohn. Am Samstag würde ich gern ein paar Überstunden machen. Das kannst du auch tun, die Einarbeitungszeit hast du fast hinter dir. Anschließend fahren wir kurz in die Stadt und suchen dort in dem neuen Stoffladen etwas Hübsches für dich aus.«

»Ich muss fast meinen ganzen Lohn zu Hause abgeben«, gestand ich verlegen. »Ich habe noch vier jüngere Geschwister.«

»Keine Sorge«, sagte Bev. »Das kostet nicht die Welt. Für ein so schmales Persönchen wie dich brauchen wir nur wenige Meter. Weißt du was? Komm nach dem Einkaufen mit zu mir. Wir essen einen Happen, ich schneide den Stoff gleich zu, und dann fährt mein Mann dich nach Hause.«

Als ich schüchtern meinen Dank murmelte, konnte ich nicht wissen, dass dies der Anfang einer Freundschaft war, die sich in den kommenden Monaten als eine der wichtigsten meines Lebens erweisen würde.

Am Freitagnachmittag wurde mir meine erste Lohntüte ausgehändigt. Außen auf dem verschlossenen Umschlag stand die Abrechnung. Dort konnte ich nachlesen, wie viele Stunden ich gearbeitet hatte und wie viel Geld ich dafür bekam. Zu Hause überreichte ich den verschlossenen Umschlag meiner Mutter. Sie nahm einen Schein und ein paar Münzen heraus und gab mir dieses Geld.

»Das ist für dich, Marianne«, sagte sie. »Kauf dir etwas dafür.« Als ich ihr sagte, dass ich Überstunden machen könne, antwortete sie, den zusätzlichen Lohn dürfe ich behalten. Ich strahlte.

Am Samstagnachmittag fuhr ich mit Bev in die Stadt. Wir durchstöberten sämtliche Stoffgeschäfte. Ich fand einen pastellfarbenen, mit Ranken und kleinen Blümchen bedruckten Stoffrest. Bev sagte, sie könne mir daraus eine Bluse schneidern. Dann entdeckte sie einen marineblauen Stoff zu einem erschwinglichen Preis, aus dem sie mir einen ausgestellten Rock machen wollte. In der Taille sollte er eng anliegen und beim Gehen frei um die Knie schwingen. »Er wird deine schlanke Figur gut zur Geltung bringen.« Bev lächelte, und ich stimmte ihr zu. Mein mageres Taschengeld reichte gerade für diese Einkäufe, doch ich war vor Freude ganz kribbelig. Vor der Heimfahrt feierten wir meinen ersten Lohn mit Tee und Cremetorte. »Ich lade dich ein«, sagte Bev. »Du kannst dich revanchieren, wenn du dein Überstundengeld bekommst.«

Ein paar Stunden später wurde ich im Haus meiner neuen Freundin genau vermessen, damit sie den Stoff korrekt zuschneiden konnte. Ihr Haus gefiel mir auf Anhieb. Ich bewunderte die neue dreiteilige Couchgarnitur aus Dralon, den Teppichboden mit dem Blumenmuster und den glänzenden Esstisch aus hellem Teak mit passenden Stühlen. Im Vergleich dazu wirkte das Heim meiner Eltern gleich noch viel schäbiger.

»Hübsch – nicht wahr, Marianne? Mein Lieblingsstück ist allerdings der Couchtisch. Er ist von Ercol. Sündhaft teuer aber eins a Qualität. Alles auf Raten gekauft«, sagte Bev. »Wir wollten uns ganz neu einrichten, bevor wir uns Kinder anschaffen.«

Ihr Mann, ein kräftiger blonder Kerl Ende zwanzig, arbeitete in einer anderen Fabrik im Akkord, die noch besser bezahlt war als unsere Tätigkeit.

Schon bald aß ich einmal wöchentlich bei Bev und ihrem Mann. Hinterher fuhren die beiden mich nach Hause. Als ihr Wagen zum ersten Mal in die Straße einbog, in der wir wohnten, war mir nur allzu bewusst, wie das Haus mit den fadenscheinigen Gardinen in den Fenstern und der abblätternden Farbe auf die beiden wirken musste. Doch was immer sie dachten – sie behielten es für sich. Sie setzten mich nur ab und wünschten mir eine gute Nacht.

Bei Bev und ihrem Mann erlebte ich zum ersten Mal die Art Beziehung, die man heutzutage als moderne Ehe bezeichnet. Beide arbeiteten und verdienten Geld; dann entschieden sie gemeinsam, wie es ausgegeben wurde. Auch abends gingen sie zusammen aus, nachdem sie zuvor besprochen hatten, was sie unternehmen wollten. Mal gingen sie ins Kino und mal in den Pub. Einmal monatlich machten sie sich richtig fein, gingen essen und dann zum Tanzen. Sonntags bereitete Bev immer einen Braten zu, während Phil den Wagen wusch und im Garten arbeitete. Phils Aufgabe war es, nach dem Essen das Geschirr zu spülen. Von einem Mann, der bei der Hausarbeit half, hatte ich bis dahin noch nie gehört. Hier gewann ich einen ersten Eindruck davon, wie eine glückliche Ehe aussehen konnte.

Das Einzige, was ihnen zu ihrem Glück noch fehlte, vertraute Bev mir an, war ein Baby. Die Raten waren getilgt, und Phil würde bald eine besser bezahlte Stelle als Vorarbeiter bekommen. Das hieß, dass Bev nicht mehr unbedingt arbeiten musste, und beide hatten das Gefühl, dies sei ein idealer Zeitpunkt für ein Kind. Sie versuchten es schon eine Weile – aber bislang ohne Erfolg, sagte Bev. Ein trauriger Ausdruck trat in ihre Augen. Bei diesen Worten bekam ich ein schlechtes Gewissen. Was würde sie denken, wenn sie wüsste, dass ich nicht nur ein Kind bekommen, sondern es weggeben hatte?

Während der ersten Wochen unserer Bekanntschaft keimte in mir die leise Hoffnung auf, dass ich vielleicht eines Tages auch einen netten Mann kennenlernen würde. Jemanden, den ich heiraten und mit dem ich möglicherweise sogar eine Familie gründen konnte. Aber kaum schlich sich dieser Gedanke in meinen Kopf, schon verbannte ich ihn wieder. Anständige Männer, so hatte man mir gesagt, wollten Frauen, die, bevor sie sie kennenlernten, ebenfalls anständig gewesen waren. Und welcher Mann würde eine Vergangenheit wie meine akzeptieren?

Wie sollte ich ihm sagen, dass ich keine Jungfrau mehr war – und das schon seit meinem achten Lebensjahr?

Kapitel 41

Am Tag, nachdem ich die Stelle in der Fabrik bekommen hatte, war ich zur Rektorin meiner Schule gegangen und hatte ihr von der Entscheidung meines Vaters berichtet. »Vielleicht, wenn du ein bisschen älter bist ...«, versuchte sie, mich zu trösten. Aber wir wussten beide, dass das eher unwahrscheinlich war. Arbeitete ein Mädchen erst einmal in einer Fabrik, hörte es kaum je wieder damit auf, um eine Ausbildung zu beginnen oder irgendwelche Qualifikationen zu erwerben. In den Augen der Rektorin las ich, dass sie selbst nicht an ihre ermutigenden Worte glaubte. Ich war wütend über die Ignoranz meines Vaters und seine sture Weigerung, meine Pläne für eine bessere Zukunft zu unterstützen.

Ausgerechnet an diesem Tag erschien der Nachbar wie aus dem Nichts und hörte sich meine tränenreiche Klage darüber an, dass mein Vater mir nicht erlaubte, von zu Hause auszuziehen und in einem Schwesternheim zu wohnen.

Der Mann von nebenan behauptete, er fühle mit mir, weil ich nun meine Ziele nicht verwirklichen konnte. Ja, er vertraute mir sogar an, dass ihm etwas Ähnliches passiert war. Er sagte, er hätte weiter zur Schule gehen und dann studieren wollen. Aber sein Vater hatte darauf bestanden, dass er ein Handwerk erlernte.

»Mit Bücherwissen lässt sich kein gutes Geld verdienen«, hatte er damals gesagt. Ich sah die Gemeinsamkeiten – erkannte, dass seine Träume genauso zerbrochen waren wie meine, und glaubte ihm. Als er die Ausbildung abgeschlossen hatte, hatte er Dora kennengelernt. »Und dann war es zu spät«, fügte er hinzu.

Später fragte ich mich manchmal, ob er die Wahrheit gesagt oder ob er die Geschichte erfunden hatte, um wieder meine Zuneigung zu gewinnen und mir das Gefühl zu geben, es gäbe ein Band zwischen uns beiden.

Bis ich ihn wiedersah, vergingen einige Wochen. Zwar mochte ich die Fabrikarbeit nicht sehr, aber ich hatte mich inzwischen daran gewöhnt. Ich genoss die enger werdende Freundschaft mit Bev und die gutmütigen Sticheleien der anderen Frauen wegen meiner äußerlichen Veränderungen. Von dem Überstundengeld kaufte ich mir neue Unterwäsche und Schuhe. Ich ließ mir das Haar schneiden und experimentierte zum ersten Mal mit Makeup. Die größte Wandlung kam aber, als die Kleider, die Bev für mich schneiderte, fertig waren und ich sie zur Arbeit tragen konnte.

»Heb die Sachen nicht für den Sonntag auf«, sagte sie. »Ich nähe dir noch mehr, sobald du neuen Stoff kaufen kannst.«

An einem Samstag tauchte der Mann von nebenan wieder auf. Ich hatte am Morgen Überstunden gemacht und verließ gerade die Fabrik, als ich seine Stimme hörte. Diesmal war er hinter mir her gegangen.

»Du siehst heute besonders hübsch aus, kleine Dame.«

An jenem Tag war ich nicht gut auf ihn zu sprechen. Wo hatte er gesteckt? Er ließ sich immer nur blicken, wenn es ihm danach war. Meine widerstreitenden Gefühle sah er mir sofort an und lachte.

»Hast du mich vermisst?«

»Nein!« Die Antwort kam viel zu schnell. »Natürlich nicht.« Aber ob ich es nun zugab oder nicht – er wusste, dass ich ihn vermisst hatte.

»Wie ich höre, hast du neue Freundschaften geschlossen«, sagte er. Ich nahm an, dass meine Mutter Dora davon erzählt hatte. Und die hatte es wiederum ihm gesagt. Oder aber er stand hinter der Gardine, wenn Bev und Phil mich absetzten.

»Du wirst mich bald vergessen haben.« Herausfordernd schaute er mir in die Augen.

Er erhielt die Antwort, die er haben wollte: Widerspruch.

Daraufhin nahm er mich am Ellbogen und schob mich zu seinem Wagen. Mit großer Geste öffnete er die Beifahrertür, und ich stieg ein. Aber statt mich direkt nach Hause zu fahren, bog er in den Wald ab.

Der Nachbar breitete die Arme aus. »Komm her, Marianne.« Ich zuckte zurück. Er hatte mir gerade den Tag verdorben. Auf keinen Fall sollte er mich schon wieder zu Dingen zwingen, von denen ich wusste, dass sie falsch waren.

Ich weinte ein wenig – er streichelte meinen Rücken. Ich sagte, ich wolle nur reden.

»Und was ist mit dem hier?« Er legte mir den Arm um die Schultern und streichelte sanft meinen Hals. »Das gefällt dir doch. Nicht wahr, Marianne?«

Er hatte recht. Ich mochte das tröstliche Gefühl, in den Armen gehalten zu werden. Seit ich als kleines Kind erlebt hatte, wie meine Geschwister elterliche Zuwendung erhielten, sehnte auch ich mich nach Nähe. Aber den anderen Teil wollte ich nicht. Den Teil, von dem ich wusste, dass er darauf aus war.

Drei Wochen lang wehrte ich mich gegen seine Annäherungsversuche.

»Was hast du gesagt, als sie dich nach dem Vater fragten?« Die Antwort darauf kannte er genau.

»Du weißt doch, dass ich gesagt habe, ich hätte keine Ahnung, wer es ist.« Ich hoffte auf seine Dankbarkeit, weil ich ihn geschützt hatte.

»Aber als du die Formulare wegen der Adoption ausfüllen musstest, die offiziellen Formulare für die Behörden – was hast du dort eingetragen? ‚Vater unbekannt'?«

»Ja«, antwortete ich mit Nachdruck. Er sollte nicht denken, dass ich ihn verraten hatte.

Stattdessen erklärte er mir, dass das, was ich getan hatte, gesetzwidrig sei. Ich hatte auf einem behördlichen Formular gelogen. Seine Miene war ernst und sorgenvoll. »Weißt du denn nicht, wie schlimm das ist, Marianne?«

»Aber du hast doch gesagt, ich darf es keinem sagen.« Ich war empört, spürte aber, wie die Angst in mir emporkroch, weil ich gegen das Gesetz verstoßen hatte.

Ich wusste, dass ich ihm nicht die richtige Antwort gegeben hatte, aber ich konnte nicht ahnen, dass es gar keine richtige Antwort gab.

»Ich habe dir nie gesagt, dass du auf einem offiziellen Formular lügen sollst!«, schleuderte er mir entgegen.

Weil ich das, was er da von sich gab, so unglaublich unfair fand, brach ich in Tränen aus.

Wieder beteuerte er, er würde nicht zulassen, dass mir etwas zustieß. Seine Stimme wurde sanft; er raunte mir ins Ohr, dass er mich beschützen würde, weil ich für ihn etwas Besonderes sei. Wieder hatte ich das Gefühl, in einer Falle zu sitzen. Es gelang mir nicht, mich von ihm zu befreien.

An diesem Nachmittag sagte ich nicht Nein.

Warum ließ ich zu, dass er mich erneut missbrauchte? Diese Frage habe ich mir immer wieder gestellt. Ich liebte ihn nicht. Ich hatte Angst vor ihm. Ich hasste das, was er mit mir machte. Aber ich hatte auch Angst davor, dass er mich nicht mehr mögen würde. Und ich wusste, dass er stärker war als ich. Er konnte mich dazu zwingen, ihm das zu geben, was ich ihm verweigern wollte. Ich hatte das Gefühl, keine andere Wahl zu haben.

Diesmal war er sehr vorsichtig. Er wollte nicht mit mir gesehen werden. Nie kam er in unser Haus, er erschien nur plötzlich wie aus dem Nichts auf der Straße, auf der ich von der Fabrik zur Bushaltestelle ging. Er trug ein freundliches Lächeln auf dem Gesicht und sagte Worte, die mir das Gefühl gaben, dass ich jemandem etwas bedeutete, dass jemand mir zuhörte.

Als ich mich eines Morgens übergeben musste, wurde mir klar, dass er nicht so vorsichtig gewesen war, wie er geglaubt hatte.

Kapitel 42

Ein paar Tage lang wartete ich verzweifelt. Ich hoffte, dass die Übelkeit von einer verdorbenen Speise herrührte. Aber nach drei weiteren Tagen, an denen ich mich jeweils vor dem Frühstück übergab, musste ich mir eingestehen, dass ich mir nicht nur den Magen verdorben hatte. Auch die Tatsache, dass meine letzte Periode bereits drei Monate zurücklag, konnte ich nun nicht länger verdrängen. Ich bekam Angst. Aber diesmal würde er mir helfen müssen. Zum ersten Mal seit Jahren machte ich mich auf die Suche nach ihm.

In einem unbeobachteten Moment schlich ich mich in seine Werkstatt und hinterließ ihm einen Zettel, auf dem stand, dass ich ihn sprechen musste.

Am nächsten Tag wartete er in der Nähe der Fabrik auf mich. Kaum saß ich in seinem Wagen, schon platzte ich heraus, dass ich nicht nur seit drei Monaten keine Periode mehr gehabt hatte, sondern dass mir auch jeden Morgen schlecht war. »Scheiße«, war das Erste, was er dazu sagte. Dann kam die Frage, die er mir auch schon zwei Jahre zuvor gestellt hatte: »Bist du sicher, dass es von mir ist?« Ich brach in Tränen aus, weil sein Zweifel mich so wütend machte und weil ich nun ein riesiges Problem hatte.

»Ich stehe das alles nicht noch einmal durch«, weinte ich.

»Keine Sorge«, antwortete er. Er legte mir den Arm um die Schulter. Aber an diesem Tag war das kein Trost für mich. Stattdessen schien das Gewicht seines Armes mich niederzudrücken und mich auf dem Sitz gefangen zu halten.

Er sagte mir, er würde sich etwas einfallen lassen und am nächsten Tag nach der Arbeit auf mich warten.

Der folgende Tag zog sich endlos in die Länge. Als endlich die Feierabendsirene ertönte, hielt ich nicht wie sonst noch einen Schwatz mit Bev. Ich verabschiedete mich rasch, nahm meine Tasche und verschwand. Kaum war ich ein paar Schritte Richtung Bushaltestelle gegangen, schon hielt sein Wagen neben mir. In barschem Ton befahl er mir, einzusteigen. Er hatte es eilig, wollte nicht mit mir gesehen werden.

Wieder fuhren wir in den Wald. Diesmal lenkte er den Wagen tiefer zwischen die Bäume als je zuvor.

Mit grimmiger Miene nahm er eine Tasche vom Rücksitz, die eine Thermosflasche enthielt und den aufgewickelten schwarzen Gummischlauch, den ich zuletzt vor zwei Jahren auf Doras Tablett gesehen hatte.

»Nein!« Ich versuchte, aus dem Wagen zu fliehen. Aber er war stärker als ich. Mit einem Arm drückte er mich energisch auf die Sitzbank. Bevor ich mich aus seiner Umklammerung winden konnte, war er bereits über mir. Mit dem Knie drückte er mich auf den Autositz. Er war so stark, und ich hatte schreckliche Angst, dass er mir wirklich etwas antun könnte.

Er zerrte mir die Unterhose bis zu den Knöcheln herunter und drückte meine Knie auseinander. Ich spürte, wie der schwarze Gummischlauch brutal in mich hineingestoßen wurde, und schrie vor Schmerzen auf. In seiner Verzweiflung und seiner Wut war er viel grober als Dora damals, und das Seifenwasser aus der Thermosflasche war heißer als in meiner Erinnerung. Ich schlug mit den Fäusten gegen seine Schultern und schluchzte, während er es in mich hineingoss. Aber er hörte erst auf, als auch der letzte Tropfen in mir war. Dann stieg er von mir herab, drückte meine Beine zusammen und riss sie roh nach oben.

»Das muss eine Weile in dir bleiben«, sagte er. »Du willst es doch loshaben, Marianne. Denk daran, was dein Vater mit dir machen wird, wenn er es erfährt.« Dieser Gedanke ließ mich vor Angst zittern.

Am Nachmittag waren die Schmerzen noch viel schlimmer, als ich sie in Erinnerung hatte. Als wir die Stelle in der Nähe meines Zuhauses erreichten, an der er mich normalerweise aussteigen ließ, hatte ich Krämpfe. Mir war schwindelig und übel, und ich fürchtete, ohnmächtig zu werden. Um meine Mutter nicht misstrauisch zu machen, schützte ich Kopfschmerzen vor und ging direkt hinauf in mein Bett.

Ich stöhnte vor Schmerzen. Damit mich niemand hörte, stopfte ich mir das Leintuch in den Mund und biss darauf herum. Ich hatte Angst, dass meine Schwester sonst vielleicht etwas merken und zu meinen Eltern laufen würde. Schweißperlen standen mir auf der Stirn, und der Schmerz bohrte in meinem Unterleib. Als ich endlich vor Erschöpfung einschlief, träumte ich von einer großen Blutlache, in der ein totes Baby trieb.

Am nächsten Morgen gab es kein Anzeichen einer Blutung. Aber mir war wieder schlecht.

Bis der Nachbar wieder auftauchte, dauerte es eine Woche.

»Und?«, sagte er, als ich in den Wagen stieg.

»Nichts.« Tränen liefen mir über die Wangen, während ich erzählte, dass ich mich noch immer jeden Morgen übergeben musste. Mit jedem weiteren Wort, das ich sagte, verschwand ein Stück von dem Freund aus meinen Kindertagen. Bald saß mir ein Fremder gegenüber, der mich mit kalten, harten Augen ansah.

»Du erzählst am besten allen dieselbe Geschichte wie beim letzten Mal«, sagte er schließlich. »Denk bloß nicht, dass du mich da mit reinziehen kannst. Kein Mensch würde dir glauben.«

Natürlich protestierte ich. Ich sagte ihm, er dürfe mich nicht noch einmal im Stich lassen. Er müsse mir helfen. Doch er wischte meine weinerlichen Appelle einfach beiseite.

»Sei nicht albern, Marianne«, sagte er, als ich Atem holte. »Ich bin ein angesehener, verheirateter Mann. Da kannst du jeden fragen. Und du? Hast du nicht der ganzen Welt erzählt, dass du schon mit dreizehn mit jedem ins Bett gegangen bist? Hast du nicht sogar auf einem amtlichen Formular vermerkt, dass du nicht weißt, wer der Vater deines ersten Babys ist? Wer soll dir nun deine Lügen glauben?«

Eine Weile bettelte ich noch weiter. Doch er beantwortete mein Flehen mit einem verächtlichen Lachen.

»Falls du denkst, ich helfe dir, eine Abtreibung machen zu lassen – vergiss es. So etwas kostet Geld, und ich habe nichts übrig. Außerdem ist es illegal. Du bleibst einfach bei der Geschichte vom ersten Mal. Die müsstest du ja inzwischen auswendig können.«

Mehr sagte er nicht. Er fuhr weiter, bis wir nur noch etwa eine Meile von unseren Häusern entfernt waren, dann hielt er an.

Einen Augenblick lang glaubte ich, er habe es sich anders überlegt oder er hätte eine Idee, wie er mir helfen könnte. Aber diese Hoffnung war schnell dahin.

Er beugte sich nur über mich hinweg und öffnete die Tür.

»Steig aus, Marianne«, sagte er kühl. »Ich möchte nicht riskieren, mit dir gesehen zu werden. Vielleicht bringt ja ein flotter Marsch die Sache in Ordnung.«

Ich starrte ihn ungläubig an. Er würde mich doch nicht auf der dunklen Landstraße aussetzen? Wollte er das wirklich tun? Weil ich nicht sofort gehorchte, versetzte er mir einen derben Stoß.

»Ich meine es ernst, Marianne. Raus mit dir.«

Ohne einen klaren Gedanken fassen zu können und zu schockiert, um noch zu protestieren, tat ich, was er verlangte. Vom Straßenrand aus sah ich zu, wie die Rücklichter des Wagens in der Dunkelheit des kalten Winterabends verschwanden. Benommen schlug ich meinen Mantelkragen hoch und marschierte los.

Als ich schließlich unsere Haustür erreichte, stand sein Wagen bereits vor seiner Tür. Ich betrachtete die zugezogenen Gardinen an den Fenstern und stellte mir vor, wie er am Feuer saß und mich schon vergessen hatte.

Ich wollte zu seiner Haustür marschieren, dagegentrommeln und lautstark von ihm verlangen, mir zu helfen. Aber ich wusste, dass er mir nur ins Gesicht lachen und sämtliche Anschuldigungen abstreiten würde, die ich vorbrachte. Schließlich war er schon einmal ungeschoren davongekommen.

Ich stand ganz allein da und wusste es.

Es sollte fast zwei Jahre dauern, bis er und ich noch einmal miteinander sprachen.

Kapitel 43

In den nächsten Wochen war ich wie betäubt. Tagsüber in der Fabrik versuchte ich, den Kopf in den Sand zu stecken, und schob jeden Gedanken an eine Schwangerschaft beiseite. Doch in den frühen Morgenstunden, wenn schreckliche, verstörende Träume mich weckten, zog sich mein Magen vor Angst und Verzweiflung zusammen.

Jedes Mal rannte ich dann zur Toilette und erbrach mich vor der Schüssel kniend. So wurde ich jeden Morgen daran erinnert, dass ich bald wieder ein Kind zur Welt bringen würde. Und anders als bei meiner ersten Schwangerschaft endete die Morgenübelkeit nicht nach drei Monaten.

Was sollte nun aus mir werden? Diese Frage drehte sich in meinem Kopf im Kreis. Ich versuchte, sie nicht zu hören, denn ich hatte zu viel Angst, über die Antwort nachzudenken. Meine fülliger werdende Taille versteckte ich unter lose sitzender Kleidung. Ich spülte mir den Mund mit einem scharfen Mundwasser aus, um den Geruch von Erbrochenem loszuwerden, und vor der Toilette brannte ich Streichhölzer ab. Sie sollten den hartnäckigen säuerlichen Gestank überdecken.

Bev merkte es als Erste.

»Marianne«, sagte sie leise während der Vormittagspause. »Du bist schwanger, nicht wahr?«

»Ja«, flüsterte ich. Sofort hatte ich das Gefühl, dass mir schon, indem ich nur dieses eine Wort aussprach, ein wenig leichter ums Herz wurde.

Sie fragte mich, wie weit ich bereits sei. Als ich antwortete, ich sei wohl im sechsten Monat, machte sie ein erschrockenes Gesicht. Sie stellte weitere Fragen und sah zunehmend entsetzter drein, denn ich gestand ihr, dass ich bislang weder bei einem Arzt gewesen war, noch meinen Eltern etwas gesagt hätte.

Wie hätte ich ihr auch erklären sollen, dass meine Eltern auf keinen Fall verständnisvoll reagieren, geschweige denn mich unterstützen würden? Und zwar aus dem ganz einfachen Grund, weil dies bereits die zweite Schwangerschaft in drei Jahren war. Wie sollte – wie konnte ich Bev das anvertrauen?

Meine Fingernägel gruben sich in die Handflächen, während ich auf die Frage wartete, die ich mehr fürchtete als alle anderen.

»Wer ist der Vater?«

Diesmal wusste ich sehr genau, was es über mich aussagen würde, wenn ich antwortete, ich hätte keine Ahnung. Ich sah betreten auf meine Füße, während ich die Lüge murmelte, die ich mir zurechtgelegt hatte: dass der Vater ein Junge war, mit dem ich mich ein paar Mal getroffen hatte, und dass er sich nun aus dem Staub gemacht hätte. »Er ist nach London abgehauen«, setzte ich hinzu. »Als er bekommen hatte, was er wollte, hat er mich einfach sitzenlassen.«

Bev sah mich mitfühlend an. Schließlich wusste sie, dass ich so gut wie nie ausging, und glaubte vermutlich, ich sei auf den erstbesten Jungen hereingefallen, der Interesse an mir gezeigt hatte. Ich wurde knallrot vor Verlegenheit und auch vor Scham, weil ich meine einzige Freundin belog. Bev sah, dass ich den Tränen nahe war, legte den Arm um mich und versicherte mir, sie würde mir helfen.

»Aber du musst es deinen Eltern sagen, Marianne. Das ist die Bedingung, die ich stelle.« Natürlich versprach ich ihr, dass ich das tun würde.

Bev machte auch den Arzttermin für mich aus. Sie nahm sich einen Tag frei und begleitete mich. Durch die Untersuchung wurde bestätigt, dass ich im sechsten Monat war. Der Arzt gab mir einen Termin für einen Geburtsvorbereitungskurs, ein Rezept für ein Eisenpräparat und Tabletten, die gegen meine hartnäckige Morgenübelkeit helfen sollten. Ich litte unter Blutarmut und sei außerdem unterernährt, meinte er. Ich bräuchte gutes Essen und viel Ruhe. Er schien Bev für eine nahe Verwandte von mir zu halten, denn die meisten Erklärungen richtete er an sie.

Bev nahm mich hinterher mit nach Hause. Sie kümmerte sich um mich, kochte Tee und öffnete ein Paket Schokoladenkekse. Dann sagte sie, dass sie mit Phil, ihrem Mann, über mein Problem gesprochen hatte.

»Falls deine Eltern dich nicht zu Hause wohnen lassen, kannst du bei uns bleiben, bis das Baby kommt«, sagte sie. »Phil und ich sind uns da einig.«

Ich versuchte, den Mut zu finden, mich meiner Mutter anzuvertrauen. Doch dann kam alles anders. Drei Tage nach dem Arztbesuch fand mein Vater in meinem Zimmer die Tabletten. Als ich von der Samstagsschicht nach Hause kam, wartete er auf mich.

Ich trat durch die Tür, und mein Herz setzte einen Moment lang aus, denn ich spürte die angespannte Atmosphäre im Raum. Meine Mutter stand am Spülbecken und starrte aus dem darüber liegenden Fenster, als wäre sie so nicht Teil des Dramas, das sich gleich hier abspielen würde.

Auf dem Tisch lagen die kleinen Behälter mit meinen Tabletten, und daneben stand mein Vater. Er erklärte mir nicht, weshalb er meine Habseligkeiten durchwühlt hatte.

»Wofür ist dieses Zeug?«, fragte er mit ruhiger Stimme.

»Das sind bloß Eisentabletten, Dad«, antwortete ich. Als ich sah, wie sich seine Miene vor Wut verfinsterte, wurde ich blass.

Mit zwei Schritten war er bei mir und packte mich an der Jacke.

»Eisen? Wozu, du kleine Hure?«, brüllte er. Seine Augen funkelten zornig. »Verdammt noch mal, du Schlampe, du hast es schon wieder geschafft!« Er bohrte mir den Zeigefinger schmerzhaft in die Brust und in den Bauch. Als ich versuchte, die Wölbung mit den Händen zu schützen, schoss seine Faust nach vorn und traf mich mit voller Wucht in die Magengrube. Ich krümmte mich vor Schmerzen. Seine Hände packten meine schlaffen Schultern. Er schüttelte mich so heftig, dass ich mir auf die Zunge biss und meine Zähne klapperten.

»Was hast du da drin? Was? Du verdammte kleine Nutte!« Beleidigungen prasselten auf mich ein, während ich wie eine Lumpenpuppe hin und her geworfen wurde.

»Wer ist diesmal der Vater? Wer ist der verdammte Vater?«

Er zischte mir die Frage entgegen, die mir schon so oft gestellt worden war. Speichelfetzen sprühten in mein Gesicht. Plötzlich wurde ich wütend. Es war alles so unfassbar ungerecht! Ich wollte, dass er aufhörte.

»Du weißt genau, wer es ist!«, schrie ich. In diesem Moment war mir klar, dass ich recht hatte.

Mein Vater schüttelte mich erneut. »Sag mir seinen Namen, Marianne.«

Ich tat es.

Er explodierte. »Ich wusste es! Auf gar keinen Fall wird dieser Bastard hier leben.« Wieder hob er die Faust. Vornübergebeugt bemühte ich mich, meinen Bauch vor seinen Schlägen zu schützen. Und zwischen einzelnen Schluchzern versuchte ich, ihm zu erklären, dass ich das Baby woanders zur Welt bringen würde, dass alles bereits abgesprochen sei.

»Es ist schon organisiert, Dad! Ich kriege es nicht hier!«, schrie ich. Aber er war völlig außer sich und hörte mich nicht mehr. Immer fester schlug er zu. Dann warf er mich auf den Küchentisch.

Mit einer Hand hielt er mich fest, während er mit der anderen seinen ledernen Gürtel aufschnallte. Ich versuchte, mich vom Tisch zu rollen und wegzukriechen. Doch ich war zu ungelenk. Der Gürtel klatschte auf meine Beine, meine Schultern und Arme. Ich spürte, wie die Metallschnalle mir die Haut aufriss. Das Summen in meinen Ohren mischte sich mit den Schreien meiner Mutter. Dann war plötzlich alles dunkel.

Irgendwann hörte er auf, auf meinen schlaffen Körper einzuprügeln, stürzte aus dem Haus und schrie dabei meine Mutter an, sie solle dafür sorgen, dass ich weg sei, wenn er zurückkam. Als ich das Bewusstsein wiedererlangte, rutschte ich vom Tisch und kroch auf Händen und Knien hinauf in mein Zimmer. Meine Strümpfe waren zerrissen, über meine Beine rann Blut. Ich hatte Angst – Angst, dass er dem Baby Schaden zugefügt hatte.

Oben setzte ich mich schluchzend aufs Bett. Die Arme um den Bauch geschlungen, versuchte ich, wieder etwas Kraft zu schöpfen. Ich hoffte, meine Mutter würde heraufkommen und fragen, ob alles in Ordnung sei. Sie sollte mich in die Arme nehmen und trösten. Aber ich wartete vergebens. Als mir das klar wurde, stopfte ich ein paar Kleider und Toilettenartikel in eine Einkaufstüte und wankte unter Schmerzen die Treppe hinab. Ich musste mich an der Wand abstützen, um nicht zu fallen.

Meine Mutter stand noch immer in der Küche. Sie hatte den Rücken an die Wand gelehnt und die Hände vors Gesicht geschlagen. Ich sah, dass ihr Körper bebte.

»Es tut mir leid, Mum«, sagte ich. »Es tut mir schrecklich leid.«

Sie antwortete nicht.

»Also dann, auf Wiedersehen.« Ein paar Sekunden lang wartete ich auf irgendeine Art von Antwort. Als sie ausblieb, ging ich zur Haustür und öffnete sie.

Erst in diesem Moment hörte ich ihre Stimme. Sie klang angestrengt und viel höher als sonst.

»Marianne«, sagte sie. »Gib auf dich acht, Liebes.« Ich sah Tränen über ihr Gesicht laufen. Dann drehte ich mich um und ging.

Kapitel 44

Den Schmerz in meinem aufgerissenen Bein fühlte ich auf dem Weg zur Bushaltestelle kaum. Ich wollte nur möglichst schnell zu Bev und hoffte inständig, dass die Schläge das Baby nicht geschädigt hatten. Im Bus spürte ich zwar die Blicke der anderen Fahrgäste, doch sie ließen mich gleichgültig. Ich murmelte nur den Namen der Straße, wo ich aussteigen wollte, und gab dem Fahrer das Geld. Dann setzte ich mich auf die hintere Bank. Das Flüstern der anderen Frauen, die sich nach mir umdrehten, und die Blicke, mit denen sie mich musterten, beachtete ich nicht. Ich schaute aus dem Fenster, doch meine Augen waren vor Tränen blind. Ich spürte kaum, dass mir der Rotz aus der Nase lief. Im Fensterglas spiegelte sich mein Gesicht, das bereits anschwoll.

Von der Stelle, an der ich aus dem Bus stieg, bis zu Bevs Haus musste ich noch zwei Meilen laufen. Ich hätte in einen anderen Bus umsteigen können, aber weil Bev und Phil mich immer nach Hause gefahren hatten, wenn ich bei ihnen gewesen war, wusste ich nicht, von wo er abfuhr. Deshalb wankte ich benommen die Straße entlang.

Zu meiner Bestürzung lag Bevs Haus, als ich dort ankam, im Dunkeln. Zu spät fiel mir ein, dass dies der Abend war, an dem sie und ihr Mann immer zum Essen ausgingen. Meine Beine gaben nach, und das Nächste woran ich mich erinnere, war das besorgte Gesicht von Bevs Nachbarin.

»Du meine Güte, Kindchen! Was ist denn mit Ihnen passiert?«, japste sie.

Sie rief ihren Mann, und gemeinsam brachten sie mich in ihr Wohnzimmer.

Sie zogen mir die zerrissenen Strümpfe aus, reinigten meine Wunden mit warmem Wasser, desinfizierten sie und verbanden mir die Beine. Während sich die Frau um mich kümmerte, murmelte sie ununterbrochen vor sich hin, ich sei ein so »schmales Kind« und jemand würde für das, was man mir angetan hatte, bezahlen müssen.

Sie und ihr Mann dachten, irgendwelche Schläger aus der Nachbarschaft seien über mich hergefallen. Sie wollten die Polizei rufen, aber ich bat sie, es nicht zu tun.

Sie gaben mir süßen Tee mit einem Schuss Brandy gegen den Schock. Ich muss auf ihrem Sofa eingeschlafen sein, denn irgendwann weckte mich Bevs Stimme.

Bev griff nach meiner Hand. Meine Finger schlangen sich um ihre. Doch die Augen fielen mir fast sofort wieder zu. Ich wollte nur noch schlafen.

»Marianne«, hörte ich sie sagen. »Wer hat dir das angetan?«

»Mein Vater«, presste ich zwischen den geschwollenen Lippen hervor.

Worte wie »Unmensch« und »Wie kann er so mit seiner eigenen Tochter umspringen?« drifteten über mich hinweg, während die beiden Frauen über meinen Zustand sprachen.

Sie halfen mir auf. Halb trugen sie mich, halb schleiften sie mich in Bevs Haus, die Treppe hinauf und ins Gästezimmer.

Der Arzt, den sie riefen, kam sofort. Er untersuchte mich gründlich und erklärte dann, das Herz des Babys schlüge noch. Zu Bev und Phil sagte er, es sei ein Wunder, dass ich keine Fehlgeburt erlitten hätte. Noch nicht einmal verfrühte Wehen hatten eingesetzt.

Ich hörte, wie er hinzusetzte, man müsse den Vorfall der Polizei melden. Doch Bev flüsterte eine Erklärung, in der auch mein Vater vorkam. Ohne hinzusehen, wusste ich, dass diese Information den Arzt die Achseln zucken ließ. Mein Vater, das wusste er, war nicht der Erste und nicht der Letzte, der seine Tochter mit dem Gürtel verdrosch, weil sie weder volljährig noch verheiratet, aber schwanger war.

Mir wurde strenge Bettruhe verordnet. »Ich schreibe sie für eine Woche krank. Dann sehen wir weiter«, sagte der Arzt zu Bev. Ich hörte ihn weggehen und schlief wieder ein.

Sieben Tage lang ruhte ich mich in Bevs Haus aus. Am Ende der Woche sagte sie, dass die Personalchefin der Fabrik mich sehen wollte.

»Warum?«

»Ach, Marianne, du kennst doch die Regeln. Die Geschäftsleitung lässt nicht zu, dass schwangere Frauen dort arbeiten. Und dass du schwanger bist, ist inzwischen natürlich bekannt.«

Sie erzählte, die älteren Frauen hätten es schon seit einiger Zeit gewusst und die Geschäftsleitung auch. Man hatte mich so lange wie möglich arbeiten lassen. Doch das war nun vorbei.

Bev behielt recht. Als ich am nächsten Tag zur Fabrik ging, erfuhr ich, dass ich aufhören musste. »Aber wenn alles vorbei ist und Sie die Angelegenheit geregelt haben, dürfen Sie gern wiederkommen. Sie sind eine tüchtige Arbeiterin«, hieß es.

Was für eine seltsame Art, es in Worte zu fassen, dachte ich. »Wenn Sie Ihr Baby weggegeben haben«, sollte das wohl in Wirklichkeit heißen. Das Personalbüro musste sich noch um meine Bezahlung und einige Formalitäten kümmern. In der Mittagspause bekam ich zu meinem Erstaunen einen Umschlag voller Geld überreicht. Die Arbeiterinnen hatten für mich gesammelt, und angesichts der erklecklichen Summe mussten alle etwas gegeben haben.

Das Geld reichte aus, um davon ein paar Wochen lang meinen Lebensunterhalt zu bestreiten. »Aber du musst uns natürlich nichts geben«, sagte Bev. Angesichts von so viel Güte kämpfte ich gegen die Tränen.

Zwei Monate später kam meine zweite Tochter zur Welt. Diesmal fand die Geburt in einem Krankenhaus statt.

Kapitel 45

Bev hatte sich für mich um die Adoptionsformalitäten gekümmert und eine Agentur ausgesucht. Das Kind könnte direkt nach der Geburt abgeholt werden, erklärte sie mir.

Aber das war ausgeschlossen. Ich weigerte mich, an diese Möglichkeit auch nur zu denken.

»Ich kann sie nicht einfach weggeben«, sagte ich. »Selbst kleine Kätzchen und Welpen bleiben, bis sie entwöhnt sind, bei der Mutter!«

»Aber das macht alles nur noch schlimmer für dich, Marianne«, sagte Bev, während ich immer neue Gründe fand, die Adoption aufzuschieben.

Ich konnte ihr nicht sagen, dass ich bereits aus Erfahrung wusste, wie schlimm es werden würde. Trotzdem erschien mir der Gedanke, mein Kind wegzugeben, bevor ich es überhaupt kennengelernt hatte, unerträglich. Wenigstens die Erinnerung an meine erste Tochter war mir geblieben. Sie hatte sich für alle Zeiten in mein Gedächtnis gebrannt. Wenn ich diesmal das Baby sofort hergab, blieb mir nicht einmal das.

Weil ich immer verzweifelter wurde, lenkte Bev schließlich ein. Widerstrebend gestand sie mir zu, dass ich mit dem Baby erst einmal bei ihnen wohnen konnte.

Als die Wehen einsetzten, hatte ich anstatt meiner Mutter Bev an meiner Seite.

»Sie ist so wunderschön«, seufzte ich, als ich meine zweite Tochter zum ersten Mal sah. Ich gab ihr den Namen Kathy.

»Ja, das ist sie.« Bev stimmte mir zu.

In den wenigen Tagen, die ich im Krankenhaus verbrachte, empfand ich eine tiefe Zufriedenheit. Wieder hatte ich ein Baby. Es passte perfekt in meine Armbeuge, es schmiegte sich an meine Schulter. Die Welt draußen, in der schwere Entscheidungen getroffen werden mussten, rückte in weite Ferne.

»Dieses Kind darf ich nicht verlieren«, dachte ich, während ich die Kleine an mich drückte.

In der Nacht träumte ich, dass ich mit dem Baby bei Bev und Phil wohnte. Schließlich wollten die beiden doch ein Kind! Warum also nicht meines? Sechs Wochen lang klammerte ich mich, während ich mein Kind versorgte, im Arm hielt und herzte, an diesen Traum. Doch Bev schien zu spüren, was in mir vorging. Am Ende war sie es, die mir klarmachte, dass ich mich von dem Gedanken verabschieden musste.

Sie sagte, sie und ihr Mann hätten darüber gesprochen.

»Wenn wir dein Kind adoptieren würden, Marianne, könnten wir dich nicht mehr sehen. Es würde nicht nur bedeuten, dass du nicht länger bei uns wohnen kannst – du könntest uns nicht einmal mehr besuchen. Verstehst du, weshalb?«

Ich verstand es nicht.

Ich liebte Bevs Heim mit den hübschen Möbeln und dem gemütlichen Durcheinander. Dieses Durcheinander hatte nichts mit dem Schmutz und den kaputten Sachen im Haus meiner Eltern gemeinsam. Bei Bev lagen Zeitschriften auf dem Couchtisch und in der Ecke die Tanzschuhe, die sie abgestreift hatte, als sie nach Hause kam. Bücher standen im Regal, Töpfe und Geschirr waren ordentlich in Schränke gestapelt, und der einzige Geruch, der sich im Wohnzimmer hielt, war eine Mischung aus Essen, Möbelpolitur und Bevs Yardley Parfum.

Ich genoss auch das wundervolle Gefühl, das ich nun zum ersten Mal im Leben verspürte: dass sich jemand um mich kümmerte und sich um mich sorgte. In den Monaten, in denen ich Bev und ihren Mann nun kannte, war Bev mir zwar nicht zu einer Ersatzmutter, aber doch zu einer Art großen Schwester geworden. Der Gedanke daran, ohne ihre Unterstützung auskommen zu müssen, machte mir Angst.

Sie sah mir meine widerstreitenden Gefühle an, nahm meine Hand und erklärte mir mit sanfter Stimme, warum sie und ihr Mann zu ihrer Entscheidung gelangt waren.

»Wir wollen ein eigenes Kind«, sagte sie leise. »Eines, das nur mich als seine Mutter kennt. Wenn wir nun aber deines adoptieren würden, wäre das nicht möglich. Du würdest deine Tochter sehen wollen, du wüsstest, wo sie ist. Das wäre nur natürlich, aber es würde nicht funktionieren. Dem Baby gegenüber wäre es auch nicht fair. Es wäre verwirrt und wüsste nicht, wohin es tatsächlich gehört.«

Schonend brachte sie mir bei, dass auch die andere Möglichkeit – dass ich das Kind allein großzog – weder realistisch noch fair war.

Damals, als ich sechzehn war, gab es für alleinstehende Mütter weder Sozialhilfe noch Sozialwohnungen. Ein uneheliches Kind galt als Stigma und man wurde diesen Makel sein Leben lang nicht los. Die Adoptionsagentur sorgte hingegen dafür, »dass jedes Kind zu einem sorgfältig ausgewählten Paar kam, das ihm die besten Bedingungen bieten konnte«. Diese Worte hatte ich schon einmal gehört und wusste im Grunde meines Herzens, dass sie stimmten.

Bev versicherte mir, ich könne auch nach der Adoption weiter bei ihnen wohnen. Sie meinte, ich sei noch zu jung und hätte zu viel durchgemacht, um mich nun allein durchzuschlagen. Und ja, ihr Mann sei damit einverstanden.

Aber es gab eine Bedingung: Ich musste der Adoption zustimmen.

Kapitel 46

Es war nicht leicht, in einem Krankenhaus zu sein, umgeben von glücklichen Paaren, die ihr Kind behalten konnten. Im Heim waren alle Mädchen in derselben Lage gewesen. Aber hier war ich die einzige unverheiratete Mutter und außerdem die einzige Frau unter zwanzig. Deshalb verließ ich die Klinik schon wenige Tage nach der Geburt mit meinem Kind. Zwar wusste ich nur zu gut, wie weh es tun würde, wenn ich meine Tochter hergeben musste, aber ich hatte das Gefühl, diesmal innerlich besser gewappnet zu sein. Ich war froh über Bevs Unterstützung und wollte die Wochen mit Kathy voll auskosten – diese wertvolle Zeit, in der ich das Album in meinem Kopf mit allerhand Bildern und Erinnerungen füllen konnte. Ich wollte mir den Geruch meiner Tochter merken, ihr leises Wimmern und die Art, wie sie zu mir aufblickte.

Genau wie ihre Schwester war auch Kathy ein sehr liebes Kind. Meine Kleine weinte nur selten, und wenn ich sie badete oder Küsse auf ihren Körper prustete, gurgelte sie zufrieden vor sich hin. Ihre winzigen Finger schlossen sich um meine, ihre Augen sahen mich an. Und wieder sagte ich einem Kind, wie sehr ich es liebte. Ich erklärte ihm, dass meine Liebe so groß war, dass ich es weggeben würde, damit es ein besseres Leben bei Eltern führen konnte, die ihm alles boten, was es brauchte. Auch wenn mir das unendlich schwerfiel.

Dann war es so weit. Diesmal gab es keine Sozialarbeiterin, die freundlich auf mich einredete. Stattdessen hatte ich ein Taxi bestellt, das mich zur Adoptionsagentur brachte.

Bev bot an, sich freizunehmen und mir beizustehen, aber ich lehnte ab. So weh es auch tat – dies war etwas, was ich für meine kleine Tochter tun musste. Und ich wollte es allein schaffen.

Ich hatte Kathy ein hübsches Kleidchen mit Puffärmeln gekauft, mit Spitzenborten am Oberteil und am Saum. Wieder wollte ich der neuen Mutter zeigen, wie sehr ich dieses Kind liebte. Ich wusste nicht mehr über die Adoptiveltern, als dass sie meiner Tochter eine rosige Zukunft bieten konnten. Sie hingegen kannten mein Alter und wussten in groben Zügen über meine Lebensumstände Bescheid.

In der Agentur angekommen, nahm ich meine Tochter auf den Arm, sog ein letztes Mal ihren ureigenen Babyduft ein und gab sie dann der Frau, die mich dort erwartet hatte.

Sie streckte die Hände nach meinem Baby aus. Ich bemerkte, dass der rote Lack an einem ihrer Fingernägel abgesprungen war. Dieser kleine Makel störte mich enorm, ohne dass ich einen Grund dafür hätte nennen können.

Ich gab der Frau von der Agentur alle Kleider und Spielsachen, die ich für mein Kind gekauft oder die ich geschenkt bekommen hatte.

»Die neuen Eltern werden ihr sowieso neue Sachen kaufen«, sagte sie abschätzig. Trotzdem nahm sie alles entgegen.

»Sie hören in den nächsten Wochen von uns. Die abschließende Erklärung ist noch nicht unterschrieben. Das müssen Sie bald nachholen.« Mehr sagte sie nicht. Dann eilte sie mit meiner Tochter aus dem Haus, den Gartenpfad entlang zu ihrem Wagen und verschwand aus meinem Blickfeld.

Später machte ich mir in der Küche eine Tasse Tee. Ohne zu trinken saß ich da. Ich legte die Hand auf meinen Bauch, wo noch bis vor Kurzem eine Wölbung gewesen war.

Diesmal fühlte ich mehr als nur Schmerz, mehr als Benommenheit und mehr als den Verlust. Es war, als wäre ein Teil von mir – der Teil, in dem zwei Babys neun Monate lang gelebt hatten – herausgerissen worden. Ich fühlte mich leer und unvollständig.

Ich will nicht mehr weinen, sagte ich mir. Aber ich tat es trotzdem.

Kapitel 47

In den nächsten Wochen war ich ganz und gar untröstlich. Ich wollte nichts essen, mich nicht waschen und nicht anziehen. Ich wollte nicht einmal aufstehen. Wenn ich morgens aufwachte, wanderten meine Augen als Erstes zu der Stelle neben meinem Bett, an der Kathys Bettchen gestanden hatte. Doch der Platz war leer. Den ganzen Tag über lauschte ich angestrengt, wollte ihr zufriedenes Gurgeln hören. Doch alles blieb still. Jedes Mal, wenn ich auch nur für einen Moment vergaß, dass sie nicht bei mir war, musste ich mich wieder von Neuem damit auseinandersetzen, dass ich mein Kind nicht mehr hatte. Eine tiefe Niedergeschlagenheit machte mir die Glieder schwer und hüllte mich ein. Der Verlust meiner Tochter war wie ein körperlicher Schmerz.

Ich konnte einfach nicht akzeptieren, dass irgendwo dort draußen, vielleicht nur ein paar Meilen entfernt, meine beiden Töchter lebten und dass ich sie nie wiedersehen würde.

Ich stellte mir Sonia vor, wie sie nun war – als Zweijährige, die bereits Worte bilden konnte und die eine Frau, die ich nicht kannte, Mami nannte.

Noch ein weiteres Bild ging mir in jenen qualvollen Tagen, in denen der Verlust mich in tiefe Trauer stürzte, nicht aus dem Kopf: Ich sah eine Frau in einem pastellfarbenen Raum mit gedämpfter Beleuchtung. Eine sanfte Brise blähte die edlen, cremefarbenen Gardinen an den bodentiefen Fenstern. Über einem weißen Weidenkörbchen lag eine weiche, wollene Decke. Daneben saß die Frau auf einem mit hellem Samt bezogenen Stuhl. Sie hielt meine jüngere Tochter in den Armen und summte ihr ein Schlaflied ins Ohr.

Ich suchte in dem Bild nach dem Gesicht des Babys, aber ich sah es nie. Ich sah nur einen hellen Fleck.

In diesen Momenten wurde der Schmerz unerträglich. Dann flüchtete ich mich in die Fantasien, in denen ich mit meinen Kindern in einer eigenen Wohnung lebte.

Wenn ich nur eine besser bezahlte Stelle finden würde, dachte ich, vielleicht könnte ich dann Kathy zurückholen. Immerhin hatte ich die endgültige Einwilligung noch nicht unterschrieben. Deshalb galt die Adoption noch nicht als legal vollzogen. Daher zögerte ich den Gang zu den Behörden hinaus.

Während Bev bei der Arbeit war, ging ich fieberhaft die Stellenanzeigen in den Lokalzeitungen durch, malte einen Kringel um diejenigen, die vielversprechend klangen, und rief dort an.

Immer hörte ich dann dieselben Fragen: wie alt ich sei und welche Art von Berufserfahrung ich vorweisen könnte. Ich gewöhnte mich an die Antworten, die ich dann hörte. Eigentlich suchten alle nach einer etwas älteren Person, die mehr Erfahrung hatte und über bessere Qualifikationen verfügte. Doch ich bewarb mich weiterhin um jede Stelle, bei der ein höherer Verdienst winkte als in der Fabrik.

Mit meinen Berechnungen füllte ich ein kleines Notizbuch. Aber ganz gleich, wie oft ich die Zahlen addierte und davon die laufenden Kosten abzog – es blieb kaum genug fürs Essen übrig, geschweige denn für einen Babysitter und für das, was meine Tochter sonst noch brauchen würde.

Bev ließ mich eine Zeit lang in Ruhe. Doch nach sechs Wochen setzte sie sich zu mir und reichte mir einen Brief. Wir wussten beide, dass er vom Gericht kam.

»Du hast noch nicht alle Adoptionsunterlagen unterzeichnet?«, fragte Bev.

Ich schüttelte beklommen den Kopf.

»Es wird Zeit loszulassen, Marianne«, sagte sie. »Ich weiß, dass ich nicht einmal erahnen kann, wie dir zumute sein muss. Aber du willst doch das Beste für deine Tochter.«

»Ja.« Ich flüsterte, denn diese Antwort tat zu weh. Ich wollte sie nicht hören. Dabei wusste ich, dass Bev recht hatte.

»Gut. Dann unterschreib die Formulare. Ich kann mir schon denken, wovon du träumst, Marianne. Aber dieser Traum ist unerfüllbar. Und versuch auch, dir vorzustellen, was diese arme Frau durchmacht – die Frau, die auf das Kind gewartet hat. Die Frau, die deinem Baby all das gibt, was du ihm nicht bieten kannst. Es ist nicht fair, sie warten zu lassen, und schon gar nicht, sie mit der Angst leben zu lassen, du könntest dein Kind zurückholen. Das muss dir doch klar sein.«

Zum ersten Mal, seit ich Bev kannte, lag in ihrer Stimme eine gewisse Härte. Sie sagte, es wäre nun Zeit, meine Tagträume zu beenden und mich der Realität zu stellen. Ich sei erst sechzehn und hätte mein Leben noch vor mir. Für mein Kind hätte ich das Bestmögliche getan.

»Marianne«, fügte sie hinzu, »der Weg, den du gegangen bist, war mutig. Die meisten Mädchen, die sich für eine Adoption entscheiden, wollen ihr Kind nach der Geburt nicht einmal sehen. Aber du hast es anders gemacht. Du hast zu Kathy eine Beziehung aufgebaut, und deshalb ist es nun für dich besonders schwer.«

Sie hatte natürlich recht. Aber obwohl ich über Erfahrungen verfügte, von denen Bev nichts ahnen konnte, hatte ich nicht vorhergesehen, dass es so bitter werden würde.

»Es wird jetzt Zeit, nach vorn zu schauen. Ich habe mit der Personalchefin der Fabrik gesprochen und ihr in groben Zügen geschildert, was du durchgemacht hast. Sie sagte, du sollst zu ihr kommen, sobald du kannst. Sie möchte dir gern wieder dieselbe Arbeit geben, die du vorher hattest. Das ist eine gute Möglichkeit, wieder in den Alltag zu finden. Also, was soll ich ihr ausrichten? Wann kommst du?«

»Übermorgen.« Bev verstand, was das bedeutete. Morgen würde ich zur Gemeindeverwaltung gehen, wo die Papiere auf mich warteten, und sie endlich unterzeichnen.

Bevs Stimme wurde sanfter. Freundschaftlich legte sie mir die Hand auf den Arm. »Soll ich mitkommen, Marianne?«

Wieder sagte ich Nein. Dies war das Letzte, was ich noch für Kathy tun konnte, und ich wollte es allein tun.

Am nächsten Morgen nahm ich ein Bad und überlegte genau, was ich anziehen sollte. Ich entschied mich für Strumpfhosen und die letzte Kombination, die Bev für mich genäht hatte, bevor ich immer runder geworden war: einen Tellerrock und eine strenge weiße Bluse. Diese Kleider waren nun fast ein Jahr alt, und sie schlackerten an meinem Körper. Ich war nicht nur zierlich, ich hatte nach der Geburt auch stark abgenommen.

Das ist im Moment nicht zu ändern, dachte ich und schlang einen Gürtel um den Rock, damit nicht zu sehr auffiel, wie weit er war. Mein Haar hatte ich gewaschen und zu Locken gelegt. Ich trug ein dezentes Make-up. Mit dem entsprechenden Äußeren ließ sich eine ganz bestimmte Wirkung erzielen. Trotz meiner Jugend war mir das durchaus bewusst. An den kurzen Weg zur Bushaltestelle und an die ebenso kurze Fahrt in die Stadt erinnere ich mich nicht mehr. Ich weiß nur noch, dass ich Bevs Haustür hinter mir schloss und dass ich irgendwann bei der Gemeindeverwaltung ankam. Seltsamerweise höre ich noch immer das rhythmische Klicken meiner Absätze auf dem Fliesenboden des Rathauses und sehe die Frau mittleren Alters, die in dem Zimmer saß, in dem ich mich melden sollte.

Ich sagte ihr, ich sei gekommen, um Adoptionsunterlagen zu unterzeichnen, und nannte ihr meinen Namen.

»Ach ja«, antwortete sie gleichgültig. Sie griff in die Schublade eines Aktenschrankes und reichte mir die Papiere.

»Unterschreiben Sie hier.« Ihre Stimme klang gelangweilt. Sie gab mir einen Kugelschreiber.

Ist das wirklich alles?, dachte ich, als ich die Formulare entgegennahm. Mehr ist nicht notwendig? Es genügte tatsächlich, von einer desinteressierten Fremden ein paar Blätter und einen billigen Plastikkugelschreiber hingelegt zu bekommen und an zwei Stellen die erforderliche Unterschrift zu leisten.

Ich unterzeichnete das Formular, auf dem stand, dass ich damit alle Rechte an meinem Kind aufgab. Es dauerte keine dreißig Sekunden.

»Danke.« Die Frau legte die Unterlagen wieder zu den anderen Akten. Sie blickte nicht einmal mehr auf. Ihr Interesse an mir war so gering, dass es bereits erloschen war, als die Formulare wieder einsortiert waren. Ohne ein weiteres Wort verließ ich den Raum.

Am nächsten Tag ging ich zur Fabrik und konnte sofort wieder arbeiten.

Kapitel 48

Noch einmal strich ich sanft mit den Fingern über den Brief. Beim ersten Lesen hatte ich einen Augenblick lang überlegt, ob ich mein Geheimnis noch für mich behalten konnte, denn der Brief stammte von Kathy, meinem zweiten Kind.

»Aber du verdienst es, die Wahrheit zu erfahren«, sagte ich leise. »Du hast ein Recht zu wissen, dass du eine Schwester hast. Es ist dir gelungen, mich aufzuspüren, und ihr gelingt es vielleicht auch. Spätestens wenn wir einander gegenübertreten, muss die Wahrheit auf den Tisch.«

An diesem Tag sprach ich mit meiner erwachsenen Tochter, als säße sie neben mir auf der Couch.

»Dir zu erzählen, dein Vater sei ein Junge gewesen, der sich nach London abgesetzt hat, das bringe ich nicht fertig«, sagte ich zu dem leeren Platz neben mir. »Du wirst seinen Namen wissen wollen, wo er wohnte und wo er arbeitete. Vielleicht möchtest du nach ihm ebenfalls suchen. Ich kann auch nicht einfach behaupten, ich wisse nicht, wer der Vater deiner Schwester ist. Das würdest du mir vermutlich nicht glauben. Und ganz abgesehen davon – will ich meinen Töchtern diese Geschichte überhaupt auftischen?« Wieder dachte ich an die Lüge, die ich mit dreizehn Jahren erzählt hatte.

Meine Augen wanderten zu dem silbergerahmten Foto auf dem Kaminsims. Es zeigte meinen Mann und mich vor ein paar Monaten. Wir hatten anlässlich unseres Hochzeitstages einen viertägigen Kurzurlaub im Lake-District gemacht.

Mit dem Urlaub hatte mein Mann mich überrascht. Strahlend hatte er mir die Busfahrkarten und die Buchung für das Vier-Sterne-Hotel präsentiert. Ein anderer Hotelgast hatte das Foto gemacht, und zu Hause hatte ich es rahmen lassen.

Wie winzig ich mit meinen kaum eins fünfzig neben den eins neunzig meines Mannes wirkte! Sein Arm lag locker auf meinen Schultern, während ich mit einem Lächeln zu ihm aufblickte, aus dem Liebe, Vertrauen und Glück strahlten. Während ich das Foto anstarrte und an die glücklichen Tage dachte, schob sich ein anderes Gesicht über meines auf dem Foto: ein Gesicht mit den weichen Zügen eines Kindes. Seine Augen schauten mich hilflos an. Deutlich sah ich das kleine Mädchen vor mir, das ich einmal gewesen war – dieses verängstigte, einsame Wesen. Diese beiden Eigenschaften hatten mich verletzlich gemacht. Schauernd wandte ich mich wieder erfreulicheren Gedanken zu.

Ich dachte an den Abend, an dem ich meinen Mann Bob kennengelernt hatte – einen Mann, bei dem ich mich endlich sicher fühlte.

Seit meiner Rückkehr in die Fabrik war ein ganzer Schwarm Mädchen aus London hergezogen, die nun ebenfalls in meiner Abteilung arbeiteten. Falls die neuen Kolleginnen irgendwelche Geschichten über mich gehört hatten, ließen sie sich nichts anmerken. Sie hatten nur die schönen Kleider im Kopf, die sie sich kaufen wollten, und interessierten sich brennend dafür, in welchem Tanzsaal sich wohl das beste ‚Talent' finden würde, wie sie es nannten. Eine Gruppe hatte mich überredet, mit zum jährlichen Tanzabend der Firma zu kommen.

»Gib dir einen Stoß, Marianne.« Bev sah, dass ich eigentlich ablehnen wollte. »Es wird Zeit, dass du mal wieder unter Leute kommst. Weißt du was? Ich nähe dir etwas Neues zum Anziehen. Ich habe einen traumhaften Stoff. Wenn ich dir daraus ein Kleid schneidere, werden sich alle nach dir umdrehen. Am Ende wirst du sogar Firmenprinzessin.«

Als Bev die Nähmaschine auf den Tisch stellte und den hellen Stoff ausbreitete, war es fast wie in alten Zeiten. Bev hantierte mit Schere und Stecknadeln. Sie konzentrierte sich ganz auf ihre Arbeit. Das Radio spielte die neuesten Songs, und sie summte mit, wobei die übrigen Nadeln zwischen ihren Lippen steckten. Ich sah zu, wie sie den wunderbaren Baumwollstoff in ein schickes Kleid für mich verwandelte.

»Du brauchst etwas richtig Hübsches.« Bev schnitt ein Kleid mit eckigem Ausschnitt, anliegendem Oberteil und weit schwingendem Rock zu und heftete es zusammen.

Zu dem Tanzabend holte uns ein Bus ab. Es saßen schon viele topmodisch gekleidete Mädchen darin, die sich auf einen schönen Abend freuten. Schon beim Einsteigen war ich Bev zutiefst dankbar, denn mein Kleid sah mindestens so gut aus wie die Kleider der anderen. Plötzlich war ich viel entspannter. Ich sank auf den Sitz und sog die Stimmung auf. Der Duft vieler unterschiedlicher Parfums hing schwer in der Luft, und bis kurz vor unserer Ankunft zischte Haarspray aus Sprühdosen auf aufwendige Frisuren, bei denen das Haar aus dem Gesicht nach hinten gekämmt war. Lebhaft ging es bei uns eigentlich immer zu. Aber die freudige Erwartung ließ den Geräuschpegel an diesem Abend noch einmal deutlich ansteigen. Die Mädchen lachten, schnatterten und riefen wild durcheinander. Alle waren bestens gelaunt.

Kaum hielt der Bus an, schon schnappten wir unsere Handtaschen, sprangen aus dem Fahrzeug und strebten durch die Doppeltür des Hotels, in dem die Tanzveranstaltung stattfand.

Ein Kellner drückte mir einen farbigen Drink in die Hand. Während ich dankbar daran nippte, merkte ich, wie meine Nervosität ein wenig nachließ.

Im Ballsaal waren lange Tische für das Dinner gedeckt. An einem Ende des Raumes befanden sich die große Tanzfläche und eine Bühne, auf der nach dem Essen eine Band spielen würde.

Als die Teller abgetragen wurden, beugte sich eines der neuen Mädchen zu mir. »Hey, Marianne«, sagte sie, »weißt du, dass dein Name auf der Liste für die Wahl der Firmenprinzessin steht?«

Mit großen Augen sah ich zu Bev hinüber, die mit am selben Tisch saß.

»Ich bin unschuldig«, sagte sie lachend. »Die Jungs haben deine Namen auf die Liste gesetzt. Ich habe nichts damit zu tun!«

Wieder wurde mir ein Drink gereicht. Nervös leerte ich das Glas. Der Gedanke, auf der Tanzfläche von allen angestarrt zu werden, weckte in mir den Wunsch, stattdessen zum nächsten Ausgang zu stürzen und aus dem Saal zu fliehen. Aber ich wusste, dass ich das nicht tun konnte. Die anderen elf Mädchen, die ebenfalls auf der Liste standen, stellten sich in einer Reihe auf. Eine von ihnen nahm mich an der Hand und zog mich mit.

»Komm schon, Kleines«, sagte ein hübsches blondes Mädchen. »Das ist doch alles bloß Spaß.« Ich sah zu, wie sie unter donnerndem Applaus mit wiegenden Hüften um die Tanzfläche schritt. Dann war ich an der Reihe. So schnell ich konnte, marschierte ich über das Parkett und hoffte, dass meine Wangen nicht knallrosa geworden waren. Zu meinem großen Erstaunen wurden das Klatschen und die Anfeuerungsrufe noch lauter.

Das hübsche blonde Mädchen gewann den Wettbewerb, ich wurde Zweite. Als man mir unter dem Applaus des ganzen Saales eine Schärpe überstreifte, wurden meine Wangen doch noch lachsrot vor Verlegenheit.

Die Band begann zu spielen, und einige Jungen forderten mich zum Tanzen auf. Ich tanzte mit denen, die ich bereits von der Arbeit kannte.

Erst gegen Ende des Abends fielen mir zwei junge Männer auf, die etwas älter waren als die Jungen in unserer Gruppe. Von einem Tisch am Rand aus sahen sie den Paaren auf der Tanzfläche zu. In diesem Augenblick passierte etwas Seltsames. Eine leise Stimme in meinem Kopf flüsterte: »Fordere ihn zum Tanzen auf.«

Die Stimme musste mir nicht erst sagen, welchen von den beiden sie meinte. Der Dunkelhaarige sah aus wie Simon Templar, der in der Fernsehserie The Saint – Der Mann ohne Namen die Hauptrolle spielte.

»Auf gar keinen Fall«, entgegnete ich der Stimme. Aber sie blieb hartnäckig. Plötzlich hatte ich das Gefühl, dass eine andere – ein keckes, verwegenes junges Mädchen, das ich nicht kannte – in meinem Körper wohnte. Denn ehe ich mich versah, stand ich vor den jungen Männern, lächelte den Dunkelhaarigen an und hörte mich die Worte sagen »Möchten Sie mit mir tanzen?«

»Sie haben ein hübsches Lächeln«, antwortete er. Dann sah ich, wie er seinem Freund etwas zuflüsterte, und merkte, dass ich schon wieder knallrot wurde. Später fand ich heraus, dass er gesagt hatte: »Pass auf, was sie für ein Gesicht macht, wenn ich aufstehe.«

Er blickte lächelnd zu mir auf. »Okay, kommen Sie. Lassen Sie uns tanzen.« Als er beim Aufstehen seine langen Glieder entfaltete, wurde mir klar, dass ich ihm nur knapp bis über die Hüfte reichte.

»Notfalls stellen Sie sich einfach auf meine Füße«, sagte er und grinste von oben auf mich herab.

Ich nannte ihm meinen Namen, und er sagte mir seinen – Bob. Dann fragte er mich, wie alt ich sei.

»Siebzehn«, antwortete ich. Er war acht Jahre älter als ich.

An diesem Abend brachte er mich nach Hause und am nächsten Tag machten wir am Nachmittag einen Ausflug. Ich weiß nicht mehr, wohin wir fuhren, aber ich erinnere mich noch gut daran, dass wir redeten und redeten. Weil wir uns so wunderbar verstanden, hatte ich bald das Gefühl, ihn ewig zu kennen.

Bev und Phil waren zu Hause, als er mich abholte. Ich merkte, dass sie ihn sehr genau in Augenschein nahmen. Die beiden wollten nur mein Bestes und hatten noch immer das Gefühl, mich beschützen zu müssen.

»Vielleicht sollte ich dir noch ein paar Kleider nähen. Du brauchst Sachen zum Wechseln, wenn du jetzt regelmäßig ausgehst«, sagte Bev lachend, als ich an jenem Sonntag zum Abendessen nach Hause kam.

Später, beim Geschirrspülen, sagte Bev, sie und Phil fänden Bob sehr nett. Doch weder sie noch ich sprachen die Befürchtung laut aus, die ich nie ganz unterdrücken konnte.

Früher oder später würde ich Bob von Kathy erzählen müssen. Dieser Gedanke erfüllte mich mit Schrecken und war die einzige dunkle Wolke, die über den ersten Wochen unserer Bekanntschaft hing. Wie würde er reagieren, wenn er von dem Kind erfuhr? Jedes Mal, wenn wir uns trafen, löste sich mein Vorsatz, heute reinen Tisch zu machen, schlichtweg in Luft auf. Ich war einfach nur glücklich, mit ihm zusammen sein zu können, und hatte furchtbare Angst davor, alles zu verderben. Ich wusste, dass er mich sehr mochte, er behandelte mich wie eine zarte Blume. Was würde er sagen? Was würde er tun?

Als wir eines Abends zusammen in einem Pub saßen, stürzte ich schließlich meinen Gin Tonic in einem Zug hinunter. Noch bevor er sein Bierglas abgesetzt hatte, sagte ich Bob, ich müsse draußen im Auto mit ihm sprechen. Er machte ein besorgtes Gesicht, doch ich beharrte darauf, ich hatte ihm etwas Wichtiges zu sagen.

Ich hatte beschlossen, bei der Geschichte zu bleiben, die ich auch Bev erzählt hatte – die Geschichte über den Jungen, der nun in London arbeitete.

»Das weiß ich schon«, sagte Bob, als ich mir endlich ein Herz gefasst hatte und alles hervorsprudelte.

»Ich wusste es seit unserem zweiten Treffen. Unter den Jungs wird geredet, Marianne.«

Er war sich sicher gewesen, dass ich es ihm sagen würde, wenn ich die Zeit für gekommen hielt. Auf diesen Augenblick hatte er geduldig gewartet. Mit seiner riesigen Pranke griff er nach meiner kleinen Hand. Dann sah er mir in die Augen und sagte, man müsse jedem zugestehen, einmal im Leben einen Fehler zu machen. Er kenne mich inzwischen recht gut und sei sicher, dass er mich heiraten wolle. Von nun an würde er sich immer um mich kümmern. Gerüchteweise hatte er auch von der Reaktion meiner Eltern auf meine Schwangerschaft gehört, und er sagte, er würde nicht zulassen, dass mir noch einmal jemand so wehtat. Es sei gut, meinte er, dass der Mann, von dem ich schwanger geworden war, die Stadt verlassen hatte. Denn wäre dieser Kerl noch in der Gegend und würde er, Bob, ihn finden, dann könnte er für nichts garantieren. Schließlich war ich noch minderjährig gewesen. Als minderjährige, naive Jungfrau, die ausgenutzt worden war – so sah mich Bob.

Aber das Wort, das mir an jenem Tag lauter in den Ohren klang als alle anderen, war »heiraten«.

»Heiraten?«, wiederholte ich vielleicht ein wenig zu zögerlich für Bobs Geschmack.

»Na ja, Marianne, möglicherweise bilde ich mir ja etwas ein. Aber ich habe das Gefühl, dass du mich magst.«

Ich konnte nur Ja, hauchen. Damit meinte ich: »Ja, ich mag dich« und »Ja, ich will dich heiraten«.

Er wollte, dass ich seine Eltern kennenlernte. Sie würden mich mögen, versicherte er mir. Und dann sagte er etwas, was mir gar nicht gefiel: Er wollte gern auch meine Eltern kennenlernen.

Als ich an jenem Abend nach Hause kam, schwebte ich im siebten Himmel. Doch sobald ich im Bett lag und mir die Decke über die Ohren zog, hallten mir Bobs Worte in den Ohren: »ein Fehler im Leben.«

In diesem Augenblick beschloss ich, dass er wirklich nur von einem Fehler erfahren sollte.

Kapitel 49

Ich wusste, dass Bob von den Alkoholexzessen meines Vaters und von seinem unberechenbaren Jähzorn gehört hatte. Am meisten Sorgen machte ich mir allerdings darüber, was er über das Zuhause denken würde, in dem ich aufgewachsen war.

Zum ersten Mal, seit ich hinausgeworfen worden war, besuchte ich meine Mutter. Mit Bedacht wählte ich dafür einen Zeitpunkt, zu dem mein Vater bei der Arbeit war.

Meine Mutter sagte, sie habe gehört, dass ich einen Freund hätte, und sie freue sich für mich. Ich weiß nicht, woher sie ihre Informationen hatte, vermute aber, sie stammten von meinem Vater. Einige Fabrikarbeiter und er waren Gäste im selben Pub.

Ich erzählte, dass Bob von Kathy wusste, mich aber trotzdem heiraten wolle, und dass er nun gern meine Eltern kennenlernen würde.

»Was ist mit dem anderen?«, fragte meine Mutter. »Weiß er davon? Von deinem ersten Baby?«

Ich schüttelte den Kopf.

»Bitte Mum«, flehte ich, »verlang nicht von mir, dass ich ihm das erzähle.«

Ich schaute ihr in die Augen und hielt ihrem Blick stand. »Wenn er das erfährt, wird er wissen wollen, wer der Vater ist. Er wird niemals glauben, dass ich als Dreizehnjährige mit so vielen Männern geschlafen habe, dass ich das nicht weiß. Dazu kennt er mich zu gut. Er würde darauf bestehen, den Namen zu erfahren. Allein schon, weil ich damals noch so jung war.«

Meine Mutter senkte den Blick, seufzte und sagte, ich solle Bob am Samstagnachmittag herbringen.

»Ihr müsst hier sein, bevor dein Vater Zeit hatte, in den Pub zu gehen.«

Eigentlich wollte ich Bob von meinem ersten Kind erzählen, wollte unsere Ehe nicht von Anfang an mit einem Geheimnis belasten. Doch seine Aussage, man müsse jedem einen Fehler zugestehen, hallte mir noch in den Ohren. Dann geschah etwas, das mir die Entscheidung abnahm.

Der Mann von nebenan tauchte auf. Ich war allein. Bev und Phil waren beide bei der Arbeit, da stand er plötzlich vor der Tür.

Auf den ersten Blick erkannte ich den Mann vor der Haustür nicht einmal. Er war mittelgroß, eher dünn als schlank und trug Kleider, die schon bessere Tage gesehen hatten. Seine Jacke glänzte speckig, die Krawatte war unter einem ausgefransten Kragen geknotet und die Hose an den Knien ausgebeult. Das dunkle, von Grau durchzogene Haar hatte er mit Gel zurückgekämmt. Der schäbige Gesamteindruck wurde durch seine Augen noch verstärkt. Er warf lauernde Blicke über meine Schulter, versuchte, ins Haus zu sehen. Ich erkannte ihn schließlich an seinem Geruch: der Mischung aus Haaröl, Benzin und Zigaretten.

»Hallo, kleine Dame«, sagte er. »Möchtest du mich nicht hereinbitten?«

Ich wollte ihm die Tür vor der Nase zuschlagen. Ich wollte, dass er für alle Zeiten aus meinem Leben verschwand.

Das sah er mir auch deutlich an, doch er schob feixend den Fuß in die Tür.

»Komm schon, Marianne. Wir wollen doch nicht, dass die Nachbarn reden. Nicht jetzt, wo du so respektabel geworden bist. Lass mich lieber herein.«

Erst wollte ich ablehnen, doch dann hatte ich eine bessere Idee. Wenn es mir gelang, sie in die Tat umzusetzen, würde er mich nie wiedersehen wollen. Ich holte tief Luft, versuchte, meine wild durcheinanderrasenden Gedanken zu ordnen, und trat dann beiseite.

»Was willst du?«, fragte ich, sobald ich die Tür hinter ihm geschlossen hatte. Die Antwort kannte ich bereits. Nur eines konnte ihn hierhergeführt haben: Er wollte, was er immer wollte.

Aber ich war kein ängstliches, verzagtes Kind mehr.

»Ich höre, du wirst bald heiraten, Marianne. Das freut mich für dich. Ich wollte dir nur gratulieren.«

Sein Arm schnellte vor. Er versuchte, nach mir zu greifen, doch ich wich ihm aus.

»Was ist los? Bekommt dein ganz besonderer alter Freund nicht mal mehr einen Kuss von dir? Sag bloß, du hast mich schon vergessen.«

Ich erschauerte.

Ich forderte ihn auf, das Haus zu verlassen, Bev könne jeden Augenblick zurückkommen und dann werde er etwas erleben.

»Sei nicht albern, Marianne. Du warst nie eine gute Lügnerin. Ich weiß, dass sie Frühschicht hat und nicht vor zwölf zurück sein wird.« Er sah sich in der Diele um, ging dann zielstrebig ins Wohnzimmer und nahm auf dem Sofa Platz. Er machte es sich bequem und fuhr mit großer Ruhe fort:

»Ich möchte nur ein bisschen mit dir plaudern.« Ich musterte ihn nervös. Seine Blicke schossen im Raum umher, registrierten alles genau. »Nett hast du es hier.« Ich antwortete nicht darauf. Er sollte einfach nur sagen, was er zu sagen hatte, und dann gleich wieder gehen.

»Deine Freundin weiß also über dich Bescheid? Sie weiß von den Babys, die du weggegeben hast?«, fragte er in dem Ton, den ich noch aus meiner Kindheit kannte. So hatte er auch mit mir gesprochen, wenn er behauptete, er sei der Einzige, der mich beschützen könne.

»Selbstverständlich weiß sie von Kathy«, fauchte ich. »Schließlich habe ich hier gewohnt.«

»Mich würde brennend interessieren, was du ihr erzählt hast, Marianne. Doch nicht etwa die Wahrheit?« Er feixte. »Ach übrigens: Deine kleine Schwester wird immer hübscher.«

Ich starrte ihn voller Abscheu an. In den Ekel, der mich wie eine Welle überkam, mischte sich plötzlich Wut.

»Ich wette, der Mann, den du heiraten willst, kennt nicht die ganze Wahrheit«, sagte er. »Sicher hat er keine Ahnung, dass du dich nicht einmal mehr an die Zeit erinnern kannst, in der du noch Jungfrau warst.« Sein hämisches Lachen sagte mir, dass er genau wusste, wie sehr mich diese Worte trafen.

»Pass auf, Marianne. Wenn du jetzt sehr nett zu mir bist, erzähle ich niemandem etwas von deinem ersten Kind und auch nicht, wie alt du damals warst.«

Seine Hand lag vorn an seiner Hose, und er hatte ein fieses Raubtiergrinsen auf dem Gesicht. In diesem Augenblick wurde die Wut stärker als jeder Rest Angst vor ihm, der noch aus meiner Kindheit in mir steckte.

»Du irrst dich«, log ich. Ich versuchte, so selbstsicher wie möglich zu klingen. »Mein Bob kennt die ganze Geschichte. Und weißt du, was er gesagt hat? Es macht ihm nichts aus, denn ich war damals noch ein Kind. Ja, du hast recht. Ein paar Lügen habe ich ihm erzählt. Ich sagte, der Vater des ersten Kindes sei ein älterer Junge aus der Schule gewesen, der Vater des zweiten ein junger Mann, mit dem ich ein paar Mal ausgegangen bin. Und soll ich dir sagen, was Bob darauf antwortete?«

Der erbärmliche kleine Mann auf dem Sofa blieb still. Anscheinend fehlten ihm die Worte. Mit einem gewissen Triumphgefühl beantwortete ich deshalb meine eigene Frage.

»Er sagte, er wolle die Namen gar nicht wissen, denn wenn er sie erführe, könne er für nichts garantieren. Das einzige Geheimnis zwischen Bob und mir ist also dein Name. Und wenn du weißt, was gut für dich ist, wirst du alles daran setzen, dass das auch so bleibt.«

Bebend vor Wut spuckte ich diese Worte hervor. Und zu meiner Freude sah ich, dass jedes einzelne von ihnen die gewünschte Wirkung hatte. An meinem Gesicht konnte der Mann ablesen, dass er nun keine Macht mehr über mich besaß. »Ach, und übrigens: Falls ich höre, dass du dich an meine kleine Schwester heranmachst, fällt mir dein Name bestimmt ganz schnell wieder ein.«

Einen Augenblick lang fixierte er mich. Ich starrte mit hocherhobenem Kinn zurück. Dann stand er wortlos auf und verließ das Haus. Ich weiß noch, wie ich hinterher an der Haustür lehnte und gegen die Übelkeit ankämpfte, bis mir endlich klar wurde, dass ich gewonnen hatte.

Es war das letzte Mal, dass ich mit dem Mann von nebenan sprach.

Kapitel 50

Ich sagte Bob, dass ich bei meiner Mutter gewesen sei und dass wir am kommenden Samstag zu Besuch erwartet würden. Er lächelte mich freudig an. »Schön, Marianne. Und für den Freitag nimmst du dir bitte auch frei. Ich habe etwas Besonderes für uns geplant.«

»Was denn?«, fragte ich. Ich tappte nicht gern im Dunkeln, und auf den Lohn für einen ganzen Tag konnte ich schlecht verzichten. Dafür brauchte ich schon einen guten Grund. Doch Bob antwortete nur geheimnisvoll lächelnd, ich müsse mich gedulden. Ich würde noch früh genug erfahren, was er sich ausgedacht habe.

»Sei einfach pünktlich um neun Uhr fertig. Wir fahren nach London.« Mehr verriet er mir nicht, und ich musste mich damit zufriedengeben. Obwohl es nach London nicht weit war, fuhr ich nur selten in die große Stadt. Ich freute mich auf den Ausflug.

Am Freitagmorgen war ich schon und fix und fertig angezogen, bevor Bev und ihr Mann überhaupt aufgestanden waren, und sehr aufgeregt.

Wir fuhren bis zu einer U-Bahn-Station. Dort ließen wir das Auto stehen und nahmen den Zug nach London. Die morgendliche Stoßzeit war bereits vorbei, trotzdem hielt ich mich an Bobs Hand fest, als wir uns durch die Menschenmassen schoben. Nach einer Stunde und einmaligem Umsteigen erreichten wir Hatton Garden.

»Hier warst du noch nie, oder?«, fragte Bob. Als ich ihm sagte, dass ich nicht die geringste Ahnung hätte, wo wir seien, lachte er.

An der Hand führte er mich zu einem kleinen Geschäft. Dort drückte er auf eine Klingel. Ein schwarz gekleideter älterer Mann öffnete die Tür.

»Wenn wir zu deinem Vater gehen, solltest du auch etwas vorweisen können«, sagte Bob, während er mich vor sich her in den Laden schob. Und schon im nächsten Augenblick wurden Steckbretter voller funkelnder Ringe vor mir ausgebreitet.

Ich war sprachlos. An einen Ring hatte ich gar nicht gedacht. Allein die Tatsache, dass Bob mich heiraten wollte, war mehr, als ich je zu träumen gewagt hatte.

Ich probierte einen Ring nach dem anderen an. Alle waren wunderschön. Schließlich fiel mein Blick auf einen schlichten Goldreif, in den einige kleine Diamanten eingelassen waren. Aber zu meiner großen Enttäuschung war mir gerade dieser Ring zu weit.

»Wenn er Ihnen gefällt, ändern wir ihn gern ab«, versicherte der Juwelier lächelnd. Ich strahlte, als der Mann uns sagte, wir könnten den Ring in einer Stunde abholen.

»Komm, Marianne«, sagte Bob. »Wir sehen uns so lange die Gegend an.«

Wir spazierten durch die Straßen und bewunderten einige der schönen alten Kirchen in der Umgebung. Ich schwebte wie auf Wolken. Nach einer Stunde kehrten wir in das Schmuckgeschäft zurück. Ich probierte den Ring an: Jetzt passte er perfekt an meine kleine Hand. »Augenblick, jetzt noch nicht.« Lachend legte Bob den Ring in eine mit Samt ausgeschlagene Schachtel und steckte sie zur sicheren Verwahrung in seine Tasche. Zum Mittagessen gingen wir in ein kleines chinesisches Restaurant in der Nähe. Dort nahm Bob den Ring aus der Schachtel und steckte ihn mir feierlich an. Ich platzte fast vor Glück.

»Heute Abend gehen wir zu meinen Eltern«, sagte Bob. »Sie wollen mit uns feiern.«

Bei dem Gedanken schluckte ich trocken, denn ich hatte seine Eltern erst einmal gesehen. Ich dachte an die große Doppelhaushälfte mit der gediegenen Einrichtung, in der Bob aufgewachsen war, an die Familienfotos in Silberrahmen, die auf dem Kaminsims standen, an die Landschaftsaquarelle an den Wänden und die Regale voller Bücher. Und dann dachte ich an das Haus meiner Eltern.

Als lese er meine Gedanken, drückte Bob meine Hand. »Ich heirate dich, Marianne«, sagte er. »Und meine Mutter ist froh, dass sie mich endlich los wird und dass ich eine Familie gründen will. Also mach dir keine Sorgen.«

Er hatte recht. Seine Eltern hießen uns mit einem warmen Lächeln willkommen, und mein Verlobungsring fand viel Bewunderung. Bobs Vater schüttelte seinem Sohn recht förmlich die Hand, doch seine Mutter stellte sich auf die Zehenspitzen, umarmte und küsste Bob stolz. Auch ich bekam einen Kuss auf die Wange. Während Bobs Vater eine Flasche Champagner öffnete und einen Toast auf uns aussprach, weinte seine Mutter vor Rührung ein wenig. Bobs Vater hielt sogar eine kurze Rede. Er sagte, wie sehr seine Frau und er sich freuten, dass ich nun bald zur Familie gehören würde.

In dieser Nacht konnte ich vor Aufregung fast nicht schlafen. »Bitte«, flüsterte ich, »falls es dich gibt, Gott, und falls du zuhörst, lass nichts auf der Welt dieses Glück zerstören.«

Am nächsten Tag fuhren Bob und ich zum Tee zum Haus meiner Eltern. Während der Fahrt drehte ich nervös den Verlobungsring an meinem Finger. Falls Bob es bemerkte, sagte er nichts. Er überlegte vielmehr laut, wo wir wohnen sollten, wenn wir erst einmal verheiratet waren. »Kaufen ist besser als mieten«, sagte er. Glücklich, ihm wie so oft zustimmen zu können, nickte ich mit dem Kopf.

Viel zu schnell kamen wir bei meinen Eltern an. Bei dem Gedanken daran, wie mein Vater mich zuletzt behandelt hatte, krampfte sich mein Magen zusammen. Wie würde er uns empfangen? Wie würde er sich Bob gegenüber verhalten?

Zu meinem Erstaunen, war es mein Vater, der die Tür weit aufriss und Bob die Hand entgegenstreckte.

»Kommen Sie herein!« Ich merkte, dass er bereits getrunken hatte – genug, um ihn redselig zu machen, aber noch nicht so viel, dass er unberechenbar wurde.

»Wir werden doch keinen hundsgewöhnlichen Tee trinken, wenn meine Tochter uns mit einem Besuch beehrt!« Er stellte für Bob und sich zwei Flaschen Bier auf den Tisch. Meiner Mutter und mir schenkte er süßen Sherry ein.

Mein Vater erklärte, er freue sich für mich, und bewunderte den Ring. Ich wusste, dass ihn vor allem interessierte, was der Ring gekostet hatte. Wie gut er mir stand, war ihm einerlei. Meine Mutter zeigte kaum eine Regung. Sie nickte nur zustimmend, doch ich spürte, wie nervös sie war.

»Wo sind denn meine Geschwister?«, fragte ich. Die älteren seien bei ihren Freunden, das jüngste Kind bei Dora, hieß es.

Plötzlich merkte ich, wie mein Vater mich mit einem seltsamen Blick musterte. Ich sah den jovialen Ausdruck aus seinen Zügen weichen und machte mich auf das Unvermeidliche gefasst.

»Und, Marianne? Hast du deinem Zukünftigen von dem Kind erzählt?« Einen Moment lang wurde es totenstill im Raum. Die Vorstellung, wie mein Vater Bob sagte, dass ich bereits zwei Kinder geboren hatte, und wie ich dann gebeten wurde, den Ring zurückzugeben, ließ mir den Atem stocken.

Doch die Antwort auf die Frage kam von Bob. »Hören Sie«, sagte er sehr ruhig und bestimmt. »Ich möchte etwas klarstellen – ein für alle Mal. Mariannes Vergangenheit interessiert mich nicht. Für mich zählt nur unsere gemeinsame Zukunft. Sie ist die Frau, die ich liebe und die ich heiraten will. Das werde ich mit oder ohne Ihren Segen tun. Ich habe vor, sie für den Rest meines Lebens zu lieben und zu achten.«

Dann stand er auf, richtete sich zu seiner vollen und nicht unerheblichen Größe auf, kam zu mir und legte schützend den Arm um meine Schulter. Ohne die Spur eines Lächelns sah er meinen Vater an. »Sie müssen sich also nicht um Marianne sorgen.« Er hielt kurz inne. »Und auch dieses Thema müssen Sie nun nie wieder ansprechen.«

Bei diesen Worten stiegen mir Tränen der Liebe und der Angst in die Augen. O mein Gott, dachte ich. Was wird Dad jetzt sagen? Doch mein Vater schwieg – und er riskierte auch in Zukunft nie, Bobs Zorn auf sich zu lenken, indem er noch einmal auf meine Vergangenheit anspielte. Ich sah Bob an und bildete mit den Lippen das Wort: »Danke«.

Acht Monate später heirateten wir.

Kapitel 51

Ein paar Wochen, nachdem wir in Hatton Garden gewesen waren, verlobten wir uns offiziell. Bob sagte, er hätte noch eine Überraschung für mich. Eines Nachmittags holte er mich von der Arbeit ab, und wir fuhren in eine mir unbekannte Straße. Vor einem Bungalow mit einem »Zu verkaufen«-Schild hielt Bob an.

Auf meinen fragenden Blick hin sagte er, er hätte ein Gebot für das Haus abgegeben. Doch bevor er weitere Schritte unternahm, wollte er wissen, ob es mir gefiel. Er wollte dieses Haus gern kaufen, aber nur, wenn ich einverstanden war und mir vorstellen konnte, es zu unserem gemeinsamen Heim zu machen.

»Es gibt einiges zu renovieren, Marianne«, sagte er. »Wir könnten das an den Wochenenden erledigen. Sicher macht es Spaß, gemeinsam die Zimmer zu streichen und das eine oder andere auszubessern. Ich bin ein ganz passabler Schreiner. Ich kann Schränke einbauen und sogar eine neue Küche, wenn du willst.«

Ich ging durch die Räume und stellte sie mir in hellen, freundlichen Farben vor, mit hübschen Gardinen an den Fenstern. Die könnte Bev für mich nähen, dachte ich.

Sobald wir die Schlüssel hatten, stürzten wir uns in die Arbeit. Wir verbrachten fast jeden Abend in unserem Haus. Bob übernahm die schweren Arbeiten und schliff die Holzbalken ab. Ich half ihm beim Streichen der Wände; gemeinsam reinigten und versiegelten wir die schönen Holzböden. Wir beschlossen, die Flitterwochen in diesem Bungalow zu verbringen, und wollten, dass an unserem Hochzeitstag alles fertig war.

Bob sagte, dass er nicht gern auf Raten kaufte. Außer der Hypothek für das Haus wollte er ohne weitere Schulden in unsere Ehe starten. Weil wir die Hochzeit selbst bezahlten, entschieden wir uns nur für den Gang zum Standesamt und verzichteten auf eine kirchliche Feier mit einem großen Fest.

Bobs Eltern waren ein wenig enttäuscht. Aber sie sahen ein, dass sich meine Eltern eine große Hochzeit unmöglich leisten konnten. Bobs Eltern boten an, mit der Tradition zu brechen und uns zu unterstützen, doch Bob und ich wollten die Kosten für das Fest unbedingt aus eigener Tasche zahlen. Schließlich waren wir beide berufstätig. Als wir das seinen Eltern erklärten, sagte seine Mutter lachend, sie sei froh, dass sie an unserem Verlobungstag Nelken gesät hatte. Dann könnte sie uns an unserem Hochzeitstag wenigstens die Blüten ins Knopfloch stecken.

Sein Vater sagte, er wisse bereits, wie er künftig die Wochenenden verbringen würde: indem er die Ärmel hochkrempelte und uns half, das Haus bis zur Hochzeitsnacht fertigzubekommen.

Die neuen Möbel, die wir kauften, steckten in flachen Paketen. An den Wochenenden wurden sie zusammengebaut. Die grünen Türen der Küchenschränke, von denen die Farbe abblätterte, wurden durch neue, weiß lackierte ersetzt. Im Badezimmer wurden glänzende weiße Fliesen verlegt, und Bevs Nähmaschine machte Überstunden. Jedes Zimmer bekam passende Gardinen. »Mein Hochzeitsgeschenk«, sagte Bev, und ich dankte ihr überschwänglich dafür. Zu meinen Aufgaben gehörte es, die Stoffe und Farben für unser Schlafzimmer auszusuchen. Ich erzählte Bob, dass ich mir, als ich noch zu Hause gewohnt hatte, immer ein eigenes Schlafzimmer gewünscht hatte. »Gestalte es genau so, wie du es gern haben willst«, sagte er. »Aber ich hoffe, es macht dir nichts aus, dieses Schlafzimmer dann mit mir zu teilen.« Er lachte, und ich errötete beim Gedanken an unsere Hochzeitsnacht.

Für die Wände wählte ich einen blassen Creme-Ton, dazu hellblaue Gardinen. Mit meinem Ersparten fuhr ich zu der neu eröffneten Habitat-Filiale in London und kaufte eine Daunendecke und blaue und gelbe Bettwäsche. Unser Schlafzimmer würde traumhaft werden. Die Farben passten hervorragend zu dem Doppelbett aus Pinienholz, das Bobs Eltern uns zur Hochzeit schenken wollten.

Die Wochen flogen nur so dahin. Kaum hatten wir Weihnachten gefeiert, schon wurde es Zeit für die letzten Hochzeitsvorbereitungen.

Bobs Nichte und meine Schwester sollten unsere Brautführerinnen sein, und wieder war Bevs Nähmaschine gefragt: Die beiden bekamen blaue Samtkleider mit weißen Pelzborten.

Nach längerer Suche fand ich auch für mich genau das Richtige: ein cremefarbenes knielanges Kleid mit einem flauschigen weißen Jäckchen.

Mitte Februar war es schließlich so weit. Schon bei Tagesanbruch war ich auf den Beinen und machte mich zurecht. Mit Bevs Hilfe legte ich Make-up auf und zog mir die großen Lockenwickler aus dem Haar, das ich schon am Vorabend gewaschen hatte. Vorsichtig stieg ich in mein Kleid. In meinem Haar wurde eine große weiße Blume festgesteckt. Zum Abschluss schlüpfte ich in hochhackige weiße Schuhe und war bereit.

Bob und ich wollten im selben Wagen zum Standesamt fahren. »Mit diesem Tag beginnt unsere gemeinsame Reise durchs Leben«, sagte er am Vorabend zu mir. »Also lass uns so anfangen, wie wir weitermachen wollen: zusammen.«

Als der Wagen ankam, stieg Bob aus und half mir hinein. Er sah so gut aus mit den mit Gel zurückgekämmten Haaren und der Anzugjacke, die seine breiten Schultern betonte!

Die Hand, in der ich meinen Strauß aus kleinen weißen Blümchen hielt, zitterte vor Nervosität und Aufregung. Ich konnte noch immer nicht glauben, dass dieser Tag endlich gekommen war.

Inzwischen ist mein Hochzeitstag nur noch eine verwischte Abfolge glücklicher Erinnerungen. Ich war so überwältigt, dass ich kaum meinen eigenen Namen aussprechen konnte. Freunde gratulierten mit Küsschen, und Bob nannte mich Mrs Marsh.

Hand in Hand verließen wir das Standesamt. Halb gingen, halb rannten wir lachend durch eine Wolke aus Konfetti zu den wartenden Autos. Bobs Eltern hatten Tische in einem Restaurant reserviert. Sie luden die gesamte kleine Gruppe, die mit auf dem Standesamt gewesen war, zum Mittagessen ein.

Ich war froh, dass sich meine Eltern an diesem Tag mit ihrem Äußeren sichtbar Mühe gegeben hatten. Meine Mutter trug ein neues Kleid und hatte sich die Haare aufgesteckt, mein Vater trug unter der kneifenden Anzugjacke ein weißes Hemd.

Was ich zu Mittag aß, weiß ich nicht mehr. Champagner wurde ausgeschenkt, Reden wurden gehalten, und alle lachten über die Witze des Trauzeugen. Nach dem Mittagessen fuhren wir in unser Haus.

Einige Freunde hatten dort, während wir auf dem Standesamt und beim Essen gewesen waren, ein Buffet aufgebaut. Ich musste mich nur noch umziehen und dann die Party mitfeiern, die begann, sobald die erste Person an der Tür klingelte. Nacheinander erschienen unsere Freunde. Sie schenkten uns allerhand Nützliches für den Haushalt. Bald türmten sich so viele praktische Geschenke im Gästezimmer, dass ich jahrelang kein Porzellan, keine Töpfe und keine Handtücher mehr kaufen musste.

Dann wurden Platten aufgelegt. Auf Elvis' neuesten Hit »It's Now or Never« folgte die rockigere Musik einer neuen Band mit dem Namen »Rolling Stones«. Der Abend verging wie im Flug, und am Ende tanzten Bob und ich zu Frank Sinatras »The Last Dance«.

Dann verabschiedeten sich unsere Freunde, und wir waren allein in unserem neuen Heim. Im Kamin knisterte ein Feuer, die Gardinen waren zugezogen und schützten uns vor den Blicken der Welt. Genau wie Bob gesagt hatte, war dieser Tag der Anfang unserer gemeinsamen Reise.

Im Laufe der Jahre wurde aus unserer Ehe eine Partnerschaft, in der jede Entscheidung gemeinsam getroffen und jeder Urlaub gemeinsam verbracht wurde. Als unsere beiden Söhne zur Welt kamen, teilten wir uns die Arbeit mit den Kindern. Für mich war das die perfekte Ehe, eine Gemeinschaft, die auf Vertrauen basierte. Als einzigen Wermutstropfen empfand ich das Geheimnis, das ich so viele Jahre mit mir herumschleppte. Immer wenn ich an Weihnachten in die glücklichen Gesichter meiner Söhne blickte, erinnerte ich mich an ein ganz anderes Weihnachtsfest, an dem eine Gruppe von Mädchen so getan hatte, als sei sie in Wirklichkeit eine große Familie.

So viele Male wollte ich Bob alles anvertrauen. Doch ich fand nie den Mut, ihm zu sagen, dass es mehr gab als nur einen einzigen Fehler.

»Und jetzt hast du diesen Brief geschrieben«, sagte ich, als säße meine Tochter tatsächlich bei mir.

Seit das Gesetz erlaubte, dass adoptierte Kinder, wenn sie achtzehn Jahre alt waren, nach ihren leiblichen Eltern suchen konnten, hatte ich gewusst, dass dieser Tag einmal kommen könnte. Und während ich meine Gedanken in das leere Wohnzimmer flüsterte, wurde mir klar, dass damit auch der Tag gekommen war, an dem ich eine Entscheidung treffen musste. Ich dachte an die glücklichen Ehejahre, die hinter mir lagen. Ich stellte mir unsere Söhne vor, die nun schon erwachsen und wie ihr Vater weit über eins achtzig groß geworden waren.

Ich dachte daran, dass ich nicht nur meinen Mann all die Jahre getäuscht hatte, sondern auch diese beiden.

Kapitel 52

Ich nahm einen weiteren Umschlag vom Couchtisch. Darin steckten zwei Briefe, die ich nie abgeschickt hatte. Geschrieben hatte ich sie gleich nach der Änderung der Adoptionsgesetze.

Beiden Töchtern erklärte ich jeweils in einem eigenen Brief, wie sehr ich sie geliebt hatte, dass ich sie nie vergessen hatte und dass ich sie immer noch vermisste.

»Und falls du mich eines Tages findest«, hatte ich geschrieben, »dann bring bitte Fotos mit, die die Geschichte all der Jahre erzählen, die ich verpasst habe. Bilder, die dich als Baby zeigen, dann als Kleinkind, das gerade seine ersten Schritte macht. Ich möchte wissen, wie du an deinem ersten Schultag ausgesehen hast, will deine Zeugnisse lesen und sehen, ob wir vielleicht gemeinsame Interessen haben. Deine Eltern – diejenigen, die du Mutter und Vater nennst – tragen diese Erinnerungen in ihrem Gedächtnis. Aber meine enden an einem Tag, an dem du erst ein paar Wochen alt warst. Deine Eltern können die Erinnerungen an jene magischen Momente jederzeit hervorholen, über manche lächeln, über andere herzlich lachen. Ich will sie mir nur ausleihen, um einen Augenblick lang so tun zu können, als wären sie die meinen.«

Die Stunden vergingen, ohne dass ich es merkte. Erst als sich der Schlüssel im Schloss der Haustür drehte, wurde mir bewusst, dass der Nachmittag schon fast vorüber war. Ich hörte meinen Mann nach mir rufen. Dann kam er ins Zimmer.

»Marianne, was ist denn mit dir?« Er stand vor dem Sofa, auf dem ich mich zusammengekauert hatte. Sein besorgter Ton brachte mich völlig aus der Fassung. Tränen der Schuld und der Scham strömen mir über die Wangen.

Ich reichte ihm die Briefe, die ich geschrieben hatte.

»Lies das.«

Ein paar Minuten lang herrschte Stille. Zu hören war nur das Rascheln von Papier.

»Du hast zwei Töchter«, sagte Bob schließlich. »Zwei – nicht nur eine?«

Seine Stimme klang eher traurig als verärgert. Doch ich konnte ihn noch immer nicht ansehen.

»Dreizehn!«, sagte er ungläubig. »Du warst dreizehn, als das alles passierte? Warum hast du mir nie davon erzählt?«

Ich erwiderte, ich hätte mich zu sehr geschämt und auch, dass ich diese Scham schon kannte, seit ich acht Jahre alt gewesen war. Damit brach zum ersten Mal in meinem Leben die ganze Geschichte meiner Kindheit und die Geschichte über den Mann von nebenan aus mir heraus. Während ich erzählte, spürte ich, wie Bobs Zorn immer größer wurde, bis er am Ende fast den Raum ausfüllte. Ich drückte mich in eine Ecke des Sofas.

Bob stellte mir viele Fragen. Schließlich war alles gesagt.

»Dieses Schwein. Dieses elende Schwein«, stieß er hervor, als er hörte, dass der Nachbar der Vater beider Kinder war.

»Vielleicht war es gut, dass du mir nichts gesagt hast«, erklärte er schließlich. »Denn ich weiß nicht, was ich mit dem Kerl gemacht hätte.«

Nach und nach konnte er mich davon überzeugen, dass sein Zorn einzig dem galt, was mir angetan worden war.

Es tat ihm leid, unendlich leid, dass ich diese Bürde so lange allein getragen hatte.

»Marianne«, sagte er schließlich, während ich noch über die Vergangenheit weinte und auch aus Angst vor der Zukunft. »Hör zu. Du hast nichts Schlechtes getan. Du warst damals ein Kind. Selbst wenn du wusstest, dass das, was geschah, falsch war – wie hättest du dich denn wehren sollen? Das kann ein Kind in dieser Situation nicht. Herrgott, wie viel Angst musst du gehabt haben! Wie unglücklich musst du gewesen sein! Und deine Eltern haben nichts dagegen unternommen! Dabei gibt sich dein Vater doch immer so forsch. Wenn jemand so etwas mit meiner Tochter gemacht hätte, hätte ich das Schwein umgebracht. So wahr ich hier stehe.«

Nun zeigte ich ihm auch den Brief meiner Tochter.

Den ganzen Abend lang redeten wir. Ich fragte mich, was unsere Söhne wohl denken würden.

»Seit unserer Jugend hat sich vieles verändert, Marianne«, war Bobs Antwort darauf. »Du bist ihre Mutter, und sie lieben dich so sehr, wie ich es tue. Daran wird sich nichts ändern. Wir laden sie am Wochenende ein und sagen es ihnen zusammen.« Dann küsste er mich. Und als ich die Wärme seines Körpers und seiner Seele spürte, fühlte ich mich wieder sicher.

»Sieht aus, als hättest du morgen einen ganz besonderen Anruf vor dir.«

Epilog

Eine Woche später öffnete ich meiner Tochter und meiner Enkelin die Tür. Gern würde ich sagen, dass wir einander auch bei einer zufälligen Begegnung sofort erkannt hätten. Dass das Band, das ich vor so vielen Jahren gespürt hatte, auf seine Art erhalten geblieben war. Aber so war es nicht. Ich sah nur eine attraktive junge Frau auf der Schwelle stehen.

Und war ich die Person, die sie sich vorgestellt hatte? Die Frage stellte ich ihr, nachdem wir uns eine Zeit lang unterhalten hatten. »Nein«, antwortete sie. »Denn ich habe mir dich immer als das verletzliche fünfzehnjährige Mädchen vorgestellt, das sein Kind zur Adoption freigeben musste.«

Meine Tochter und ich sprachen über die Jahre, die vergangen waren. Und sie zeigte mir die Fotos, die sie mitgebracht hatte. Darum hatte ich sie bei meinem Anruf gebeten.

Sie hatten nicht die erhoffte Wirkung. Während ich eines nach dem anderen anschaute, wurde mir bewusst, dass es für gemeinsame Erinnerungen keinen Ersatz gab.

Ich erzählte meiner Tochter, dass sie eine Schwester hatte, und sagte ihr dann auch, wer ihr Vater war.

Sie nahm es mit Fassung auf, denn schließlich war der Mann, der sie großgezogen hatte, ihr wahrer Vater – so wie seine Frau ihre wahre Mutter war. Es tat weh, das zu hören, aber ich bin froh, dass sie es so empfand. Das bedeutete, dass ihre Adoptiveltern sie geliebt und zu ihrem eigenen Kind gemacht hatten. Und dass sie glücklich gewesen war.

Wir versprachen einander, in Verbindung zu bleiben. Als die beiden gegangen waren, weinte ich um den unwiederbringlichen Verlust unserer gemeinsamen Zeit.

Bob und ich erzählten unseren Söhnen, dass sie zwei Schwestern hatten. Sie fragten, wann sie sie kennenlernen würden.

Wie ich gehofft hatte, fand Sonia mich ebenfalls. Sie meldete sich ein Jahr später.

Sie war überglücklich zu hören, dass sie eine Schwester und eine Nichte hatte. Das Treffen dieser drei war ein freudiges Ereignis.

Sonia hat nie geheiratet. Vielleicht hat die Kälte zwischen ihren Adoptiveltern sie abgeschreckt. Leider musste ich erfahren, dass meine ältere Tochter mit dem Paar, das sie adoptiert hatte, nie richtig warm geworden war. Ihre Adoptiveltern waren bereits im mittleren Alter gewesen, als sie zu ihnen kam – in ein Haus ohne Lachen.

Ich dachte an das kleine Baby in dem blauen Jungenstrampelanzug und hatte das Gefühl, dass sie mir die Schuld an ihrer freudlosen Kindheit gab. Vielleicht kam dieses Schuldgefühl aber auch aus mir selbst, denn ich hatte unbedingt hören wollen, dass meine Töchter beide eine glückliche Kindheit gehabt hatten.

Seit dem ersten Treffen mit Kathy, deren Namen ihre Adoptiveltern nicht geändert hatten, ist ihre Familie gewachsen, und ich bin nun mehrfache Großmutter. Zu den Geburtstagen und zu Weihnachten schreiben wir uns Karten, und manchmal besuchen wir einander.

Sonia hat beschlossen, zwar mit ihrer Schwester in Kontakt zu bleiben, doch sie meint, zwischen ihr und mir gäbe es keine ausreichende Verbindung, keine Grundlage für weitere Briefe oder Treffen. Ich hoffe noch immer, dass sie ihre Meinung eines Tages ändert.

Wenn Bob einen bestimmten Ausdruck auf meinem Gesicht sieht – den Ausdruck, aus dem er schließen kann, dass meine Gedanken zu meiner Kindheit und Jugend zurückgewandert sind, nimmt er meine Hand und sagt, dass nicht jede Erinnerung glücklich sein kann. »Aber alle neuen sollen es werden. Dafür möchte ich sorgen.«

Und das tut er.